古典文獻研究輯刊

三十編

潘美月・杜潔祥 主編

第 1 冊

《三十編》總目

編 輯 部 編

類書研究合集

劉 全 波 著

國家圖書館出版品預行編目資料

類書研究合集／劉全波 著 — 初版 — 新北市：花木蘭文化事業
有限公司，2020〔民109〕
序 4+ 目 6+278 面；19×26 公分
（古典文獻研究輯刊 三十編；第 1 冊）
ISBN 978-986-518-086-7（精裝）
1. 類書 2. 研究考訂
011.08   109000627

ISBN-978-986-518-086-7

9 789865 180867

古典文獻研究輯刊
三十編 第 一 冊   ISBN：978-986-518-086-7

類書研究合集

作　　者	劉全波
主　　編	潘美月　杜潔祥
總 編 輯	杜潔祥
副總編輯	楊嘉樂
編　　輯	許郁翎、張雅淋　美術編輯　陳逸婷
出　　版	花木蘭文化事業有限公司
發 行 人	高小娟
聯絡地址	235 新北市中和區中安街七二號十三樓
	電話：02-2923-1455／傳真：02-2923-1452
網　　址	http://www.huamulan.tw 信箱 hml 810518@gmail.com
印　　刷	普羅文化出版廣告事業
初　　版	2020 年 3 月
全書字數	221366 字
定　　價	三十編 18 冊（精裝）新台幣 40,000 元

《三十編》總目

編輯部　編

《古典文獻研究輯刊》三十編　書目

文學文獻研究專輯

語言文字學文獻研究專輯

佛教文獻研究專輯

古籍整理與研究專輯

《三十編》各書作者簡介・提要・目次

第一冊　類書研究合集

作者簡介

　　劉全波，男，1984 年生，山東陽信人，2007 年畢業於曲阜師範大學歷史文化學院，獲歷史學學士學位，2012 年畢業於蘭州大學敦煌學研究所，獲歷史學博士學位（碩博連讀），同年 7 月留校任教，現爲教育部人文社會科學重點研究基地蘭州大學敦煌學研究所暨蘭州大學歷史文化學院教授，碩士研究生指導教師，中國敦煌吐魯番學會理事，主要從事歷史文獻學、敦煌學、中西交通史研究。主講《文獻學基本理論與方法》《魏晉南北朝史專題》《中西交通史》等課程，出版《類書研究通論》《魏晉南北朝類書編纂研究》《唐代類書編纂研究》等專著，在《敦煌學輯刊》等雜誌發表各類科研論文 70 餘篇，主持參與各類國家級、省部級科研項目 10 餘項。

提　要

　　本書是關於類書研究的彙集，主要分爲三個部分。第一部分是關於類書理論的研究，首先我們提出了類書學的概念，並就類書研究的方向或者領域做了闡述；關於類書別名的考察，其實是個老問題，筆者多年前其實就有關注，當時只能猜到一個答案，而經過不斷的思索，其實現在可以找到三個答案。第二部分是關於類書研究的綜述，旨在以年爲單位將近年來的類書研究狀況展現出來，縱觀近年來的類書研究，論著絕對可謂是豐富，遠遠超出我們的想像，但是逐年綜述還是比較少的，而我們就此問題做了探索，完成了

四個年度的類書研究綜述。第三部分是關於類書研究的目錄索引，對於類書研究的年度索引，筆者亦曾有過整理，但側重點不同，而此種主題目錄，尤其是單書目錄索引，或有資料遺漏之憾，卻會更加集中的展現某一部類書的研究情況，而加強單個類書的研究，必然是今後類書研究的重要方向。

目　次

第二、三冊 《清史稿・藝文志》及《補編》《拾遺》之子部小說著錄研究

作者簡介

鄭詩儐，馬來西亞人，祖籍福建永春鵬翔，畢業自馬來亞大學，獲第一等榮譽文學士學位，後獲中國政府獎學金赴華中師範大學修讀古代文學專業碩士、古典文獻學專業博士。畢業後回到馬來西亞新紀元大學學院服務，2019年4月升任國際教育學院院長兼中文系助理教授，並任《中文人》主編及《馬來西亞人文與社會科學學報》編委。主要研究興趣爲目錄學研究及華人研究，曾參與編寫《漢語古籍電子文獻知見錄》，論文曾在《華中學術》《中國文化研究》《華僑華人文獻學刊》《馬大華人文學與文化學刊》等國內外期刊發表。

提　要

本文主要研究《清史稿・藝文志》（以下簡稱「《清志》」）及《清史稿藝文志補編》（以下簡稱「《補編》」）、《清史稿藝文志拾遺》（以下簡稱「《拾遺》」）著錄之子部文言小說，屬於小說目錄學研究範疇，旨在從「三志」，即上述三部史志目錄著錄子部小說的研究來探討清代文言小說的問題。本文分爲五章論述：

第一章：歷代史志子部小說著錄之沿革。爲了更宏觀、更客觀把握子部小說與目錄學的關係，爲了更好地、更深刻地認識到「三志」對清代文言小說的著錄，本章擬對清前史志目錄子部小說著錄進行分析，考察子部小說在歷代即漢代至清代的正史《藝文志》或《經籍志》著錄情況的演變與發展，探討歷代《藝文志》或《經籍志》及其補志在小說家序列、小說著錄數量及其著錄體例的變化，並透過考察記一代藏書的史志目錄的子部小說著錄情況及其分類的異同，分析論述歷代史志目錄的子部小說觀念的發展。爲了對古今小說目錄學家的文言小說著錄情況能有較全面的掌握，今人編纂的文言小說專科目錄亦是本章考察的對象。透過研究今人編纂的文言小說專科目錄，或許能使讀者更清楚認識《補編》及《拾遺》。

第二章：「三志」及其小說類屬著錄情況考述。本章主要考察「三志」編纂的總體情況及其小說類屬的著錄特點。小說類作爲「三志」子部中的一類，許多問題與各志編纂思想是不可分割來談的，欲摸清「三志」子部小說著錄的特點，還得從「三志」總體情況上來把握。本章著重對「三志」的編纂者、體例及得失批評進行分析論述，尤其關注《補編》及《拾遺》對《清志》在

體例方面的改革、創新及不足之處。

　　第三章：「三志」子部小說著錄差異的原因分析。《清志》著錄子部小說共63部，《補編》則著錄52部，《拾遺》對前志補錄了459部。「三志」之間著錄的數量差距甚大，《拾遺》對前志增錄之多，有多方面原因。探尋「三志」子部小說著錄數量多寡的原因，可以為小說目錄書的編纂提供重要的借鑒作用。經過考察、分析及論述，發現影響「三志」著錄的多寡與其各志的成書背景、著錄來源及編纂者個人的偏好及收書標準息息相關。

　　第四章：《清志》與清代公私書目著錄清代小說之比較。本章擬對《清志》與作為官修的《四庫全書總目》及作為私人撰修的藏書目錄之清代文言小說著錄進行比較，以此把握有清一代小說著錄的總體面貌。《四庫全書總目》共著錄34部清代小說，除了1部位列「正目」，其餘33部皆退入《存目》。《清志》著錄成書於四庫徵書之年（1778年）以前的小說共22部，《四庫全書總目》著錄而《清史稿・藝文志》未予甄錄的共14部；《清志》著錄而《四庫全書總目》不錄的則有8部。本章考察其中的原因，同時對兩者之間子部小說著錄問題進行較深入研究。在清代私家藏書目錄中，有八家藏書目錄符合比較條件。而這八家中，有著錄有清一代著述甚多的《八千卷樓書目》。《清志》與八家私家藏書目錄子部小說分類的異同研究，也推動了本文對清代文言小說文本的認識與理解。

　　第五章：「三志」子部小說著錄之小說史研究意義。本章主要將「三志」子部小說著錄的問題研究提升到小說史研究的意義層面。結合「三志」與清代官私書目、近代私家藏書目錄至今人編纂的文言小說專科目錄的考察及分析，對「三志」著錄的共574部子部小說進行斟酌，或增補或剔除。這對清代文言小說專科目錄的重新編纂無疑是有積極意義的。此外，本章也對「三志」子部小說著錄在文言小說史的徵引情況進行分析。目前，尚無清代文言小說史的專著出版，故本章考察了四種文言小說史中清代部分的徵引情況，即魯迅的《中國小說史略》、侯忠義的《中國文言小說史稿》、吳志達的《文言小說史》及張浚的《清代小說史》，並在此基礎上重新思考清代文言小說史的編寫。

目　次

上　冊

第四、五冊　滿文譯本《四書》探賾

作者簡介

　　李慧敏，河南郟縣人，臺灣大學中文系學士、華梵大學哲學系碩士、東方人文思想研究所博士。性喜少數民族語言文化，因而學習藏文、滿文，略有心得，目前任職於中央研究院歷史語言研究所明清檔案工作室。專長領域

為清代內閣大庫檔案、滿文譯本四書學、儒釋道哲學、藏傳佛教。期刊論文撰有〈史語所藏內閣大庫檔案緣起〉、〈雪域西藏探索——兼談西藏文字的創製與發展〉、〈莊子〈秋水〉「河伯與北海若對話」闡微〉、〈說削衣——以居延漢簡為例〉、〈沙瑪爾巴事蹟重探〉等。藏文譯作有《仰底——上師身語意明點續事業儀軌藏之精要》、《聖綠度母四曼達供奉儀軌》等。

提 要

　　本文撰述之動機，期望以客觀立場來反省不同民族之間思想、文化的交流，而非以漢族為核心之「漢化」思想來思考論述，藉此展開更多元的觀點，發掘前人所未見之問題。在論述上之思維脈絡，首先從滿人的觀點出發，作為統治中國之皇帝應如何了解漢族文化？經筵日講即是最重要的傳遞橋樑，此制度實施後，始有《日講四書解義》滿漢文本成書，繼而乾隆朝繙譯滿漢合璧本《御製繙譯四書》，將之納入《欽定四庫全書》之中。比較具有代表性之康、乾二朝譯本，可知滿文發展之軌跡變化，從而掌握不同時期滿文繙譯之表達方式。而滿文譯本《四書》主要是提供滿洲子弟學習及考試之教材，對於滿人的啓發深具意義。一、康熙帝從中轉化出「道統即治統」之理論，傳承儒家聖賢之「道統」，即能秉承聖賢之「治統」，為合理統治中國之說辭找到依據。二、雍正帝從《孟子》中提出舜是東夷之人，文王是西夷之人，「夷」之身份無礙其聖德。滿人亦是東夷之人，何以不能統治中國？將夷狄能統治中國進一步合理化。三、康熙帝提出中國崇尚之五德目：忠、孝、仁、義、信，皆來自儒家思想之影響。此時期之《清文鑑》在解釋五德目時，所舉諸例，皆出自《論語》、《孟子》，可知《四書》對於滿人之啓迪不容忽視。

　　思考滿文譯本《四書》之價值有三點，一、在清代語音學之研究上可以提供珍貴之材料。二、對於清代考證學之興起，提供了官方帶動風氣之證明。三、儒家修身、齊家、治國、平天下之理念及忠、孝、仁、義、信等德性價值，也傳遞到滿人思想文化之中。探討滿文譯本《四書》，除了有助於了解清代思想、文化各層面之外，甚至可為中國歷史上其他朝代不同語文文獻對於當代影響之借鏡。

目 次

上 冊

第六冊 《樂記》研究

作者簡介

　　李書秀，男，民國 44 年出生於高雄市，一生與音樂結緣，早期退伍後取得中華民國鋼琴調音師技術士證照，先後服務於河合鋼琴、山葉鋼琴公司。熱心致力於音樂技術，民國 70 年起當選臺北市鋼琴調音業職業工會第二、三、四屆理監事，為提升國人鋼琴維修技術，79 年又與同業先進籌組成立中華民國鋼琴調律協會，當選第一、二屆理事，嗣後與國際間各國鋼琴調律師協會舉辦技術交流，獲益良多。80 年就讀國立空中大學人文學系並成立合唱團。83 年底獲聘擔任臺北市立交響樂團舞台監督職，於 105 年 8 月退休以讀書、旅遊、蒔花自娛，94 年就讀玄奘大學中國語文研究所碩士在職專班，師事沈謙教授，老師並親定學生論文題目為《樂記》研究，作者就讀國立空中大學時即追隨沈謙老師為學，吾師不幸於 95 年 1 月 2 日凌晨遽爾過世！彌留之際曾入學生夢，並囑老師將遠行，交代學生未完成之學業務必恭請莊雅州教授指導，幸得莊雅州老師首肯，學業得以順利完成，於 96 年 6 月取得碩士學位。

提　要

　　在中國古代音樂典籍中，《樂記》無疑是最具經典意義的文獻，對後世的音樂理論產生了深遠的影響。筆者本著窮本溯源之研究精神，就《樂記》的樂教思想、所使用的樂器暨象徵意義、在經文中論及的音樂與舞蹈、中和思想、再作闡述，以進一步探討它的理論價值。以有限之現行文獻資料，加上民國以來出土之考古文物有關「樂器」部分資料，按圖索驥，一一加以考證，以期呈現《樂記》一書中傳統樂器之全貌。

　　本文主要內容分為六章：第一章為緒論，主要在說明本文研究動機、目的與研究方法。本文的資料運用，是以文淵閣《四庫全書》及《十三經》為主，另輔以現今豐富的出土遺物、文獻，期能重現《樂記》時代之樂教思想與各古樂器的樣貌。也就是藉著研究《樂記》一書，而得一窺中國古代音樂之堂奧，並說明樂教的重要，期能藉著樂教之推行，改善當今社會的亂象。

　　第二章《樂記》探源，從音樂角度探討《樂記》的時代背景。第一小節從音樂的探源起，概述「樂」在我國歷史上各時期的文化中出現的遺物與歷史發展，第二小節介紹我國古代出土之「樂器」。第三、四小節則分述《呂氏春秋》與《樂記》中論樂之思想。

　　第三章《樂記》論音樂的社會教化功能，旨在敘述孔孟荀之樂教思想，並藉此了解儒家對樂的教化功能與看法。並於第二節分別討論音樂對於上古社會、先秦社會的教化功能。最後以期許作結，期望音樂能帶來心靈的滌淨與提昇。

　　第四章《樂記》有傳統樂器及其象徵意義，第一節先總論古代樂器的演化及《樂記》中的傳統樂器。第二節則就《樂記》中之各類樂器分別敘述之。《樂記》中所出現的樂器，依序出現爲：瑟、鐘、鼓、管、磬、籥、五弦琴、琴、簫、大呂、匏、笙、簧、拊、雅、靴、椌、楬、壎、篪、竽、鼓鼙等二十二種。第三節所要表達的是《樂記》一文中樂器原始的涵義，以及其與禮教結合後，對中國道統文化所產生的影響。

　　第五章《樂記》論音樂、歌謠與舞蹈，第一、二節分別簡述中國音樂美學與《樂記》的音樂美學。第三、四節則分述《樂記》中的音樂、歌謠與舞蹈。最後以詩樂舞合一的傳統作結。

　　第六章爲結論。旨在論述《樂記》的歷史意義及對後世的影響。音樂教育在西周時曾經創造出高度的文明。孔門對音樂不止重視其在政治教化上的作用，並援爲人格修養上的重要項目。但是自孔子時代，音樂在教化上的作用，即不斷的衰微，關於樂教的思想在《樂記》中保存的最多。所以本文以《樂記》作爲研究的題目，藉以瞭解吾國樂教的思想，並期能對吾國樂教之人文理念的保存與發揚有些許的貢獻。

目　次

第七冊　《唐會要》考校

作者簡介

　　黃麗婧（1985～），女，江蘇師範大學圖書館研究館員，研究方向：中國古典文獻學。公開發表《〈唐會要〉後人偽撰考》、《〈唐會要〉校誤》、《〈愛日精廬藏書志〉四卷本考略》、《「緘一寸」》、《類書研究的一部力作──〈《太平御覽》研究〉評介》、《宋代女性悼亡詞考述》等論文。

提　要

　　王溥《唐會要》是我國現存的第一部「會要體」史書，也是研究唐代典章制度最重要的史料之一。《唐會要》的成書，從蘇冕到崔鉉等人，再到王溥，出於眾手，歷時久遠，過程複雜。

　　蘇冕在繼承前人的基礎上，首次以《會要》為書名，開創了「會要體」史書編纂的新形式。其弟蘇弁嗜學好藏書，在《會要》的編撰過程中也應當

做出過一定的貢獻。大中年間，崔鉉、楊紹復等奉詔撰《續會要》四十卷，在《會要》的基礎上續增唐德宗至宣宗七朝事蹟。至北宋建隆初，王溥探宣宗以後故事，並蘇、崔等所錄，補其漏闕，終成百卷本《唐會要》。由於出於眾手，歷時久遠，故今本舛誤乖謬，甚至有多卷的殘闕。前人研究《唐會要》的成果豐碩，涉及到《唐會要》成書、流傳、版本、校勘及史料價值等方面。但如對於該書的流傳脈絡，後人偽撰與補撰，現存鈔本的價值與佚文的輯考等問題仍然缺乏系統探討。尤其是今本《唐會要》卷九二之後半部分，以及卷九三、卷九四全卷一直被視為原書，但是實際上皆非原書所有，當為後人補亡所作。由於補撰不做任何說明，亦可視之為偽作。因此，梳理清楚《唐會要》版本的源流關係，辨析《唐會要》偽作部分，校正《唐會要》的訛誤文字，輯考《唐會要》的佚文，對恢復《唐會要》的原貌、進一步研究《唐會要》以及唐代的歷史有著重要的意義。

目　次

第八、九、十冊　圖海——中日《三才圖會》的分析與探索

作者簡介

　　何立民，復旦大學史學碩士、文學博士，講師、助理研究員，主要研究領域包括古文字學、漢語史、藝術史、中醫文獻等，主要成果有《中國古文字學基礎》（上海社會科學院出版社 2004 年）、《上海通史・上海建縣至明末經濟》（上海辭書出版社 2019 年），主持整理《朱國禎全集》，協助主編《陳繼儒全集》，參與整理《皇明經世文編》、《（嘉慶）大清一統志》、《木雁齋書畫鑒賞筆記》等，完成整理《李中梓全集》等，先後整理各類古文獻三十餘種，發表文章十餘篇。

提　要

　　《圖海》第一次以王圻《三才圖會》、寺島良安《和和三才圖會》爲研究對象，從文獻溯源、百科知識、圖像藝術等視角切入。章節及創新點如下：第一章爲緒論，從學術史回顧、王圻傳略、《三才圖會》及《和漢三才圖會》的主要內容、特色、價值等角度，簡單介紹兩部作品的基本情況。第一次全面梳理兩書圖版數量、類型、價值、特色爲本章重要內容。

　　第二、第三章從百科知識和編輯特色角度切入，從分析《三才圖會》、《和漢三才圖會》兩部書的地理、輿圖、宅室、器用、人物、人體、本草藥圖等主題入手，全面展示兩部作品的重要特色與價值。《三才圖會》收錄各類插圖版畫、示意圖、表格共計有六一二五幅，是中國圖書刊刻史上版畫數量最大、內容最繁複、類型最廣泛、版式最多樣、體量最宏大的作品；《和漢三才圖會》編繪版畫插圖三七〇四幅，數量雖不及《三才圖會》，但圖中充分展現江戶時代日本人的服飾、髮髻、建築、街區、民俗及生活場景，堪稱古代日本的「圖海」。

　　第四、第五章從「文」（文獻）入手，全面梳理、分析、總結兩部《三才圖會》分別節引、借鑒、改造《王禎農書》、《武經總要》、《證類本草》、《本草綱目》、《事物紀原》等作品的具體情況，指出兩部《圖會》文獻引文的特點、價值、不足，這也是兩部《三才圖會》研究史上首次、全方位的文獻溯源工作。《三才圖會》參考文獻數量應不超過三百種，子部文獻佔據半壁江山，其次是史部，集部文獻最少，只有區區十餘種。引述文獻中，前十五位作品是（按照作品首字拼音排序）：《重修宣和博古圖》、《爾雅翼》、《古今遊名山

記》、《明會典》、《明集禮》、《明太祖實錄》、《明一統志》、《類經圖編》、《埤雅》、《詩餘圖譜》、《通志》、《王禎農書》、《五嶽游草》、《武經總要》、《證類本草》、《本草圖經》。其中,《詩餘圖譜》屬於全書轉引。《和漢三才圖會》引述文獻數量超過五百種。其中,排名前十五名的作品分別是《本草綱目》、《陳眉公秘笈》、《大明一統志》、《登壇必究》、《古今醫統》、《廣博物志》、《和名抄》、《農政全書》、《日本書紀》、《三才圖會》、《釋名》、《事物紀源》、《五雜組》、《續日本紀》、《字彙》。除此之外,《和漢三才圖會》直接引用《三才圖會》者有三百餘處,分佈於全書大部分卷次。其中,卷十三「異國人物」、「外夷人物」兩卷,引《三才圖會》者有一六六處。

第六、七兩章從「圖」(版畫插圖)入手,分析《三才圖會》中人物畫、肖像畫、科普插圖、藝術插圖,分析《和漢三才圖會》中的浮世繪版畫、本草藥圖以及寺島良安借鑒、改造、完善《三才圖會》有關版畫的具體情況。《三才圖會》、《和漢三才圖會》共計九八二九幅的版畫插圖中,幾乎涵蓋了明清時期及日本江戶時代版畫的所有版式。有上圖下文、上文下圖、上下兩圖、左文右圖、側文半圖、方格插圖、不規則插圖、半葉數圖、半葉滿幅、合頁連式、數頁橫卷、主副式、整體局部式、譜牒式、表格式、圖表混排式。而圖版款識部分,則包括圖名、標題(有橫排式、直排式、不規則)、題詩、傳文、注文等諸種類型。

第八章梳理後世《古今圖書集成》、《格致鏡原》等對《三才圖會》的引述、借鑒與吸收改造的情況。第九章為結語,用簡練的語言總括出本書的主要內容、架構、特色、創新點,附錄部分所附有關表格,皆為筆者點校整理兩部《三才圖會》以及撰寫本書時,編繪出來有關文獻方面的統計,以供參考。

目 次

上 冊

第十一、十二冊　晚清域外地理學著譯書籍考

作者簡介

侯德仁，男，1975 年生，黑龍江海倫人，現任蘇州大學社會學院歷史學系副教授，中國史專業專門史方向碩士研究生導師。主要從事中國史學史、中外學術文化交流史、邊疆歷史地理學研究。已發表《清代西北邊疆史地學》等學術專著 2 部，發表學術論文 30 餘篇。

提　要

晚清時期是中國社會激烈動盪的時期，內憂外患頻仍的時局給中國的知識分子和中國的學術發展打上了深刻的時代烙印。中國傳統的地理學在晚清時局的激蕩和地理學自身發展的雙重因素作用下，呈現出新的時代發展特點，並開始向近代科學的地理學轉變。域外地理學研究的勃興，是這一時期地理學發展的顯著特點之一。

晚清域外地理學的發展可以 1840 年鴉片戰爭爲界標劃分爲前後兩個階段。從十九世紀初至 1840 年鴉片戰爭爆發的四十年，是爲晚清域外地理學發展的萌芽和興起時期。這一時期的域外地理學研究呈現出兩個主要特點：一是著述成果數量不多，並且粗淺零散、不成系統，內容主要是以介紹性爲主。二是具有未雨綢繆的反侵略愛國意識。

從 1840 年鴉片戰爭開始直至 1911 年清朝滅亡的七十年時間爲晚清域外地理學的繁榮與嬗變時期。在時代的推動下，這一時期的域外地理著述不但

成果數量激增，達數百部之多，而且還出現了許多高品質的研究著作。這些著述從整體上呈現出內容豐富，視野恢廓，系統性和學術性大大增強的學術特點。同時，鴉片戰爭之後特別是 19 世紀 60 年代後，大量的域外遊記著述開始湧現，出現了一股域外遊記撰述的熱潮，直至清末而不衰。這些域外遊記數量巨大，覆蓋面廣，學術與思潮價值都非常高，它們也是晚清域外地理著述成果的重要組成部分。

本著作是以晚清時期的域外地理學著述爲主要考察對象，從目錄學的角度入手，對晚清時期的域外地理著述書目進行了全面考察，主要考察了晚清域外地理著述書目的種類、數量、作者、版本、內容、體例及其館藏流佈情況，並且撰有書目提要。筆者首先查閱了周振鶴《晚清營業書目》、熊月之《晚清新學書目提要》、鄒振環《晚清西方地理學在中國》附錄一「晚清西方地理學譯著知見錄」、《清史稿・藝文志》、《清史稿藝文志補編》、《清史稿藝文志拾遺》、《北京圖書館普通古籍總目・地志門》等許多與晚清有關的目錄學著作，同時全面查閱了國家圖書館、上海圖書館、南京圖書館、復旦大學圖書館、北京大學圖書館、人民大學圖書館、北京師範大學圖書館、蘇州大學圖書館的晚清域外地理著述館藏情況，並且適當考察了中國科學院圖書館和清華大學圖書館的館藏情況，從而基本摸清了晚清域外地理著述書目數量及其現存館藏情況，收穫很大。這些收穫，都全面體現在了本研究報告之中。

本著作全文分成上、中、下三篇。上篇爲晚清域外地理著作提要，考察書目數量爲 211 種。中篇爲晚清域外遊記著述提要，考察書目書目 233 種。下篇爲國人輯譯的域外地理著作和遊記書目提要，考察書目數量總計 245 種，其中地理著作 194 種，遊記 51 種。最後，全文還列有一個附錄，附有晚清時期的域外地名歌略、域外竹枝詞、域外地圖等著述書目共計 52 種。另外，筆者還撰寫了一篇《引論》置於正文之前，《引論》概要闡述了晚清域外地理學的研究成就、主要特徵和學術價值。

目　次

上　冊

第十三冊　日本唐詩選本研究——以李攀龍《唐詩選》相關選本爲中心

作者簡介

黃嘉欣，廣東人，畢業於廣州中山大學日本語言文學系、國立成功大學中國文學研究所，現就讀於國立政治大學中國文學研究所博士班。

提　要

舊本題明李攀龍所編之《唐詩選》，自江戶時代始風靡日本，影響深遠，歷久不衰。值得注意的是，學界亦不乏反對、批評李選之聲。本論文以與《唐詩選》相關的日本唐詩選本爲研究對象，並選擇篠崎小竹《唐詩遺》、森槐南《唐詩選評釋》、目加田誠新釋《唐詩選》、吉川幸次郎《新唐詩選》與《新唐詩選續篇》爲具體切入點，考察日人如何新編唐詩選本或重新詮釋《唐詩選》，以之回應李選，並引導初學入門。透過對諸家選評內容的細讀、爬梳，呈現其具體樣貌、異同之處，同時藉此一窺日人對唐詩的接受情況。全文共分爲六章：

第一章爲「緒論」，旨在說明本文的研究動機與選題，回顧前人研究成果，並介紹本文的研究對象、研究方法、章節安排以及預期貢獻。

第二章至第五章爲本論文的主體，分別對上述四家選本進行探研。除了分析諸家對李攀龍《唐詩選》的評價、選評緣由而外，各章另有如下要點：

第二章考察篠崎小竹《唐詩遺》如何取法清人沈德潛、陳培脈合選之《唐詩別裁集》初刻本，修正《唐詩選》「方隅有闕，變化不足」之失，同時呈現篠崎氏此選之「崇杜」傾向。

第三章透過爬梳森槐南《唐詩選評釋》的詩評內容，探析森氏有別於李攀龍〈唐詩選序〉的詩體觀，並進一步歸納此書之說詩要點。

第四章主要觀察目加田誠新釋《唐詩選》的說詩風格，彰顯其有別於前人的「平易」特色，同時一窺目加田氏「重情」之說詩旨趣。

第五章勾勒吉川幸次郎《新唐詩選》及其《續篇》所形塑的詩人形象，以及比較吉川氏選本有別於「舊選」即李攀龍《唐詩選》的「新」意所在。

第六章爲「結論」，除了概述本文的研究心得，也提出後續研究的議題，期能作爲日後努力的方向。

目　次

第十四冊　小學文獻學視野下的毛氏汲古閣本《說文》研究

作者簡介

　　張憲榮（1984～），男，山西大學文學院講師，北京師範大學文學博士。主要研究小學文獻學、文字學、詩經學等。在《文獻》《中國典籍與文化》《書目季刊》等上發表論文 20 餘篇。出版著作《英國曼徹斯特大學約翰・賴蘭茲圖書館中文古籍目錄》（中華書局 2018 年版，合著）1 部。

　　目前承擔山西省高等學校哲學社科研究一般項目「耿文光《目錄學》的整理與研究」（已結項，項目編號「2016215」）和國家社科基金青年項目「小學文獻學研究」（項目編號「16CTQ012」）。

提　要

　　本書以毛氏汲古閣本《說文》爲研究對象，從小學文獻學的角度對之進行較爲全面的研究。

　　正文共五章，每章皆圍繞一個主題展開，但各章之間又彼此有聯繫。第一章探討的是毛氏汲古閣本所據之底本。筆者根據存世的宋刻元修本《說文》並結合相關材料，認爲毛晉在明末清初刊刻《說文》時所用的底本爲今藏於國家圖書館的丁晏跋本。康熙年間，其子毛扆重校舊版時，又參用了其新收的宋本《說文》，此本今藏湖南圖書館。第二章梳理的是汲古閣本的刊印源流。

　　筆者認爲，汲古閣本在清代一共刊印了四次，每次都是在不同的學術背景下進行的，所謂剜改本中的錯誤基本上是不同時代不同人在刊印過程中累加上去的，所以應該將汲古閣本看作一個動態的版本系統，而不是一個固定的版本。第三、四章分別收集和整理了存世的所謂「初印本」和批校題跋本，並結合相關資料對之進行考證。第五章探討的是第一部對毛氏汲古閣本進行校勘的著作《汲古閣說文訂》的校勘特點和學術價值等。以上章節分別從所據底本、版本源流、版本考證及版本校勘等方面對汲古閣本進行了較爲詳細的探討，同時還試圖結合學術史挖掘隱藏在版本刊印背後的深層原因。可以說，從小學文獻學的角度並結合學術史研究是本書研究的一大特色。

目　次

第十五冊　西夏文《喜金剛現證如意寶》考釋與研究

作者簡介

　　李若愚，男，河南省焦作市人，1990 年生，2015 年～ 2016 年獲國家留學基金委獎學金，作為聯合培養博士研究生，赴哈佛大學學習，2017 年於中國社會科學院研究生院畢業，獲史學博士學位。現為故宮博物院圖書館館員，中國民族古文字研究會會員。主要從事藏文、西夏文等少數民族古籍文獻的細編目整理與文本對勘工作。主持故宮博物院課題《故宮博物院藏藏文文獻序跋整理研究》（KT2018-04），參與國家社科基金重大研究專項《〈滿文大藏經〉研究》（18VJX031）等相關課題，並在《寧夏社會科學》、《藏學學刊》等刊物發表相關論文 5 篇。

提　要

　　本文研究的是元代帝師八思巴《喜金剛現證如意寶》上卷的西夏譯本，是一部修習喜金剛法的現證法本，內容由入定始，止於出定部分的誦咒定。底本原為藏文，本文刊布西夏文錄文，並附上對應的藏文底本和漢文翻譯，西夏文《喜金剛現證如意寶》部分內容可以與莎南屹囉集譯的漢文譯文《吉祥喜金剛集輪甘露泉》堪同，其差別亦出校注進行說明。對西夏文獻中最後的三行草書

修習法，本文亦進行了解讀，總結了西夏文草體與楷體的對應規律，並歸納了一批西夏草書的構字部件。通過對西夏文進行對勘與釋讀，可以總結出一批藏傳密教詞語的夏、藏對當關係，並摸清西夏人對「喜金剛現證法」藏文底本的理解方式和翻譯方法，爲藏傳西夏文文獻的全面解讀提供基本的語言資料。

　　本文還探討了西夏文《喜金剛現證如意寶》的歷史、宗教背景和翻譯的年代。重點探討了西夏中後期藏傳佛教的流傳，藏傳佛教在蒙元初期的流傳以及蒙元初期西夏遺僧的佛教活動三方面的內容，並結合喜金剛現證法本的傳承體系與《喜金剛現證如意寶》藏文底本的創作時間，推斷了西夏文本大致的翻譯年代。這部分內容的目的是勾勒西夏文《喜金剛現證如意寶》翻譯的時代特徵，探討西夏譯本出現的內在動因，證明在蒙元時期，依然有党項遺民使用西夏文來翻譯佛教作品。

　　西夏文《喜金剛現正如意寶》不僅是迄今僅見的夏譯八思巴著作，也是迄今僅見的有大致年代可考的蒙元譯本，對它的解讀不僅能爲研究藏傳西夏文文獻提供基本的資料，同時也爲研究蒙元時期西夏遺民的宗教思想提供了基本的歷史資料。

目　次

第十六、十七、十八冊　《論語》新說補輯

作者簡介

　　張亞朋，女，1992 年生，河南鶴壁人，曲阜師範大學歷史文化學院歷史文獻學方向碩士，攻讀碩士研究生期間跟隨導師侯乃峰老師學習先秦史和出土文獻學。

提　要

　　《論語》作為一部記載孔子言行的重要儒學元典，無論是對研究孔子個人，抑或是對研究儒家學說來說，均具有極為重要的參考價值。及時地對《論語》相關研究成果進行整理、匯輯，為《論語》研究提供便利，是十分必要的。

　　伴隨著程樹德《論語集釋》、黃懷信《論語彙校集釋》以及高尚榘《論語歧解輯錄》三部集釋類著作的出版，《論語》古注方面的整理可以說已經相當完善，而對新說（「新說」與「古注」相對，二者以 1911 年為界）的整理則相對較少，只有高尚榘《論語歧解輯錄》一書中有部分的收集。故本書主要是在高書的基礎上，對 1911 年以來學界湧現的《論語》新說進行補輯整理。

目　次

下　冊

類書研究合集

劉全波 著

作者簡介

劉全波，男，1984 年生，山東陽信人，2007 年畢業於曲阜師範大學歷史文化學院，獲歷史學學士學位，2012 年畢業於蘭州大學敦煌學研究所，獲歷史學博士學位（碩博連讀），同年 7 月留校任教，現爲教育部人文社會科學重點研究基地蘭州大學敦煌學研究所暨蘭州大學歷史文化學院教授，碩士研究生指導教師，中國敦煌吐魯番學會理事，主要從事歷史文獻學、敦煌學、中西交通史研究。主講《文獻學基本理論與方法》《魏晉南北朝史專題》《中西交通史》等課程，出版《類書研究通論》《魏晉南北朝類書編纂研究》《唐代類書編纂研究》等專著，在《敦煌學輯刊》等雜誌發表各類科研論文 70 餘篇，主持參與各類國家級、省部級科研項目 10 餘項。

提　　要

　　本書是關於類書研究的彙集，主要分爲三個部分。第一部分是關於類書理論的研究，首先我們提出了類書學的概念，並就類書研究的方向或者領域做了闡述；關於類書別名的考察，其實是個老問題，筆者多年前其實就有關注，當時只能猜到一個答案，而經過不斷的思索，其實現在可以找到三個答案。第二部分是關於類書研究的綜述，旨在以年爲單位將近年來的類書研究狀況展現出來，縱觀近年來的類書研究，論著絕對可謂是豐富，遠遠超出我們的想像，但是逐年綜述還是比較少的，而我們就此問題做了探索，完成了四個年度的類書研究綜述。第三部分是關於類書研究的目錄索引，對於類書研究的年度索引，筆者亦曾有過整理，但側重點不同，而此種主題目錄，尤其是單書目錄索引，或有資料遺漏之憾，卻會更加集中的展現某一部類書的研究情況，而加強單個類書的研究，必然是今後類書研究的重要方向。

蘭州大學中央高校基本科研業務費
優秀青年教師科研創新項目
「南北朝隋唐時期佛教類書編纂研究」
（項目編號：2019jbkyzy033）階段性成果

序說：開拓類書研究的新境界

　　類書是古籍中輯錄各種門類或某一門類的資料，按照一定的方法加以編排，以便於尋檢、徵引的一種知識性資料彙編。一千多年來，類書作爲典籍之薈萃，知識之精華，對文獻保存、知識傳播和學術研究都產生了重要作用。但由於古今學者對類書的定位不夠準確，所謂類事之書，非經非史，非子非集，以至於四部之內，乃無類可歸，類書漸漸被邊緣化，類書研究也被視作冷門直至少人問津。其實，類書在中古時期的學術地位是比較高的，唐初幾代帝王皆很重視類書的編纂，於是大量類書湧現出來，《藝文類聚》《文思博要》《東殿新書》《瑤山玉彩》《碧玉芳林》《三教珠英》《初學記》等就是代表，延及兩宋，類書之編纂更爲火熱，類書與文學、類書與科舉、類書與教育深度融合在一起，類書遂成爲讀書人離不開的「萬寶全書」「錦繡萬花谷」。清代學者在《四庫全書總目》等書中對類書貶抑太甚，受其影響，直至今天，學術界對類書的研究仍然是相對薄弱的，部分學者甚至是看不起類書的，多對類書嗤之以鼻，稱之爲「食古人之牙慧」「尋章摘句老雕蟲」「割裂經史」「斷章取義」「獺祭」「餖飣」，其實卻不然，那些古代的博學之士如虞世南、歐陽詢、房玄齡、魏徵、岑文本、張說、徐堅、白居易、李商隱、晏殊、秦觀、呂祖謙、王應麟、解縉、陳夢雷等多編纂過類書，更甚者，古今不少學者都以加入到類書的編纂中爲榮。

　　歷代文人學者在對類書進行批評的同時，對類書的重要價值亦曾做過闡釋，所謂「是編之爲助於學，豈有量者」「載籍中固不可少此一種也」即是明證。任何一部優秀的類書都是一個時代知識的總結，宇宙的、國家的、歷史的、動物的、植物的乃至日常生活的知識都被網羅搜輯，且分門別類清晰而

整齊的排列組合在一起，一展卷，天下萬事萬物盡在於此，這就為讀書人積累知識、開拓視野提供了極大的便利，也正因如此，肴饌經史、漁獵子集的類書才被一代代讀書人所重視、認可，並不斷編纂新的類書以實現類書知識的新陳代謝。類書的流傳也是異常的廣闊，無論是繁華的近畿都會，抑或是邊遠的鄉村山林，甚至可以說，凡有詩書之處皆可見類書的流傳，敦煌類書的重現展現了魏晉隋唐時期也就是印刷術未發達之前，抄本時代的類書流傳情況，類書不單單是在中原內地流行，敦煌這個邊遠的小城裏面也有廣泛的流傳，而散佈在中國大地上千百個像敦煌一樣的城鎮必定也是類書流傳的廣闊天地。

陳垣先生做過《四庫全書》所收篇幅最大古籍排序，結論是清代類書《佩文韻府》列第一，為 28027 頁，宋代類書《冊府元龜》列第二，為 27269 頁，可見類書卷帙之大，無人可敵。陳垣先生亦做過《文津閣四庫全書冊數頁數表》，類書之頁數在整個《四庫全書》頁數中占 9.94%，而在子部所有圖書中所佔比例竟然高達 40.4%。影印《文淵閣四庫全書》共 1500 冊，類書則佔據了 150 冊，編號 887 冊至 1034 冊。如此龐大的家族，如此眾多的類書典籍，的確非常需要我們更多的關注與研究。

1943 年，張滌華先生《類書流別》出版，這是民國以來第一部專門研究類書的著作，其對於中國類書研究的開創之功極大，後來的類書研究多受其影響。胡道靜、劉葉秋、戴克瑜、唐建華、戚志芬、彭邦炯、夏南強等諸位先生皆對類書做了專門研究，胡道靜《中國古代的類書》是「文革」前的舊稿，彌足珍貴，惜其後半部分在「文革」中遺失，只剩半壁；劉葉秋《類書簡說》、戴克瑜、唐建華《類書的沿革》、戚志芬《中國的類書、政書與叢書》、彭邦炯《百川匯海——古代的類書與叢書》諸書多有微言大義之論，但諸書皆是介紹性質的小書，篇幅短而內容少；夏南強先生在熊鐵基先生的指導下完成《類書通論》一書，此書對類書的研究更為的深入細緻，提出了不少重要見解，如類書的分類問題，類書的源頭問題。隨著學術的不斷發展，海內外資料的不斷公布，尤其是敦煌類書文獻與域外漢籍中的類書文獻的不斷刊布，給類書研究帶來了新的機遇，而開拓類書研究的新境界也成為必要和必然，至於如何開拓類書研究的新境界，筆者認為以下四個方面是亟需探討的關鍵問題。

第一，提升類書研究的理論水平。歷來有一種偏見，認為古文獻研究只

有方法沒有理論也不需要理論，受此影響，多年來古文獻學的理論建設非常
薄弱，而類書研究理論的建設更加薄弱，這種現象必須改變。眾所周知，一
門成熟的學科，如果只是停留在實證研究的層面而沒有系統的理論和方法論
的提升，就不可能有規律性的認識和持續的傳承創新。具體到類書研究，我
們有很多理論問題都沒有徹底解決，比如，類書的定義、定位問題，這是一
個如何立論的問題，如若沒有一個明確的綱領，實在無法開展研究，所以，
學者們往往從自身的研究側重點出發，各自爲戰，自說自話，於是關於類書
的定義也就千差萬別，莫衷一是，關於類書數量的統計更是大相徑庭，多者
達一千餘種，少者僅五六百種，其根源即是對類書定義不清、定位不准所致。
再者，《四庫全書總目》對類書的貶抑太過嚴重，導致諸學者皆認爲類書是無
用之書，而加深、加強對《四庫全書總目》之類書類提要的研究，也就變成
一個非常重要的問題，這關係到類書的質量判斷與名譽認定，其實，傳世類
書的精華多被《四庫全書》《續修四庫全書》所收羅，而清儒所著《四庫全書
總目》之類書類提要更是精華，後世學者從事類書研究多以之爲據，但是如
果不爲類書正名，很容易被誤導，故對《四庫全書總目》之類書類提要的正
本清源就是最急迫的理論任務之一。

　　第二，開拓類書研究的國際視野。類書不僅在中國大量流傳，在日本、
韓國、越南乃至琉球也是流傳廣泛，日本、韓國、越南現存古籍中就有不少
是從中國流傳過去的古類書，打開任何一本漢籍目錄，幾乎都能看到類書的
身影，不少在中國已失傳的古類書在日本重新被發現。《日本國見在書目錄》
記載了已經流傳到日本的諸多類書，如《華林遍略》《修文殿御覽》《類苑》《類
文》《藝文類聚》《翰苑》《初學記》《玉府新書》《玉苑麗文》《玉苑》《編珠錄》
等。《日本國見在書目錄》中記載的類書《隋書・經籍志》亦多有記載，但是
由於年代久遠，散佚嚴重，往往不得而見，但部分古籍在日本的重現著實拓
寬了我們的視野。長期以來，無論是中國還是周邊諸國，學界較多關注的是
各自國別的單個種類的類書研究，而對於作爲一個既具有文本共性又互有關
聯的有機體的東亞類書，則缺乏整合性的考察與探究。文化史本身就是一部
諸文明交錯的歷史，把類書放在整個東亞漢字文化圈之中，利用日本、韓國、
越南乃至琉球留存下來的類書資料進行研究，也就是用東亞視角看類書，或
許更能看清問題，今天，東亞儒學、東亞文學等觀念已然深入人心，東亞類
書亦是大有可爲。

第三，加強類書文獻的校勘與整理。類書在流傳中多有散佚，但是歷經千年留存下來的殘章斷壁卻仍然沒有得到精良的校勘，如魏晉南北朝時期的《皇覽》《修文殿御覽》，隋唐時期的《北堂書鈔》《編珠》《白氏六帖事類集》等等，學界、讀者往往只知道他們的名字，卻找不到一個精良的校本去閱讀他、使用他，而做一個全面的標點、校注、整理，使讀者可以閱讀他、使用他就是迫在眉睫的事情。但是，類書的知識量極其豐富，徵引文獻又多，故類書的整理難度極大，使人望而生畏，《北堂書鈔》即被稱為世間第一難校之書，故相關專業學者的集中攻關、聯合努力就是必須和必然，而加快全部類書典籍的整理，就需要更多的學者參與進來，任何一個人或者任何一個單位，都是無能為力的。再者，部分類書的整理成果也需要不斷更新，1993 年王三慶先生完成大作《敦煌類書》，對敦煌類書文獻做了全面的錄文、校注、考釋，居功至偉，但是 20 多年已然過去，今天看來，當時的整理確有些粗糙，已然不能適應類書研究的發展需要，而對相關成果進行新的修訂就成為必須。總之，如山如海如珍如玉的類書典籍亟待一個新的更全面的彙集、校勘與整理。

第四，撰寫一部足以反映新時代特點的中國類書史。古今有不少學者認為類書是「剽竊」「腐爛」之書，沒有原創性，沒有思想性，只是「尋章摘句」「獺祭」「餖飣」而已，這未免有點無視類書的存在價值了，綿延千百年，流傳遍東亞，卷帙數以萬計的類書絕對是探究古代知識、文化、思想、學術的寶庫。類書從產生到現在，一直都與中國傳統文化緊密相連的，其在古代的地位、受重視程度遠遠超出我們今天的想像，類書編纂是可以和正史修撰相媲美的國家文化事業，且其與帝王政治、科舉考試、文學創作、童蒙教育、日常生活乃至中外文化交流皆有關係。可惜的是，千百年以來，尤其是近代以來系統研究類書，且能較好構建類書研究理論的著作還是鳳毛麟角，至今也沒有一部足以反映中國類書發展全貌且較為科學、完備的通史出現，而在綜合研究的基礎上，在對近百年類書研究做回顧與述評的基礎上，撰寫出一部分量十足且有新時代特色的中國類書史，就是擺在當今學術界面前的不可推卸的使命與責任。

目次

序說：開拓類書研究的新境界

上　編

第一章　從無家可歸到獨立門戶
——論類書學的建構與類書研究的疆域

　　類書學的提出旨在提升類書在整個歷史文獻學、古典文獻學中的地位，使更多的學者關注類書、研究類書，只有更多的學者參與進來，只有進行更爲細緻的研究，才能從整體上提升類書研究的理論水平。類書研究的疆域也就是方向，文章提出了官修類書、私纂類書、佛教類書、道教類書、敦煌類書、域外類書、日用類書七個方向，當然其中亦有交叉與重複，或有界限不清之憾，但了勝於無，這個對於類書的整體性分類，旨在引起學界的共鳴或爭鳴，以推動類書研究的新發展、新進步。

一、類書知多少

　　類書是一種輯錄各種門類或某一門類的資料，按照一定的方法加以編排，以便於尋檢、徵引的一種知識性資料彙編。〔註 1〕一千多年來，類書作爲典籍之薈萃，知識之精華，對文獻保存、知識傳播和學術研究都產生了重要作用。曹之先生在《中國古籍編撰史》中曾發問道：古代類書知多少？據其粗略統計，有六百餘種，現存類書二百餘種。〔註 2〕張滌華先生《類書流別》之《存佚第六》將古今類書分爲存目、存疑、黜僞、補遺、新增五部分，但張氏書中未有類書數量的最終統計數據，據筆者統計，除去黜僞部分，有

〔註 1〕劉全波《類書考略》，《山東圖書館學刊》2013 年第 6 期，第 88 頁。
〔註 2〕曹之《中國古籍編撰史》，武漢：武漢大學出版社，2006 年，第 410 頁。

近一千種。〔註 3〕戴克瑜、唐建華先生主編《類書的沿革》第九章《現存類書書目》以朝代順序對現存類書做了統計，共載類書 263 種。〔註 4〕莊芳榮先生《中國類書總目初稿》據《燕京大學圖書館目錄初編類書之部》《江蘇省立國學圖書館圖書總目》《類書流別》《哈佛大學哈佛燕京學社圖書館藏明代類書概述》《四庫未收明代類書考》《國立中央圖書館善本書目增訂本》等 15 種目錄書編成，其言：「計得八二四種，其中扣除同書異名或疑爲同書者，約得七六六種。」〔註 5〕吳楓先生《中國古典文獻學》言：「自六朝至清末，據歷代藝文、經籍志著錄，約有六百餘種，其中大部分已經散失，今存者約有二百種左右。」〔註 6〕趙含坤先生《中國類書》對古往今來的類書做了編目敘錄，並收錄了民國乃至新中國建國以來所編纂的類書，其言中國古代所編纂的類書達 1600 餘種（包括存疑的 125 種）。〔註 7〕雖然，諸位先生的統計方法不同，對類書的去取或有問題，但是毫無置疑的是，我們從中可以發現類書數量之眾多。

　　陳垣先生做過《文津閣四庫全書冊數頁數表》，我們將其所做統計整理如下，類書類，3375 冊，227739 頁，子部典籍，9055 冊，564344 頁，四庫所有典籍，36277 冊，2291100 頁。〔註 8〕

部　別	類　別	屬　別	冊　數	頁　數
經	易		1080	72368
	書		371	23160
	詩		503	33077
	禮	周禮	248	18340
		儀禮	285	19271
		禮記	319	21600

〔註 3〕張滌華《類書流別（修訂本）》，北京：商務印書館，1985 年，第 42 頁。
〔註 4〕戴克瑜、唐建華主編《類書的沿革》，成都：四川省圖書館學會編印，1981 年，第 105～115 頁。原文只有書目，未有統計數據，此數據是筆者統計所得。其中記載亦有重出，以《編珠》爲例，此書隋杜公瞻撰，有清高士奇續、補，而作者對原撰、續、補皆做了統計，以至《編珠》一書被統計了三次。
〔註 5〕莊芳榮《中國類書總目初稿（書名・著者索引篇）》，臺北：學生書局，1983 年，第 9 頁。
〔註 6〕吳楓《中國古典文獻學》，濟南：齊魯書社，2005 年，第 132 頁。
〔註 7〕趙含坤《中國類書・凡例》，石家莊：河北人民出版社，2005 年。
〔註 8〕陳垣《陳垣學術論文集》第 2 集，北京：中華書局，1982 年，第 26～34 頁。

			三禮通義	18	1247
			通禮	334	20500
			雜禮	12	660
			共	1216	81618
		春秋		931	59131
		孝經		15	540
		五經總義		334	20996
		四書		372	25372
		樂		196	14711
		小學	訓詁	39	2467
			字書	267	19883
			韻書	156	10164
			附錄	2	117
			共	464	32631
總計				5482	363604
史		正史		1292	94062
		編年		906	67741
		紀事本末		465	36613
		別史		742	54671
		雜史		116	7727
		詔令奏議	詔令	348	24733
			奏議	427	30526
			共	775	55259
		傳記	聖賢	2	179
			名人	38	2170
			總錄	298	20328
			雜錄	13	662
			共	351	23339
		史鈔		36	2678
		載記		97	5945
		時令		19	1340
		地理	宮殿疏	3	252

		總志	289	25008
		都會郡縣	1786	137570
		河渠	231	16454
		邊防	16	1221
		山川	36	2604
		古蹟	55	3261
		雜記	93	5457
		遊記	15	1188
		外紀	27	1602
		共	2551	194617
	職官	官制	168	12416
		官箴	8	289
		共	176	12705
	政書	通制	896	69074
		典禮	350	22188
		邦計	29	1833
		軍政	187	12873
		法令	28	2267
		考工	8	638
		共	1498	108873
	目錄	經籍	137	10679
		金石	113	6234
		共	250	16913
	史評		202	14804
總計			9476	697287
子	儒家		888	48375
	兵家		89	4799
	法家		40	1887
	農家		114	5825
	醫家		1312	82149
	天文算法	推步	222	15275
		算書	121	8297

		共	343	23572
	術數	數學	114	6211
		占候	42	2003
		相宅相墓	7	377
		占卜	22	1526
		命書相書	56	3465
		陰陽五行	45	2260
		共	286	15842
	藝術	書畫	576	39294
		琴譜	20	984
		篆刻	5	271
		雜技	2	58
		共	603	40607
	譜錄	器物	101	7090
		食譜	10	469
		草木魚蟲	70	4602
		共	181	12161
	雜家	雜學	75	3560
		雜考	379	18878
		雜說	270	14365
		雜品	34	2143
		雜纂	295	18380
		雜編	45	2479
		共	1098	59805
	類書		3375	227739
	小說家	雜事	211	10651
		異聞	142	8595
		瑣語	15	773
		共	368	20019
	釋家		169	11055
	道家		189	10509
總計			9055	564344

集	楚辭		29	1525
	別集	漢至五代	590	32296
		北宋	1129	61518
		南宋	1983	102542
		金元	888	47986
		明	2046	114895
		清	873	48143
		共	7509	407380
	總集		4153	228988
	詩文評		298	14799
	詞曲	詞集	57	2609
		詞選	164	7467
		詞話	9	483
		詞譜詞韻	34	2017
		南北曲	11	597
		共	275	13173
總計			12264	665865
四部合計			36277	2291100

　　通過陳垣先生的統計，類書類之頁數在整個《四庫全書》頁數中所佔分量為 9.94%，而在子部中所佔比例達 40.4%；類書一類之頁數在整個《四庫全書》44 類中占近一成，而在子部竟然超過了四成，亦可見類書數量之巨大！影印本《文淵閣四庫全書》共 1500 冊，類書則佔據了 150 冊，編號 887 冊至 1034 冊。

　　陳垣先生亦做過《四庫全書》所收篇幅最大古籍排序，結論是清代類書《佩文韻府》列第一，為 28027 頁，宋代類書《冊府元龜》列第二，為 27269頁。〔註9〕可見類書卷帙之大，無人可敵。而陳垣先生所統計的僅僅是《四庫全書》全文著錄的類書，而存目類類書的數量就更多了。

　　《四庫全書總目》載：

　　　　右類書類六十五部，七千零四十五卷，皆文淵閣著錄。〔註10〕

〔註9〕陳垣《陳垣學術論文集》第 2 集，北京：中華書局，1982 年，第 35 頁。

〔註10〕（清）永瑢等撰《四庫全書總目》卷 136《類書類二》，北京：中華書局，1965年，第 1159 頁。

右類書類二百一十七部，二萬七千五百零四卷（內七部無卷數），皆附存目。〔註11〕

張滌華《類書流別》言：「夫六藝紛綸，百家踳駁，窮理盡性，則勞而少功；周覽泛觀，則博而寡要；且或細族寒家貧士，則艱於購求；或鄉曲淺儒，則疏於銓別：學者所以勤苦而難就，皆職此之由也。若有類書，以博稽眾籍，標其菁粹，則守茲一帙，左之右之，俱足以達津梁。其為功易而速，為學精而要，不假從師聚學，區以別矣。」〔註12〕誠然，類書是文獻的淵藪，其將各種具有相同性的資料分門別類的彙集在一起，對於古人來說就是一個資料寶庫，是古人進行資料檢索徵引的萬寶全書。臨事驟然，問答應急，博聞強記者也難免遺忘，翻閱檢索也需要方法，也應該快捷便利，而類書徵引繁富，檢索便利，一本類書在手，即便不能應對所有的問題，但是遇事檢索徵引，還是十分方便的。董治安主編《唐代四大類書·前言》言：「在我國源遠流長的學術史和文化史上，數量可觀的一批類書，以其特殊的文獻保存價值和資料查詢功能，一直受到廣泛的重視。」〔註13〕今天的人們或許體會不到古人的感覺，古人的世界沒有今天這般多姿多彩，古人獲取知識也沒有今天這般便捷多途，而作為典籍之薈萃、知識之精華的類書，在古人的眼中就算是奇書、萬寶全書，故類書在古代中國擁有眾多的編纂者、使用者、收藏者，且不斷被刊刻、補編、續編、新編，類書與中國古代政治、文學、科舉、教育乃至日常生活都緊密相連。

類書是文獻學研究的重要內容，近年來，類書研究取得了巨大的進步，論著大增，每一年論著皆多達百餘種（篇），百萬字不止，其中有資料磅礴的專著，有研究精闢的論文，有簡短的介紹性論文，更有不少博碩士研究生學位論文，絕對可謂是豐富，遠遠超出我們的想像，對比 2000 年以前之類書研究，進步巨大。而在此新的形勢下，類書研究的理論卻相對滯後，甚至是停滯不前。歷來有一種偏見，認為古文獻研究只有方法沒有理論也不需要理論，受此影響，多年來古文獻學的理論建設非常薄弱，而類書研究理論的建設更加薄弱。眾所周知，一門成熟的學科，如果只是停留在實證研究的層

〔註11〕（清）永瑢等撰《四庫全書總目》卷 139《類書類存目三》，北京：中華書局，1965 年，第 1181 頁。
〔註12〕張滌華《類書流別（修訂版）》，北京：商務印書館，1985 年，第 35 頁。
〔註13〕董治安主編《唐代四大類書·出版說明》，北京：清華大學出版社，2003 年，第 3 頁。

面而沒有系統的理論和方法論的提升，就不可能有規律性的認識和持續的傳承創新。具體到類書研究，我們有很多理論問題都沒有徹底解決，比如，類書的定義、定位問題，這個問題關係到類書研究的定位，是一個如何立論的問題，如若沒有一個明確的綱領，實在無法開展研究，所以，學者們往往從自身的研究側重點出發，各自為戰，自說自話，於是關於類書的定義也就千差萬別，莫衷一是，關於類書數量的統計更是大相徑庭，多者達 1500 餘種，少者僅二三百種。人文學科研究的常識告訴我們，學術研究的質量首先取決於學術資料的真偽，因此任何學術研究都應該以文獻作為基礎，倘若沒有紮實的文獻作基礎，所謂的學術研究只能成為空中樓閣和過眼煙雲，故從事類書研究也必須要重視對資料的搜集、整理和考辨，傳世文獻之外還應該盡可能利用出土文獻、域外文獻。而在重視資料的基礎上，類書研究亟需建立一套系統完整的理論，對類書的流傳、演變、體例、流弊、功能、價值等問題做全面的分析，不至於使類書研究沒有獨立性，甚至成為其他學科的附庸。正如劉乃和先生所說的：「要把文獻工作當作一門學問，只作事務是不行的；要把文獻工作當作具有科學性的學問，只憑技術也是不行的。」「研究歷史文獻，不可避免地要涉及理論和觀點的問題。」〔註14〕基於這些認識，我們大膽的提出類書學概念，旨在提升類書在整個文獻學中的地位，或者說是特殊性、獨特性，並就類書研究的疆域也就是方向進行一個簡單的整體性劃分。

二、官修類書

歷代王朝在建國之後都很重視對文獻的搜集整理，並形成了通過編修典籍來昭示文治之盛的傳統，新王朝不惜人力、財力編纂大型圖籍，很多是帶有某種政治色彩的，自三國以來，類書的編纂與修史成為開國之初最為重要的兩項文化工程。《皇覽》之後歷代王朝都組織人手編纂類書，南朝有《四部要略》《壽光書苑》《華林遍略》等，北朝有北齊後主高緯敕修的《修文殿御覽》，隋朝有《長洲玉鏡》，唐有《藝文類聚》《文思博要》《三教珠英》，宋有《太平御覽》《冊府元龜》，明有《永樂大典》，清有《古今圖書集成》等，毫無疑問，帶有濃厚政治色彩的官修類書一直是中國類書編纂的主流，因為只有官方才可以組織當時的精英編纂出一部卷帙浩繁、資料磅礡的鴻篇巨著。

〔註14〕劉乃和《歷史文獻研究論叢》，桂林：廣西師範大學出版社，1998 年，第 32～33 頁。

隨著文獻的聚集，歷代積累下來的典籍，可謂是浩如煙海，汗牛充棟，怎麼才能在最短的時間內，獲得最多的知識，帝王及皇子皇孫於是就借助編纂類書熟悉封建文化的全部知識，封建士大夫更要依靠類書熟悉這些知識，以達到明於治亂，嫺於辭令。明焦竑《國史經籍志》類家《小敘》說：「蓋施之文爲通儒，厝於事爲達政，其爲益亦甚巨已！」〔註15〕古今學者多言官修類書有籠絡文人士大夫的功效，厚祿高官，使文人士大夫老死於書籍之中，藉以消磨他們的意志，其實，官修類書的編纂更具有鍛鍊培養人才的作用，通過類書編纂很多學者成爲博學多識之士，成爲王朝的中流砥柱。

梁啓超《中國歷史研究法》言：「纂輯類書之業，亦文化一種表徵。」〔註16〕張滌華《類書流別》言：「類書之升降，恒依政治、學術及社會制度諸方面爲之進退，而其間尤以政治之關係爲切。」〔註17〕唐光榮《唐代類書與文學》亦言：「雖然類書只是一種鈔撮群書的資料彙編，學術地位遠不及正史，但在歷代帝王的眼裏，編纂類書與編纂正史幾乎是同等的潤色鴻業的盛事。」〔註18〕總之，從魏晉至明清，歷代帝王出於國家政治或學術的需要，皆組織當時的文化精英編纂出一部部卷帙浩繁、資料磅礴的鴻篇巨著。每一次大的類書編纂，朝野之文人雅士、宿學老儒、高僧道師等都被網羅其中，天下文藝之英，濟濟乎咸集於京師，可見，類書之編纂一點也不遜色於開國修史，類書編纂所擁有的官方地位、學術地位與正史編修處於伯仲之間，類書編纂已然成爲一個王朝的文化工程，甚至成爲一個王朝文治興盛與否的標誌。

類書編纂與史書修撰多同時進行，類書編纂者既是史書修撰人員，又是身居要職、官高位尊的宰相名臣，這可見類書編纂之地位，亦可見當時帝王將相對類書編纂等文化事業的重視與積極性。杜希德著，黃寶華譯《唐代官修史籍考》言：「這些書籍並非我們現代意義上的百科全書。他們的編排與其說是爲了匯總知識與資料，還不如說是爲了提供有關前人的文學與歷史作品的選段摘錄的彙編，爲作家覓取文學精華與典故的範例打開一條簡捷的途徑。在他們各個不同的門類中，有許多是涉及『人事』的各個方面的，由此

〔註15〕　（明）焦竑《國史經籍志》，《叢書集成初編》第 27 冊，北京：中華書局，1985年，第 237 頁。
〔註16〕　梁啓超《中國歷史研究法》，上海：上海古籍出版社，1998 年，第 63 頁。
〔註17〕　張滌華《類書流別（修訂本）》，北京：商務印書館，1985 年，第 34 頁。
〔註18〕　唐光榮《唐代類書與文學》，成都：巴蜀書社，2008 年，第 2 頁。

他們分類匯聚了一大批我們所謂的歷史與行政問題的資料。類書與歷史寫作之間一個饒有趣味的聯繫是，在這三部類書的編者中，而且事實上也是在唐初其他的那些久已佚失的類書的編者中，有許多學者，他們首先是作爲專業的歷史家享譽於世的。其他一些官方史家則在最初三個皇帝的治下參與了範圍廣泛的法律與禮儀的法典彙編工作。如此大規模地致力於知識的分類與編纂，成了當時的一種流行學風，許多官方史家人也直接參與其中。」〔註19〕杜希德著，黃寶華譯《唐代官修史籍考》又言：「歐陽詢從事《陳書》的纂修，被公認爲精於前朝歷史……徐堅從事《武則天實錄》及武后於 703 年授命編纂的《國史》的撰修：他們兩人都是以史官的身份參與了修史。在《藝文類聚》的編纂者中有令狐德棻，他一生大部分的時間都擔任史官。在《藝文類聚》的十餘位編纂者中，令狐德棻與陳叔達從事《周書》的修撰，而裴矩則致力於撰寫《齊書》。合作編纂《初學記》的人士中有著名的專業史家韋述，此書是在張說的主持下編製的，而張說本人此時正參與《今上實錄》的撰寫，此實錄所記即爲玄宗即位初年以來的事蹟。」〔註20〕在古人的眼中，修史與編纂類書是同樣重要的事情，並不是後世人眼中的修史之學術地位高，編纂類書之學術地位低，後來的學者總是輕視類書的學術地位，而中古時期直至明清，此起彼伏的官修類書爲何不能停歇？正是類書編纂之地位與重要性的表現。

三、私纂類書

伴隨著官修大型類書的發展，民間私人編纂類書的現象逐漸流行起來。南北朝時期由於文學創作乃至追求博學的需要，眾多的文人學者已經開始編纂類書。陸機之《要覽》，戴安道、顏延之、梁元帝、何承天之《纂要》，沈約之《袖中記》《袖中要集》，庾肩吾之《采璧》，朱澹遠之《語對》《語麗》，張纘之《鴻寶》就是此類。加之，齊梁之間的「徵事」「策事」之風盛行，爲了能夠在「徵事」「策事」中占盡先機，文人學士必定會不自覺加入到類書的編纂中來，以加強自己的知識積累，以應時需，於是私纂類書乃至抄書、書鈔，成爲當時文學風氣之下的一種必然。唐代乃至其後的不少文人、學士往

〔註19〕〔英〕杜希德著，黃寶華譯《唐代官修史籍考》，上海：上海古籍出版社，2015年，第 74 頁。

〔註20〕〔英〕杜希德著，黃寶華譯《唐代官修史籍考》，上海：上海古籍出版社，2015年，第 74 頁。

往也自己編纂類書，以儲備撰文作詩之資料，如張楚金《翰苑》、陸贄的《備舉文言》、張仲素《詞圃》、元稹《類集》、白居易《白氏經史事類》、于立政《類林》、溫庭筠《學海》、李途《記室新書》、孫翰《錦繡谷》、皮日休《皮氏鹿門家鈔》、秦觀《精騎集》等。

王應麟《玉海》卷五十四《藝文·承詔撰述篇、類書》載：

> 學古貴乎博，患其不精；記事貴乎要，患其不備。古昔所專，
> 必憑簡策，綜貫群典，約爲成書。〔註21〕

博覽與精通，精要與完備，似乎從來就是一對冤家，博覽不易，精通更難，若再強求完備，則是對古今文人最大的折磨了，因爲任何一個人，哪怕是最聰明、最勤奮、最博學的人都是很難做到的。黃侃先生《文心雕龍箚記·事類第三十八》中對古人爲何多從事類書編纂做了透徹的分析：「淺見者臨文而躊躇，博聞者裕之於平素，天資不充，益以強記，強記不足，助以抄撮，自《呂覽》《淮南》之書，《虞初》百家之說，要皆探取往書，以資博識。後世《類苑》《書抄》，則輸資於文士，效用於諛聞，以我搜輯之勤，袪人翻檢之劇，此類書所以日眾。」〔註22〕王瑤先生《中古文學史論》則言：「人類的記憶力畢竟是有限度的，正如同貨物囤積多了必須有保管的倉庫一樣，這些知識也同樣需要分類地去保管。只有這樣才可以用起來方便，節省記憶的工夫；齊梁時編纂類書的盛行，便是適應著這一要求的。」「隨著數典用事之風的流行，齊梁時編纂類書的風氣也盛極一時，都是爲了適應文人們隸事屬對之助的。」〔註23〕誠然，人的記憶力是有限的，爲了博聞強記，就需要把難以記憶的知識按類編排，抄撮在一起，以便隨時翻閱，加深記憶，先之抄撮之力，繼之編撰之功，私纂類書就在官修類書的帶動下發展起來了。

私纂類書有三個主要的發展方向，第一是文學，第二是科舉，第三是教育，並且這三個方向有時又是交叉融合在一起。類書與文學的結合是天然的，類書爲文人作文提供文料，文人又編纂類書以適應新的作文需要；類書的大量流傳，文人的頭腦裏就形成了固有的邏輯、辭藻、用典，文學創作中既使是天才般的人物，也難以逃脫類書流傳形成的窠臼，這便是文學對類書

〔註21〕（宋）王應麟撰《玉海（合璧本2）》，京都：中文出版社，1977年，第1074頁。
〔註22〕黃侃《文心雕龍箚記·事類第三十八》，上海：上海古籍出版社，2000年，第188頁。
〔註23〕王瑤《中古文學史論》，北京：北京大學出版社，1998年第2版，第286～287頁。

的記憶。無怪乎，聞一多先生在研究唐詩的時候，提出要把「文學和類書排在一起打量」，並提出了「類書家」的詩，「類書式」的詩的概念。〔註24〕方師鐸《傳統文學與類書之關係》亦言：「自魏、晉以至隋、唐，甚至沿長到北宋，這一段時期中的文學觀念，是與我們今日大不相同的。他們把：文學和學術、詞藻和聲韻、類事和訓詁，完全的牽扯到一塊兒，而總稱之爲『藝文』。這可以歐陽詢的《藝文類聚》作爲他們的總代表。」〔註25〕

　　類書與科舉如類書與文學亦是親密無間、相得益彰。隋唐以來，科舉成爲讀書人入仕的最重要途徑，爲了在科舉中高榜得中，讀書人自然是將畢生之力用在科舉上，無奈書山題海，賺得英雄盡白頭。聰明的讀書人發現了類書既博且精的特點，開始重視和利用它，於是各種形式的科舉類書被編纂出來。學子在修習之餘，多抄錄文集，自撰或自抄類書，挾帶韻書，以供場屋採掇。半開卷方式的考試需要的是半記誦，而士子們在朝行公文、平時交際時，也將需要的類書來個半記誦。韓愈《短燈檠歌》：「太學儒生東魯客，二十辭家來射策。夜書細字綴語言，兩目哆昏頭雪白。」〔註26〕「綴語言」就是指採摘事例和典故詞語，綴編成章，爲射策做準備。

　　科舉類書繁榮的下游就是蒙學類書的繁榮，那些有志於科舉的家族、文人，必然會以科舉爲指揮棒加強對子弟的教育、培養，以便於他們可以在日後的科舉中大展宏圖，所以蒙學類書就漸漸多起來，最爲有名的是《初學記》《兔園策府》等。類書在古代被用作童蒙教材的現象是很普遍的，類書與童蒙之間的關係也並不是像我們想像的那樣僅僅供閱讀瀏覽、檢索徵引，在古代以背誦、記憶爲主的教育方法之下，部分被用作教材的類書如《初學記》《兔園策府》等絕對是需要背誦、記憶的，所以類書與童蒙之間的關係是十分緊密的，並不是偶而使用。1900 年，敦煌道士王圓籙發現了藏經洞，藏經洞出土了大量珍貴文獻，其中就有不少魏晉至唐宋代間的類書文獻，據王三慶《敦煌類書》統計，敦煌寫卷中的類書或部分接近類書的書抄，凡 113卷號，可歸納爲 6 體 43 種，如《修文殿御覽》《勵忠節鈔》《語對》《籯金》《兔園策府》《類林》《事林》《新集文詞九經抄》《應機抄》《勤讀書抄》等。

〔註24〕聞一多《唐詩雜論》，北京：中華書局，2003 年新 1 版，第 1～9 頁。

〔註25〕方師鐸《傳統文學與類書之關係》，天津：天津古籍出版社，1986 年，第 25頁。

〔註26〕（唐）韓愈《短燈檠歌》，《韓昌黎集 2》，上海：商務印書館，1930 年，第 61頁。

〔註 27〕這些敦煌類書中很大一部分就是作爲中古時期敦煌地區學郎學習知識的教材，在這些寫卷的背面留下的大量的學郎詩、雜寫、雜畫就是證據。

四、佛教類書

　　佛教類書是類書家族中的一個重要組成部分，他是佛教徒模仿世俗類書編纂模式編纂出來的以利僧眾行文翻檢之用的資料彙編，佛教類書是類書編纂形式在佛教典籍中應用與發展。中古時期中國佛教獲得了巨大的發展與進步，如譯經事業，各類佛典的翻譯基本齊全，印度各派經典皆在中國流傳，各種學說相互激蕩，隨著譯經事業的相對性消歇，中古佛教出現了一股重視講誦佛典的學風，這種學風的轉變，即是由譯經到講經的轉變，當然此種轉變並不是暴風驟雨式的，而這個轉變無疑是需要大量的知識積累的，並且隨著講誦佛典的深入，大量的故事、譬喻、典故就越發需要，如何在浩瀚的佛經中汲取、駕馭大量的故事、譬喻、典故，於是佛經「抄集」「纂集」也就是佛教類書就發現了，或是奉帝王之敕令，或是諸法師、學者之自覺，這個過程帶來了佛教類書編纂、發展的一個高峰。縱觀整個中古時期，高僧大德、文人學士編纂了多部舉世聞名的佛教類書，他們是《眾經要抄》《義林》《經律異相》《法寶聯璧》《內典博要》《眞言要集》《菩薩藏眾經要》《金藏論》《玄門寶海》《法苑珠林》《釋氏六帖》等，他們的出現構建了中古時期佛教類書的發展史、編纂史。

　　在佛典浩瀚或佛典不足的情況下，佛教類書都是最實用的利器，尤其是編纂質量較好的佛教類書，其內容博而卷帙約，可以提供各種佛教知識，彌補所見不足的缺憾。此外，佛教類書編纂與世俗類書最大的不同，是佛教類書有爲宣講佛法做資料準備的作用，其或者就是佛教講經、說法的底本，直接應用到佛法的弘傳中。〔註 28〕佛教類書的編纂並不是只有佛教徒參與，大型類書的編纂模式，基本都是文人學士與高僧共同完成的，《法寶聯璧》是目前所知南北朝時期卷帙最大的一部，其編纂模式就是學士與高僧的結合，且此部類書編纂的參加者以學士文人爲主，蕭綱、蕭繹、蕭子顯等三十餘人參與其中，而寶唱等高僧亦曾參與其中。天監七年編纂的《眾經要抄》是僧旻率領的僧智、僧晃、劉勰等三十人在上定林寺編纂完成的，劉勰作爲文人參

〔註27〕王三慶《敦煌類書》，高雄：麗文文化事業股份有限公司，1993 年，第 149 頁。
〔註28〕劉全波《論中古時期佛教類書的編纂》，《敦煌學輯刊》2017 年第 2 期，第139～148 頁。

與到《眾經要抄》的編纂中，可見佛教類書編纂人員構成上是很開放的，這些文人學士與高僧大德的合作，既能取長補短，更能相互交流，故使得佛教類書的編纂在短時間內即取得了質的飛躍。佛教類書既是中古類書發展史的一部分，亦是中古佛教發展史的一部分，需要從兩方面進行考察探究，不能忽視他的任何一面，只有認識到他的兩面性，才能夠更加清晰、更加清楚的認知他們的存在價值。具體到佛教類書研究，我們還有很多理論問題都沒有徹底解決，比如佛教類書的定位、功能、價值、流變，佛教類書與世俗類書之間的關係等等問題。總之，我們需要把佛教類書研究放在大文獻學、宗教學、歷史學的視野下，不斷提升佛教類書研究的理論水平，考鏡源流，推動佛教類書研究的不斷深入。

五、道教類書

北周武帝宇文邕崇信道教，曾多次召集百官僧道討論三教先後，後以儒教爲先，道教爲次，佛教爲後，因群臣、沙門皆持異議，乃於建德三年（574）並廢佛、道二教，不久下詔立通道觀，令道士王延校理道書，後又自纘道書，號曰《無上秘要》，其實，《無上秘要》是一部通道觀學士奉北周武帝敕令編纂的道教類書，〔註29〕而此《無上秘要》的出現，標誌著道教類書的誕生，如此一部體例完備的《無上秘要》的出現，絕不會是空穴來風，必然是中古時期類書發展的結果。《無上秘要》被稱爲「六世紀的道藏」，內容之豐富，絕對超乎想像，而目前學界對《無上秘要》的考察是單薄的，所以不斷加強對於《無上秘要》的研究就顯得尤爲重要。總體來看，歷代編纂的道教類書不是很多，但卻十分重要，除了《無上秘要》，宋代亦有《雲笈七籤》，《雲笈七籤》亦被稱爲「小道藏」，如此兩部鼎鼎有名的道教類書之分別研究、比較研究都是很重要的，但是目前還是少有人關注，或者說力度不夠。我們認爲，「六世紀的道藏」與十一世紀的「小道藏」之比較研究必然是極其有意義的，他不僅對道教研究意義重大，更會對中國類書史研究有重大意義。

六、敦煌類書

據王三慶先生《敦煌類書》統計，敦煌寫卷中的類書或部分接近類書的書抄，凡 112 卷，可歸納爲六體四十三種。這六體四十三種的類書，是從六

〔註29〕胡孚琛《中華道教大辭典》，北京：中國社會科學出版社，1995 年，第 232 頁。

朝以來迄於五代宋初，民間私纂類書的一個雛形。在學術史上，對於類書體制的發展及源流脈絡的沿革流變，無疑更具有廓清的明證作用，可說是類書史上一批極其珍貴的素材和史料。〔註30〕《隋書》《舊唐書》《新唐書》以及稍後的書志目錄裏，關於五代以前的各家類書記載不詳，至於《四八目》《編珠》《錦帶》《珝玉集》等不是被認為偽作即是殘篇剩紙，以致於面對著宋代之後出現的諸多類書，在體制上竟然被認作是新開創的體例。當我們看到敦煌類書之後，我們就可以知道其來有自，而且各種體例的類書均可以在敦煌類書中找到蛛絲馬跡。敦煌類書介於六朝至宋初之間，填補了類書發展中的空白，使類書的發展、編纂源流變得清晰。鄭阿財先生言：「敦煌蒙書具有實用、通俗與鄉土的特性，內容頗有涉及當時社會風俗及生活習尚的材料，可據以探討唐五代敦煌地區的文化風俗。」〔註31〕同樣，敦煌類書中保存的大量中國古代典籍和歷史文獻，對於研究中國傳統文化及其在西北地區的傳播也具有十分重要的學術價值，通過敦煌類書的研究，可以窺見中國傳統文化與少數民族文化、西域文化乃至西方文化的融合碰撞，可以窺見唐五代宋初敦煌等邊地基層組織的文化傳播途徑、道德教化方式。百年匆匆而過，海內外敦煌類書研究取得了豐碩的成果，但總體來看，主要是對知名類書的研究，如《修文殿御覽》《類林》《勵忠節抄》《纂金》等，而對於大部分不知名類書、殘類書的研究則仍然較為薄弱，如《對語甲》《類辭甲》《北堂書抄體甲》等。並且，諸位學者只是各據所學在自己所熟知的領域內就某一部類、某一體例、某一種類書進行研究，而能夠將敦煌類書作為一個整體、一個系統加以研究的還是少數，所以敦煌類書的研究水平還沒有達到全面系統而深入的階段。另外，對於敦煌類書的研究已不能侷限於敦煌所出類書文獻了，如果單單就敦煌所出類書文獻進行研究的話，就很難發掘出類書的流傳軌跡及其流傳背後的故事。

七、域外類書

類書不僅在中國大量流傳，在今天日本、韓國、越南等東亞漢字文化圈也曾廣泛流傳，在日本、韓國、越南現存的古籍中有不少是從中國流傳過去

〔註30〕王三慶《敦煌類書》，高雄：麗文文化事業股份有限公司，1993 年，第 149頁。

〔註31〕鄭阿財《敦煌蒙書研究的回顧與前瞻》，《敦煌吐魯番研究》第 7 卷，北京：中華書局，2004 年，第 268 頁。

的古類書，甚至不少在中國已經失傳的古類書在域外重新被發現，古代日本、韓國、越南學者依據中國類書又編纂出了不少類書，這些類書共同構成了異中有同、同中有異的東亞類書共同體。

《日本國見在書目錄》記載了已經流傳到日本的類書：「《華林遍略》《修文殿御覽》《類苑》《類文》《藝文類聚》《翰苑》《初學記》《玉府新書》《玉苑麗文》《玉苑》《編珠錄》。」〔註32〕《日本國見在書目錄》中記載的類書，《隋書·經籍志》亦多有記載，但是由於年代久遠，散佚嚴重，往往不得而見，但部分古籍在日本的重現，著實拓寬了我們的視野。白化文、李鼎霞先生《日本類書簡述》言：「日本一向善於汲取外來文化尤其熱衷於吸收中國文化。日本歷代引進了大量中國的類書，又仿傚中國的辦法自編了許多類書。」〔註33〕日本學者一般將流傳在日本的中國古籍稱爲「漢籍」，而日本古代學者用漢文編纂的典籍則被稱爲「準漢籍」，其中，中國典籍的日本刻本又被稱之爲「和刻本漢籍」。縱觀日本所存類書文獻，既有從中國流傳來的「漢籍」，又有日本學者編纂、抄寫、刊刻的「準漢籍」「和刻本漢籍」。爲了更加清晰地區分他們，我們也可以將之分爲「漢籍類書」「準漢籍類書」「和刻本類書」；「漢籍類書」就是《珊玉集》《玉燭寶典》《文館詞林》《翰苑》等，「準漢籍類書」就是《秘府略》《香字抄》《拾芥抄》等，而「和刻本類書」則是《三才圖會》《事林廣記》等。

朝鮮半島在地理位置上與中國大陸直接相連，故其與古代中國的交往更是十分緊密，類書在朝鮮半島的流傳也是十分的廣泛。《韓國所藏中國漢籍總目》子部下《類書類》收錄了目前韓國各大圖書收藏機構如高麗大學、慶尚大學、奎章閣、成均館大學、韓國國立中央圖書館等所藏中國古類書的情況，從唐宋至明清的中國古類書觸目可見，其中亦不乏精本、善本。如《北堂書鈔》《藝文類聚》《白孔六帖》《冊府元龜》《事文類聚》《事類賦》《翰苑新書》《三才圖會》《唐類函》《圖書編》《山堂肆考》《百家類纂》《圖書集成》《淵鑒類函》《駢字類編》《廣事類賦》《格致鏡原》等。〔註34〕《奎章閣圖書韓國

〔註32〕宮內廳書陵部所藏室生寺本《日本國見在書目錄》，東京：名著刊行會，1996年，第52～54頁。

〔註33〕白化文、李鼎霞《日本類書簡述》，《社會科學戰線》1981年第3期，第346～348頁。

〔註34〕（韓）全寅初《韓國所藏中國漢籍總目（四）》子部下《類書類》，首爾：學古房，2005年，第649～747頁。

本總目錄》則記載了朝鮮古代學者編纂的朝鮮本土類書，其子部《類書》載有：「《簡牘精要抄》《經史集說》《經書類抄》《考事新書》《考事撮要》《萬象叢玉》《星湖先生僿說》《五洲衍文長箋散稿》《類苑叢寶》《雜同散異》《篆海心境》《竹僑便覽》《芝峰類說》等。」〔註35〕可見，朝鮮古代學者在接受中國類書的同時也依據自己的實際情況編纂了大量具有朝鮮特色的本土類書。

同日本和朝鮮一樣，越南曾使用漢字作爲書寫文字，較之日、韓等國，他擁有最長久的使用漢字的歷史，越南完好保存了大量漢文古籍，據統計其數量不下七千餘種。劉春銀、王小盾、陳義主編《越南漢喃文獻目錄提要》共收錄越南古籍文獻 5027 筆，其中漢文 4232 種，喃文 795 種，其中子部類書共 19 種，漢文書 16 種，中國重抄重印本 3 種。〔註36〕他們是《天南餘暇集》《村學指徑》《芸臺類語》《典林擷秀》《採玉捷錄》《欽定人事金鑒》《酬奉駢體》《群芳合錄長編》《摘錦彙編》《詩學圓機活法大成》《翰墨名家記》《學源摘對》《淵鑒類函略編》《古事苑》《源流至論》等。

八、日用類書

明清時代，書肆中又出現了大量日用類書，這些類書主要是爲適應普通百姓日常生活而編寫的，書裏面有大量的實用知識和經驗總結，甚至還有許多修身齊家、勸人行善的治家格言。吳蕙芳《萬寶全書：明清時期的民間生活實錄》載：「最早的日用類書應爲南宋時陳元靚的《事林廣記》，以後陸續有元代的《啓札青錢》《居家必用事類全集》，乃至明代前期的《多能鄙事》《便民圖纂》《居家必備》《家居要覽》《日用便覽事類全集》等書。」〔註37〕眞正專供庶民百姓，士農工商使用的日用類書，大量出現在明朝後期的萬曆年間。日本學者酒井忠夫、阪出祥伸、小川陽一收集日本各機構所藏的日用類書善本編成《中國日用類書集成》，其收錄影印了《五車拔錦》《三臺萬用正宗》《萬書淵海》《五車萬寶全書》《萬用正宗不求人》《妙錦萬寶全書》六種明清時期乃至今天都流傳極廣的日用類書。

〔註35〕　《奎章閣圖書韓國本總目錄》，漢城：東亞文化研究所，1965 年，第 549～554頁。

〔註36〕　劉春銀、王小盾、陳義主編《越南漢喃文獻目錄提要》，臺北：中央研究院中國文哲研究所，2002 年，第 373～378 頁。

〔註37〕　吳蕙芳《萬寶全書：明清時期的民間生活實錄》，臺北：政治大學歷史學系，2001 年，第 623 頁。

　　此外，流傳較廣的還有《博覽不求人》《萬象全編不求人》《萬事不求人博考全書》《萬珠聚囊不求人》《一事不求人》《文林聚寶萬卷星羅》《諸書博覽》《學海群玉》《文林廣記》《積玉全書》《全書備考》《博覽全書》《燕閒秘錄》《酬世錦囊》《商賈指南》《士商類要》等。日用類書的内容十分龐雜，可謂無所不包，以《三臺萬用正宗》爲例，其内容包括「天文門、地輿門、時令門、音樂門、書法門、畫譜門、文翰門、四禮門、蹴鞠門、博戲門、商旅門、算法門、金丹門、養生門、醫學門、護幼門、胎產門、星命門、相法門、卜筮門、夢珍門、營宅門、牧養門、農桑門」等四十三門，〔註38〕囊括了民眾居家生活所能遇見的各種事情，是當之無愧的民眾生活指南。

　　日用類書以便利快捷的服務民眾爲主旨，故日用類書題名多標有「天下」「四民」「士民」「便用」「利用」「便觀」「便覽」等字眼。日用類書實現了生活常識的系統化，他將四民百姓日常生活中所能遭遇到的問題全部聚合在一起，且提供了解決之道，應急之方，在沒有現代化聯絡工具的古代，四民百姓所能接觸到的世界畢竟是有限的，他們所能得到的信息也是有限的，而日用類書這個知識寶庫，就給四民百姓提供了一個窗口；日用類書的流傳極廣，版本眾多，不斷有新刊新刻本出現。吳蕙芳《萬寶全書：明清時期的民間生活實錄》共搜集到 66 種版本的《萬寶全書》。〔註39〕如此多的刊刻版本只能說明市場需求量十分的大，進一步則展現了日用類書的流傳之廣，如此眾多的日用類書流散在民間，這對於社會文化的影響該是多麽巨大，反過來，民眾爲何樂於接受日用類書呢？無疑還是因爲他的強大的知識性，所謂一冊在手，萬事不求人。日用類書的繁榮源於當時商品經濟的興盛，經濟的繁榮造成了生活環境的改變，教育也得到一定程度的普及，於是，庶民階層識字的人增多了，普通百姓、農牧商賈對於知識的需求開始增加，日用類書成爲最佳選擇。日用類書收錄了較多的市井生活資料，今天看來，這些資料確有不少早已過時甚至是錯誤的内容，但其與民眾生活之緊密相連則無可質疑，其所載之天下路程、雙陸投壺、蹴鞠武術、酒令燈謎、養生去病恰恰就成爲我們研究明清民眾日常生活史的絕佳史料，無疑給我們提供了一部生動鮮活的民眾社會史。

〔註38〕《三臺萬用正宗》，《中國日用類書集成》第 3 卷，東京：汲古書院，2000 年。
〔註39〕吳蕙芳《萬寶全書：明清時期的民間生活實錄》，臺北：政治大學歷史學系，
　　　　2001 年，第 87 頁。

九、結　語

　　我們大膽的提出類書學概念，旨在提升類書在整個文獻學中的地位，或者說是強調其特殊性、獨特性，使更多的學者關注類書、研究類書，只有更多的學者參與進來，只有進行更爲細緻的研究，我們才能從整體上提升類書研究的理論水平。類書研究的疆域也就是方向，我們提出了官修類書、私纂類書、佛教類書、道教類書、敦煌類書、域外類書、日用類書七個方向，當然其中亦有交叉與重複，或有界限不清之憾。比如，我們對官修類書、私纂類書、佛教類書、道教類書的定義乃至分類並不是十分嚴格的，主要的原則是以類相從，便於考察探究，其實佛教類書也有官修與私纂之區分，道教類書亦然，但是爲了展現佛教類書、道教類書的整體性，我們不對之進行細分。再比如，私纂類書與敦煌類書之間亦是多有交叉，敦煌類書多是私纂小型教材性類書，但是爲了展現敦煌類書爲代表的出土文獻中的類書的整體性，我們將之作爲一個方向專門介紹，但是研究中敦煌類書與私纂類書之間必然是可以相互補充的，不可顧此失彼。域外類書也是一個整體性的方向，《秘府略》是日本官方編纂的大型類書，而《翰苑》則是僅存日本的唐代私纂類書，對於他們的歸屬，究竟是置於官修類書，還是私纂類書之中，亦是需要推敲，但是爲了保持域外類書的完整性，我們不對域外類書再進行細分，但是研究中仍然需要具體問題具體分析。總之，了勝於無，這個對於類書研究領域的分類，主要目的是引起學界的共鳴或爭鳴，以推動類書研究的新發展、新進步，其不合理之處，仍有待繼續補充與完善。

第二章 「事類」還是「類事」
——關於類書別名的考察

　　中華書局點校本《舊唐書》卷 47《經籍下》載：「丙部子錄，十七家，七百五十三部，書一萬五千六百三十七卷……事類十五。」〔註 1〕又載：「右類事二十二部，凡七千八十四卷。」〔註 2〕細讀以上文字，可見，《舊唐書》對於子部之二級類目，也就是類書之別名的記載是前後不一的，前者稱「事類十五」，後者稱「右類事二十二部」。究竟是「事類」為是？還是「類事」為是？我們查閱了以下幾個版本的《舊唐書》，發現這個問題仍然存在。明嘉靖十八年（1539）聞人詮刻本《舊唐書》亦是前言「事類」，後言「類事」。〔註 3〕《文淵閣四庫全書》本《舊唐書》亦是前言「事類」，後言「類事」。〔註 4〕清李慈銘校，同治十一年（1872）浙江書局刻本《舊唐書》亦是前言「事類」，後言「類事」。〔註 5〕商務印書館編《縮印百衲本二十四史》之《舊唐書》卷 47《經籍下》則是依據聞人詮刻本而來。〔註 6〕由此可見，《舊唐書‧經籍下》對於類書之別名記載的前後不一問題，至晚自明嘉靖年間就已經出現了。

〔註 1〕 《舊唐書》卷 47《經籍下》，北京：中華書局，1975 年，第 2023 頁。
〔註 2〕 《舊唐書》卷 47《經籍下》，北京：中華書局，1975 年，第 2046 頁。
〔註 3〕 中華古籍資源庫。
〔註 4〕 《舊唐書》卷 47《經籍下》，《文淵閣四庫全書》第 269 冊，上海：上海古籍出版社，2003 年，第 337、348 頁。
〔註 5〕 中華古籍資源庫。
〔註 6〕 《舊唐書》卷 47《經籍下》，商務印書館編《縮印百衲本二十四史》，北京：商務印書館，1958 年。

明嘉靖十八年（1539）聞人詮刻本

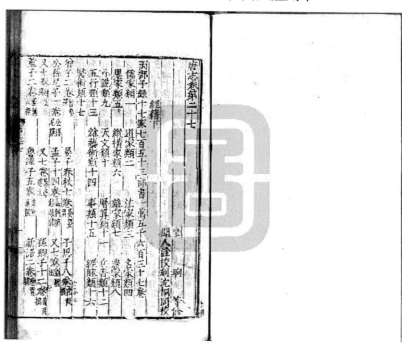

清同治 11 年（1872）浙江書局刻本

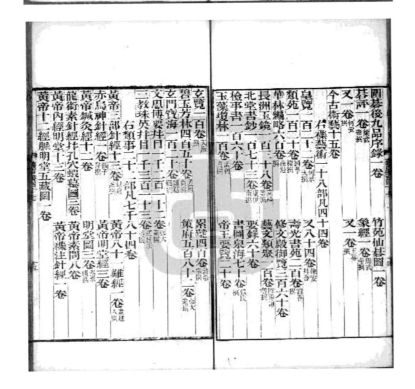

一、魏晉隋唐間的類書編纂史

建安二十五年（220）即是延康元年，也是後來的黃初元年，曹丕敕令王象、劉劭、桓範、繆襲、韋誕等人開始編纂《皇覽》，大約在黃初三年（222），《皇覽》編纂完成，被藏於秘府。西晉時代，荀勖因鄭默《中經》編纂《中經新簿》時，將《皇覽》放在了「丙部」，也就是後來的「史部」，後世諸多學者對此事多有不明，爭論許久，其實在曹魏乃至西晉時代，尚無「類書」之名，更不用說類書之目錄學地位，但是在當時洋洋灑灑一千卷的《皇覽》卻是極珍貴的，不僅僅因爲他是曹丕敕令編纂的，更因爲在當時人們的眼中，《皇覽》不是一部普通的著作，他是一部承續道統的大書，他對漢末以來分崩離析的道德、學術做了一次全新的總結，是曹魏新政權文化政策的代表，所以《皇覽》在當時絕不僅僅是後世學者眼中的「事類」「類事」之書，而是一部承前啓後的文獻大成，是貫通古今的歷史資料彙編，如此重要且備受重視的《皇覽》之地位可想而知，所以荀勖將之放入「史部」與《史記》等並列。〔註7〕南宋王應麟《玉海》卷五十四《藝文·承詔撰述篇、類書》說：「類事之書，始於《皇覽》」。〔註8〕後世學者基本都接受了這個觀點，於是在曹魏乃至南北朝被視爲歷史資料彙編、文獻大成的《皇覽》轉瞬成了類書之祖，《皇覽》被後世學者追封爲類書之祖自然也是有道理的，但我們必須弄清楚這個問題的來龍去脈，即《皇覽》所謂類書之祖的封號是後世學者追封的，不然我們對類書發展過程中的很多問題的理解就會出現偏差。

《皇覽》之後的西晉、東晉乃至北方五胡十六國時代，戰亂頻仍，各種學問雖有發展，但發展相對緩慢，至少表現在類書領域，很是寥落，因爲《皇覽》之後，到南朝齊高帝蕭道成敕令編纂《史林》與南朝齊竟陵王蕭子良組織編纂《四部要略》之前，被後來隋、唐、宋、明、清諸王朝極其重視的類書編纂事業停歇了二百多年，這中間我們沒有見到任何官方系統的任何接續《皇覽》編纂類書的行動。經過二百多年的停歇，到南朝齊高帝蕭道成時期，有了一部新的仿照《皇覽》編纂的著作，即是東觀學士奉敕令編纂而成的《史林》三十卷。《南史》卷四《齊本紀上第四》載：「又詔東觀學士撰《史林》三十篇，魏文帝《皇覽》之流也。」〔註9〕此後不久的永明時代，南朝齊竟

〔註7〕劉全波《〈皇覽〉編纂考》，《中國典籍與文化》2014年第1期，第57～69頁。
〔註8〕（宋）王應麟《玉海（合璧本2）》，京都：中文出版社，1977年，第1074頁。
〔註9〕《南史》卷4《齊本紀上第四》，北京：中華書局，1975年，第113頁。

陵王蕭子良又組織眾學士編纂了一部《四部要略》一千卷。《南齊書》卷四十《武十七王・蕭子良傳》載：（永明）五年，正位司徒，給班劍二十人，侍中如故。移居雞籠山邸，集學士抄《五經》、百家，依《皇覽》例為《四部要略》千卷。招致名僧，講語佛法，造經唄新聲。道俗之盛，江左未有也。〔註10〕《南史》卷四十四《齊武帝諸子・蕭子良傳》載同。〔註11〕無論是自稱是「《皇覽》之流」的《史林》，還是「依《皇覽》例」而成的《四部要略》，都清清楚楚的自稱是《皇覽》體例的繼承者，可見沉寂二百多年的類書編纂事業，在新的時期有了新的發展，且一發而不可收拾，並帶來了一個類書發展的高潮。

此後的南朝梁時代，在梁武帝及其諸子的支持下，多部類書呼嘯而出，如《壽光書苑》《華林遍略》《法寶聯璧》《經律異相》等等，以及劉孝標所作之《類苑》，北齊時期亦有《修文殿御覽》出現，總之，眾多學者在帝王的支持下編纂出了大量的各式類書。並且史書對《華林遍略》編纂的記載更是充滿傳奇色彩，梁武帝先令劉杳編纂《壽光書苑》，《壽光書苑》成書之時，不被梁武帝看好的劉孝標編纂出來一部《類苑》，體例精良，內容豐富，使得《壽光書苑》黯然失色，嫉妒心強烈的梁武帝於是再次敕令學士編纂《華林遍略》以超越之，當然經過八年的努力，《華林遍略》終於滿足了梁武帝的虛榮心。《南史》卷四十九《劉峻傳》載：「及峻《類苑》成，凡一百二十卷，帝即命諸學士撰《華林遍略》以高之。」〔註12〕的確，《華林遍略》的編纂是南北朝類書編纂史上的一件大事，是類書編纂體例最終確立且流傳開來的標誌，《華林遍略》也的確吸取了《皇覽》以來類書編纂的所有經驗教訓，尤其是汲取了《壽光書苑》與《類苑》之優秀內容與體例，最終編纂出一部盛況空前、體例嚴謹的開創性著作。《華林遍略》之後的類書如《修文殿御覽》《長洲玉鏡》《文思博要》等的編纂皆是以之為模範，《華林遍略》在中國類書發展史上的承前啟後之功，不亞於類書之祖《皇覽》，是中古中國類書編纂成熟的標誌。〔註13〕但我們認為梁武帝與劉孝標因為《類苑》鬥氣的事情還有待商討，

〔註10〕《南齊書》卷40《武十七王・蕭子良傳》，北京：中華書局，1972年，第698頁。

〔註11〕《南史》卷44《齊武帝諸子・蕭子良傳》，北京：中華書局，1975年，第1103頁。

〔註12〕《南史》卷49《劉懷珍傳附劉峻傳》，北京：中華書局，1975年，第1219～1220頁。

〔註13〕劉全波《〈華林遍略〉編纂考》，《敦煌學輯刊》2013年第1期，第85～94頁。

可是通過這個富有傳奇色彩且流傳極廣的鬥氣故事，我們無疑會發現這個時期的類書編纂很受重視，是文人之間相互較力、比試學問的一個主要戰場，更是贏取名譽、聲望的博學之資，甚至關係到家族的榮耀。

《長洲玉鏡》是隋煬帝即位之初敕令編纂的一部著名類書，《長洲玉鏡》的編纂者有虞綽、虞世南、庾自直、柳顧言、諸葛穎、王劭、蔡允恭和王冑等人。《長洲玉鏡》的編纂時間是大業元年（605）十月至大業二年（606）六月，編纂地點在江都長洲苑，「玉鏡」是指政治上的清明之道，《長洲玉鏡》顧名思義就是在長洲苑編纂的講帝王得政失政故事的類書。《長洲玉鏡》是中古官修類書發展史、編纂史上的重要環節，他對唐初官修類書的編纂起了借鑒作用，此外，《長洲玉鏡》的編纂帶動了一批類書的編纂，即參與《長洲玉鏡》編纂的諸學士又開始了新類書的編纂工作，如虞世南撰《北堂書鈔》一百七十三卷，虞綽等撰《類集》一百一十三卷，庾自直撰《類文》三百七十七卷，諸葛穎撰《玄門寶海》一百二十卷。〔註14〕再一個，《長洲玉鏡》的編纂初步實現了南北類書編纂模式的融合，《長洲玉鏡》不僅僅和《華林遍略》關係密切，其與《修文殿御覽》關係亦是密切，雖不敢說，《長洲玉鏡》融合了南北朝類書的精華，但是，由於諸葛穎、王劭的參與編纂，我們可以知曉其中更多情況，諸葛穎、王劭在北齊時期是參與了《修文殿御覽》的編纂的，而大業時代，諸葛穎也是備受隋煬帝寵信的，如此一個備受隋煬帝寵信，且與虞綽、庾自直等人關係不洽的學士，必然是要將其在北朝參與編纂《修文殿御覽》的經驗大肆宣揚的，且北齊諸多參與過《修文殿御覽》編纂的人，多半活到了隋煬帝時代，他們以諸葛穎為代表，他們必然會將《修文殿御覽》之編纂經驗運用到《長洲玉鏡》的編纂之中。

《藝文類聚》一書是唐代開國初年由高祖李淵下令編修的，受詔參與編修的共十餘人，目前能考知姓名的有歐陽詢、令狐德棻、陳叔達、裴矩、趙弘智、袁朗。具體到編纂時間，韓建立《〈藝文類聚〉編纂研究》認為：「將《藝文類聚》的始撰時間定為武德五年（622）只是一種合理的推斷，在沒有權威性的資料發現之前，暫且定之。」「關於《藝文類聚》的纂修時間，學者已有辨正。見上引胡道靜、汪紹楹之說。兩位學者的結論是一致的，即根據這兩處記載，可以證明《藝文類聚》成書於武德七年（624）。目前多數論著

〔註14〕劉全波《唐代類書編纂研究》，新北：花木蘭文化事業有限公司，2018年，第23頁。

均持此說。」〔註15〕歐陽詢《藝文類聚序》載：「以爲前輩綴集，各抒其意，《流別》《文選》，專取其文；《皇覽》《遍略》，直書其事。文義既殊，尋檢難一。爰詔撰其事且文，棄其浮雜，刪其冗長，金箱玉印，比類相從，號曰《藝文類聚》，凡一百卷。其有事出於文者，便不破之爲事，故事居其前，文列於後，俾夫覽者易爲功，作者資其用，可以折衷今古，憲章墳典云爾。」〔註16〕可見，《藝文類聚》的編纂也是空前絕後，因爲他開創了一個新的類書編纂體例，即所謂的「事文並舉」模式，並且，《藝文類聚》對後世類書編纂的影響巨大，後世類書多以之爲範本。

　　《文思博要》的編纂者有高士廉、房玄齡、魏徵、楊師道、岑文本、顏相時、朱子奢、劉伯莊、馬嘉運、許敬宗、崔行功、呂才、李淳風、褚遂良、姚思廉、司馬宅相、宋正蹲、高玄景等人，《文思博要》的編纂開始時間在貞觀十三年（639）十一月之後，很有可能是貞觀十五年，編纂完成時間《舊唐書》《唐會要》《冊府元龜》記載爲貞觀十五年，而根據考察我們認爲應該在貞觀十六年（642）七月前。〔註17〕《文思博要》對其之後的類書編纂產生了很大的影響，《三教珠英》《太平御覽》等書都是以《文思博要》爲參考進行編纂的，並且從《文思博要》開始，類書的編纂開始出現了隨書目錄，即在編書的同時編纂目錄，極大方便了讀者的使用。《文思博要》的編纂對當時的文學也產生了影響，包括《文思博要》在內的初唐時期編纂的類書推動了初唐時期唐詩詩風的宮廷化傾向，並且促使唐詩走向繁榮。

　　《三教珠英》是有唐一代編纂的卷帙最大的類書，卷帙達一千三百卷，此後幾百年也無人能出其右，但是，由於此書是張昌宗等人領銜編纂的，且是在剿襲《文思博要》的基礎上成書的，故一直不被重視，甚至有些被人看不起。但是，目前來看，此《三教珠英》的流傳好像卻比《文思博要》要廣，也就是說，通過目前的輯佚情況來看，《三教珠英》是有過較爲廣的流傳的。桂羅敏《〈三教珠英〉考辨》言：「武則天於聖曆中（698～700），下令麟臺監張昌宗率一大批著名文士大家編纂大型類書《三教珠英》。」〔註18〕王蘭

〔註15〕韓建立《〈藝文類聚〉編纂研究》，博士學位論文，吉林大學，2008 年，第 65 ～66 頁。

〔註16〕（唐）歐陽詢撰，汪紹楹校《藝文類聚序》，上海：上海古籍出版社，1999 年第 2 版，第 27 頁。

〔註17〕劉全波、何強林《〈文思博要〉編纂考》，張福貴主編《華夏文化論壇》2017 年第 2 期，總第 18 輯，長春：吉林文史出版社，2017 年，第 97～111 頁。

〔註18〕桂羅敏《〈三教珠英〉考辨》，《圖書館雜誌》2008 年第 6 期，第 75～78、52 頁。

蘭〈《三教珠英》考補與發微〉言：「武則天聖曆三年四月離洛至嵩山三陽宮，七月返回。期間，五月進行了石淙宴飲。據資治通鑒記載，聖曆三年五月己酉朔，癸丑改元久視，為五月初五……修書應是離開洛陽前就已確定的，可將始修時間定為聖曆三年（700）改元久視前。」「則《唐會要》所稱大足元年十一月十二日實已為長安元年，與舊書《張說傳》的記載是一致的，故可認定為長安元年（701）十一月。」〔註19〕

《初學記》是唐玄宗敕令官修的著名類書，全書共 30 卷，分 23 部，313 個子目，其體例先為「敘事」，次為「事對」，最後是「詩文」。《初學記》編纂的緣由、經過，《大唐新語》等典籍多有記載。《大唐新語》載：「玄宗謂張說曰：『兒子等欲學綴文，須檢事及看文體。《御覽》之輩，部帙既大，尋討稍難。卿與諸學士撰集要事並要文，以類相從，務取省便，令兒子等易見成就也。』說與徐堅、韋述等，編此進上，詔以《初學記》為名。賜修撰學士束帛有差，其書行於代。」〔註20〕《玉海》之《集賢注記》亦載：「若御覽、類文、博要、珠英之類，部秩廣大，卿與學士撰集要事要文，以類相從，務要省便。」〔註21〕《四庫全書總目》之《初學記提要》又載：「其例前為敘事，次為事對，末為詩文。其敘事……其所採摭，皆隋以前古書，而去取謹嚴，多可應用。在唐人類書中，博不及《藝文類聚》，而精則勝之。若《北堂書鈔》及《六帖》，則出此書下遠矣。」〔註22〕通過這些記載，我們可以知道《初學記》一書的編纂緣由等情況，並且可知《初學記》一書編纂質量之高，《藝文類聚》已經是比較經典的類書，而《初學記》還略勝一籌。李玲玲《〈初學記〉引經考》言：「歷代編書，往往以領銜者題於書首。但《初學記》撰成不題張說之名，故可推斷其書成於張說貶官期間。那麼《初學記》的完成年份，十四年（726）與十五年的可能性最大。」〔註23〕

胡道靜《中國古代的類書》言：「唐代自開國到玄宗時代，除了中宗、睿宗兩個很短的朝代外，累朝都用封建國家的力量編纂了一些大規模的類書。」

〔註19〕 王蘭蘭〈《三教珠英》考補與發微〉，杜文玉主編《唐史論叢》2013 年第 2 期，總第 17 輯，西安：陝西師範大學出版總社，2014 年，第 114～130 頁。
〔註20〕 （唐）劉肅撰，許德楠、李鼎霞點校《大唐新語》，北京：中華書局，1984 年，第 11 頁。
〔註21〕 （宋）王應麟編《玉海》，揚州：廣陵書社，2003 年，第 1093 頁。
〔註22〕 （清）永瑢等撰《四庫全書總目》，北京：中華書局，1965 年，第 1145 頁。
〔註23〕 李玲玲《〈初學記〉引經考》，北京：中國社會科學出版社，2013 年，第 6～7 頁。

〔註 24〕賈晉華《隋唐五代類書與詩歌》言：「類書在隋唐五代達到高度繁榮，其標誌有三：一是數量劇增，公私並舉；二是獨立成類，蔚爲大國；三是體例嚴密，種類多樣。」〔註 25〕「從隋煬帝至至唐玄宗開元中，官修類書大量湧現，皇帝、太子、諸王都爭先恐後地組織第一流的學者文士編纂類書。開元後，官修類書熱潮歇息下來，但私人撰述之風，卻自隋至五代，一直持續不衰。」〔註 26〕潘冬梅《中晚唐類書研究》亦言：「（一）官修類書漸趨停歇，私修類書迅速發展。（二）中晚唐類書編撰體制多樣化。（三）分類體系、類目的設置與排列不如唐初、宋初完善，內容多不完整。（四）編撰的目的由供君主皇室參考向針對科舉及民間日用轉變。」〔註 27〕唐光榮《唐代類書與文學》言：「唐代類書的撰述體式歸納起來一共有九種：書鈔體、志人小說體、碎語體、駢語體、對語體、四言對句體、詩體、賦體、問答體。後世類書的所有撰述體式在唐代差不多都可以找到。」〔註 28〕「從部類結構上看，唐代類書雖不如後世類書精密，但已經相當完整、成熟。從撰述體式上看，唐代類書也已經很豐富、全面。很明顯，類書編纂發展到唐代已經有很高的水平。」〔註 29〕

　　看到南北朝隋唐之間的王朝更替，我們很容易產生斷裂的認知，因爲我們感覺南北朝與隋與唐是不同的時代了，因爲皇帝都已換了好幾個，但是我們其實犯了錯誤，皇帝更迭，王朝更替，但是很多人是生活在這個時期的，他既是北齊人、又是北周人、更是後來的隋人、唐人，故我們可以見到虞世南生活於南陳、隋、唐，諸葛穎生活在北齊、北周、隋，而在北齊參與編纂《修文殿御覽》的諸葛穎無疑到了隋朝又參與編纂了《長洲玉鏡》，歐陽詢雖然沒有參與《長洲玉鏡》的編纂，但是他在隋參與編纂過《魏書》，他肯定是知曉《長洲玉鏡》的，而到了唐他則參與編纂了《藝文類聚》，他們是生活在一起的前後連續的人，他們參與或者見聞了前朝類書的編纂，而在新的時代

〔註 24〕胡道靜《中國古代的類書》，北京：中華書局，2005 年新 1 版，第 102 頁。
〔註 25〕賈晉華《隋唐五代類書與詩歌》，《廈門大學學報（哲學社會科學版）》1991 年第 3 期，第 127～132 頁。
〔註 26〕賈晉華《隋唐五代類書與詩歌》，《廈門大學學報（哲學社會科學版）》1991 年第 3 期，第 127～132 頁。
〔註 27〕潘冬梅《中晚唐類書研究》，碩士學位論文，吉林大學，2008 年。
〔註 28〕唐光榮《唐代類書與文學》，成都：巴蜀書社，2008 年，第 115 頁。
〔註 29〕唐光榮《唐代類書與文學》，成都：巴蜀書社，2008 年，第 135 頁。

又參與了新的類書的編纂，而這其間的聯繫是我們認知類書編纂前後相繼、推陳出新的重要前提。

南北朝時期的類書編纂多是類事類書占主導地位，而到了《藝文類聚》編纂的時代，類事類書＋類文類書模式正式出現並得以確立，當然，對於類事類書與類文類書的討論，前文已有說明，但是，遍觀唐初編纂的大型類書如《文思博要》《三教珠英》等，皆是類事類書，發展到《瑤山玉彩》《碧玉芳林》《玉藻瓊林》，類事類書與類文類書之間的結合更趨緊密，雖然此時的類文部分仍然附屬於類事部分，但是，毫無置疑的是，此時的類文部分已經有了很大的自主權乃至主動權，文的色彩更加濃厚，這是類事類書與類文類書結合的產物，究竟誰占主導地位，還需要具體問題具體分析，但是，由於資料的散佚，只能猜測，我們可以斷定的是唐初編纂的諸類書，主體模式是類事類書，受《藝文類聚》的影響，類文部分開始佔有更多的篇幅，甚至類文部分有單獨獨立的傾向與實踐，《文館詞林》是一個參照物。再者，我們懷疑《策府》或許採用了賦體類書的形式，這無疑會拓寬官修類書編纂的新境界，但是，也是猜測而已。隨著官修類書的發展，私人編纂類書開始繁榮起來，私人類書編纂的體例亦是多姿多彩，比官修類書更爲的自由與熱烈，從唐初即不斷產生各式新體例的類書，類事類書＋類文類書模式不再那麼受到追捧，因爲，相對來說，類事類書＋類文類書模式太過冗雜，知識點也就是要點不集中，而類句類書與類語類書就是更適宜、更合用的體例，當然類句類書之代表作《北堂書鈔》，類語類書之代表作《編珠》，在隋煬帝時代已經出現，到了唐初，就是一個如何繼續發展的問題。賦體類書也是如此，逐漸受到文人學士更多的青睞，《翰苑》是一部失傳已久的賦體類書，幸運的是，日本有古寫本重現，這是唐高宗顯慶五年（660）張楚金編纂的，原來的學者多認爲《事類賦》是賦體類書的開啓者，後來，敦煌文獻中發現了《兔園策府》，讓我們知道唐初就有此類賦體類書出現，而《翰苑》的發現，證明唐初不是只有一個《兔園策府》，還有一個《翰苑》，他們的時代相距不遠，也就是說，在唐太宗與唐高宗時代，就出現了較爲成熟的賦體類書。安史之亂之後的唐代類書編纂，還是類句類書與類語類書最受歡迎，《備舉文言》《記室備要》是類語體類書，《白氏六帖事類集》是類句類書，而諸如此類的類句類書、類語類書大量出現且流行起來，是類書繁榮興盛的表現，因爲，此時的讀書人需要這樣的類書，而大量湧現出來的晚唐類書之體例與內容，又染上

　　了藩鎮割據的顏色。最後，組合體類書亦是唐代類書編纂的一個特色，《藝文類聚》是類事類書與類文類書的組合，《初學記》是類事類書加類語類書加類文類書的組合，這種組合體類書的編纂，難度是很高的，所以私人編纂類書多不採用這種模式，而只有官方在人才濟濟的情況下，才可以做出如此經典的文本，《藝文類聚》《初學記》之所以可以流傳千年，並成為經典，主要還是和他們的編纂體例有關，這是他們不可能被淘汰的質量保障。〔註30〕

　　縱觀魏晉隋唐間大型類書的編纂，可謂繁榮異常，此起彼伏，其實，我們其中還省略了好多唐高宗時期編纂的類書，如《東殿新書》《瑤山玉彩》《累璧》《策府》《碧玉芳林》《玉藻瓊林》等，唐高宗時期編纂的類書，卷帙多處於中等水平，也沒有《文思博要》《三教珠英》如此有名，但是數量卻是極多的。我們之所以要不厭其煩的將中古時期的類書發展史闡釋一遍，主要是為了說明此時期的類書編纂是一個連續的高潮期，是一個連綿不斷的發展進程，不能因為朝代的更替而認為中古時期的類書編纂出現了新的變化、新的情況，其實都是在舊有基礎上的連續事件，甚至這些編纂類書的文學之士也多半是父子相繼、兄弟相及、師徒交至的。具體到唐代，我們可見到的第一個代表人物是許敬宗，他是唐高宗時代典籍編纂的主要負責人，十幾部典籍在其領導下完成，自貞觀以來，朝廷所修《五代史》《晉書》《東殿新書》《西域圖志》《文館詞林》《累璧》《瑤山玉彩》《姓氏錄》《新禮》等書，皆總知其事，而此位許敬宗在唐太宗時代是參與過《文思博要》的編纂，其在後來的《東殿新書》《瑤山玉彩》《累璧》的編纂中究竟是一個什麼狀況，史書記載不詳，但是，毫無疑問的是，早年參與編纂《文思博要》的經驗，必然對他領修新書極有幫助，而早年的經驗、教訓必然會指導新的類書編纂，這是促進類書編纂進步，提高類書編纂質量的人才保障。《三教珠英》的編纂者亦是眾多，其中起作用最大的是徐堅、張說二人，建議參考《文思博要》編纂《三教珠英》的主意就是他們出的，而《三教珠英》後來也果真是如此編纂了出來，這就是說，徐堅、張說二人對《文思博要》與《三教珠英》皆很熟悉，不然他們也無法完成《三教珠英》的編纂，更為重要的是，到了唐玄宗時代，唐玄宗感覺《修文殿御覽》等書，卷帙龐大，不利於王子們學習使用，於是敕令徐堅、張說編纂王子教科書《初學記》，此時的徐堅、張說二人，在兩部

〔註30〕劉全波《唐代類書編纂研究》，新北：花木蘭文化事業有限公司，2018年，第251～252頁。

千卷大類書的基礎上，再次編纂類書，難道會不受影響，難道會沒有了印象，他們早年編纂《三教珠英》的經驗、教訓必然會促進《初學記》的編纂，加之唐玄宗的個性化要求，於是一個新的類書體例的踐行者《初學記》誕生了，如果沒有早年的經驗、教訓，徐堅、張說二人能夠編纂出質量如此高的《初學記》嗎！孟利貞是第三個例子，此人早年參與了《瑤山玉彩》的編纂，後來又編纂了《碧玉芳林》《玉藻瓊林》，雖然這三部書都散佚了，我們看不出他們之間的聯繫，但是通過這文采意蘊十足的題名，孟利貞難道沒有受到影響，其早年編纂《瑤山玉彩》的經驗教訓，肯定會深深的影響《碧玉芳林》《玉藻瓊林》的編纂。再者，薛元超曾經參與過《東殿新書》的編纂，而其子薛曜後來又參與了《三教珠英》的編纂，這是父子皆參與編纂類書的代表。王義方編纂有類書《筆海》，而他的弟子，爲他服喪三年的員半千，後來參與了《三教珠英》的編纂，早年受學王義方門下的員半千，絕不會不知道《筆海》，而此小小的《筆海》，會不會對《三教珠英》的編纂產生影響，我們不能做出判斷，但是，此《筆海》毫無置疑的會影響到員半千。白居易編纂有《白氏六帖事類集》，白居易的好朋友元稹編纂有《元氏類集》，雖然是內容絕無關係的兩部類書，但是，兩位好友之間，兩部類書之間，難道彼此沒有交流，難道彼此沒有影響。

二、類書在諸目錄學著作中的歸類與別名

唐宋以來，無論是「類書類」還是「事類」或「類事」，在目錄學著作中多是被列於「子部」的，但是類書之祖《皇覽》在目錄學著作中的最初位置卻並不屬於「子部」，西晉荀勗編纂《中經新簿》時將《皇覽》劃歸「史部」。《隋書》卷三十二《經籍志序》載：

> 魏氏代漢，採摭遺亡，藏在秘書中、外三閣。魏秘書郎鄭默，始製《中經》，秘書監荀勗，又因《中經》，更著《新簿》，分爲四部，總括群書。一曰甲部，紀六藝及小學等書；二曰乙部，有古諸子家、近世子家、兵書、兵家、術數；三曰丙部，有史記、舊事、皇覽簿、雜事；四曰丁部，有詩賦、圖贊、汲冢書，大凡四部合二萬九千九百四十五卷。〔註31〕

可見，西晉荀勗據鄭默《中經》作《中經新簿》，其「丙部」也就是後來的「史

部」之下，收錄有「史記、舊事、皇覽簿、雜事」四類。

　　魏晉南北朝時期，類書多是以類事類書的編纂為主，類事類書編纂的主要材料來源無疑是史實、典故，大量史實、典故經過以類相從的排列組合之後就形成了一部部新的著作，後世學者往往可以見到這些典籍的兩種性質，一種是以類相從的類書性質，另一種無疑就是豐富史料整理的史書性質，這種現象的出現是類書編纂方法與史料整理相結合的一種產物，是特定時代的特殊現象，我們不能忽略其中的任何一種性質，並且我們透過這種現象還可以發現早期類書的發展有借殼史書的現象，或者早期類書的存在形式就是歷史資料彙集，這種借殼現象無論是有意的還是無意的，都說明早期類事類書與史部書之間的親密關係。當然，類書與史書二者之間的區別也是很明顯的，史書是著作，是史家在收集到眾多史料之後，進行加工，重新撰寫出來的生動鮮活的著作；而類書是資料彙編，就算是運用不同的編纂體例，類書仍然是述而不作，仍然是對資料的整理加工、排列組合。隨著時代的發展，類書與史書的差別越來越大，並且六朝時期是中國史學急速發展的時代，史學的自覺意識得到充分的發展，主要表現在史籍數量的增多，史書體裁的豐富，史官制度的完善，史家隊伍的壯大，史學思想的成熟。迅猛發展起來的史學再也不需要拉人入夥，這就必然導致《皇覽》等類書被排擠出「史部」。與此同時，類書也獲得了較大的發展，類書的編纂模式亦多樣化，類事類書之外的類語類書、類句類書、類文類書隨著南北朝文學的勃興迅猛發展起來，如果類書的發展還是向著類事類書的方向發展，那麼類事類書必然不會被「史部」所排擠，類事類書的近親史鈔就是例子。類書與史部書之間的分裂是各自獨立發展的必然結果，但是他們之間的聯繫無疑是難以割斷的，各個時代不時出現的既具有類書性質，又具有史書性質的典籍就是例子，如《東殿新書》，《舊唐書》將之放入「史部」雜史類，《新唐書》卻將之列入「子部」類書類，正是這種情況的體現。

　　殆至唐初，魏徵等人編纂《隋書》之時，被迫從史部分裂出來的類書被收入了子部「雜家」，為何說是被迫？因為那時的類書是無家可歸的，沒有獨立地位，不然就不會依附在子部「雜家」之中。此時期依附在「雜家」的還有佛教典籍，也就是說，《隋書》的編修者把當時他們認為暫時無法歸類的著作，如類書、佛教典籍，在沒有找到合適的地方，又不足以單立門類安置它們之前，只好將之暫時置於「無所不包」的雜家之末，當然類書與雜家也是

有幾分淵源的。

經過唐代類書的迅猛發展，到編纂《舊唐書》的五代時期，類書家族就已經發展的較爲壯大了，此時期的類書已經強大到可以自立門戶了，於是在《舊唐書》子部之中多出了一個「事類」或「類事」。劉昫將類書單獨出來是一個很大的進步，這不但說明類書的發展迅猛，數量增加，更說明類書已經形成一股潮流。胡道靜先生介紹說，類書在子部裏獨闢成爲一類，是始於唐開元時毋煚編《古今書錄》。《古今書錄》已佚，但五代劉昫《唐書·經籍志》是循《古今書錄》輯成的。〔註32〕據《舊唐書》卷四十六《經籍上》記載，開元九年（721），元行沖、殷踐猷、王愜、韋述、余欽、毋煚、劉彥眞、王灣、劉仲等編纂成《群書四部錄》二百卷，其後，毋煚刪減《群書四部錄》新編成《古今書錄》四十卷，而五代劉昫編纂《舊唐書·經籍志》時多據《古今書錄》，而對於《群書四部錄》《古今書錄》與《舊唐書·經籍志》之間的體例演變關係，《舊唐書》卷四十六《經籍上》有詳細的記載：

> 開元九年十一月，殷踐猷、王愜、韋述、余欽、毋煚、劉彥眞、王灣、劉仲等重修成《群書四部錄》二百卷，右散騎常侍元行沖奏上之。〔註33〕

> 四部者，甲、乙、丙、丁之次也……丙部爲子，其類一十有四：一曰儒家，以紀仁義教化。二曰道家，以紀清淨無爲。三曰法家，以紀刑法典制。四曰名家，以紀循名責實。五曰墨家，以紀強本節用。六曰縱橫家，以紀辯說詭詐。七曰雜家，以紀兼敘眾說。八曰農家，以紀播植種藝。九曰小說家，以紀芻辭輿誦。十曰兵法，以紀權謀制度。十一曰天文，以紀星辰象緯。十二曰曆數，以紀推步氣朔。十三曰五行，以紀卜筮占候。十四曰醫方，以紀藥餌針灸。

〔註34〕

《舊唐書》卷四十六《經籍上》又載：

> 自後毋煚又略爲四十卷，名爲《古今書錄》，大凡五萬一千八百五十二卷。〔註35〕

〔註32〕胡道靜《中國古代的類書》，北京：中華書局，2005年新1版，第3頁。
〔註33〕《舊唐書》卷46《經籍上》，北京：中華書局，1975年，第1962頁。
〔註34〕《舊唐書》卷46《經籍上》，北京：中華書局，1975年，第1963頁。
〔註35〕《舊唐書》卷46《經籍上》，北京：中華書局，1975年，第1962頁。

> 凡經錄十二家，五百七十五部，六千二百四十一卷。史錄十三
> 家，八百四十部，一萬七千九百四十六卷。子錄十七家，七百五十
> 三部，一萬五千六百三十七卷。集錄三家，八百九十二部，一萬二
> 千二十八卷。凡四部之錄四十五家，都管三千六十部，五萬一千八
> 百五十二卷，成《書錄》四十卷。〔註36〕

由上文記載可知，《群書四部錄》亦是按四部區分，子部的子目有十四類，依次是儒家、道家、法家、名家、墨家、縱橫家、雜家、農家、小說家、兵法、天文、曆數、五行、醫方。而毋煚根據《群書四部錄》新編的《古今書錄》亦是按照四部分類法分類，只不過其子部不是十四類，而是十七類，可惜的是《舊唐書‧經籍志》記載中沒有說明這十七類的子目名稱，但是很顯然，毋煚根據《群書四部錄》新編《古今書錄》的時候，對子部的子目做了調整，將原來的十四子目調整爲十七子目，但是很可惜，我們不能知道毋煚作出的具體改動。不過《舊唐書‧經籍志》的編纂是依靠《古今書錄》編纂的，他們之間的淵源關係也是眾所周知的，更爲重要的是，《舊唐書‧經籍志》子部的子目也是十七類，與《古今書錄》相同，這樣我們可以根據《舊唐書‧經籍志》的子目情況推測《古今書錄》的子目情況，也就說《舊唐書‧經籍志》出現的子部「事類」極有可能是從《古今書錄》因襲而來。故胡道靜先生認爲類書在子部裏獨闢成爲一類是始於唐開元時毋煚編《古今書錄》！這種推測的確也是有道理的，若以此看來，類書的獨立的確還可以提前至開元時代。〔註37〕

開元時代編纂《群書四部錄》之時，體例一仍《隋書》，故此時之類書類典籍仍然是處於子部「雜家」之中。而毋煚感覺此事不妥，因爲唐初編纂了多部大型類書，如《藝文類聚》《文思博要》《三教珠英》《東殿新書》《累璧》《瑤山玉彩》《碧玉芳林》《玉藻瓊林》《策府》《初學記》等，〔註38〕加上唐

〔註36〕《舊唐書》卷46《經籍上》，北京：中華書局，1975年，第1965頁。

〔註37〕于翠玲《論官修類書的編輯傳統及其終結》言：「開元年間所編《古今書錄》中，類書已經從雜家中分離出來而自成一家，被標稱爲『類事家』。」（載《北京師範大學學報（人文社會科學版）》2002年第6期，第118頁）唐光榮亦言：「劉昫時還沒有『類書』這一概念，他在子部設了一『類事家』來統攝類書。」（載《唐代類書與文學》，成都：巴蜀書社，2008年，第17、20頁）按此「類事家」不知出自何處？

〔註38〕參見劉全波《唐代類書編纂研究》，新北：花木蘭文化事業有限公司，2018年。

以前的諸類書《皇覽》《華林遍略》《修文殿御覽》《長洲玉鏡》《北堂書鈔》等，此時類書已經是一個蔚爲壯觀的家族，不能再附於「雜家」之末，故毋煚對子部類目做了調整，新增出一個類目「事類」或「類事」收納類書類典籍，可惜的是，毋煚當時立類的依據是什麼？《舊唐書》等典籍卻沒有告訴我們。

	1	2	3	4	5	6	7	8	9	10	11	12	13	14	15	16	17
《群書四部錄》	儒家	道家	法家	名家	墨家	縱橫家	雜家	農家	小說家	兵法	天文	曆數	五行	醫方			
《古今書錄》（子目猜測）	儒家類	道家類	法家類	名家類	墨家類	縱橫家	雜家類	農家類	小說類	天文類	曆算類	兵書類	五行類	雜藝術類	事類或類事	經脈類	醫術類
《舊唐書·經籍志》	儒家類	道家類	法家類	名家類	墨家類	縱橫家	雜家類	農家類	小說類	天文類	曆算類	兵書類	五行類	雜藝術類	事類或類事	經脈類	醫術類

「類書」這個名稱出現的比較晚，北宋歐陽修等人編纂《新唐書》之時在子部設立了「類書類」，正史目錄中才出現「類書」這個名稱，並被廣爲沿用至今。《新唐書》卷五十九《藝文三》載：

> 丙部子錄，其類十七：一曰儒家類，二曰道家類，三曰法家類，四曰名家類，五曰墨家類，六曰縱橫家類，七曰雜家類，八曰農家類，九曰小說類，十曰天文類，十一曰曆算類，十二曰兵書類，十三曰五行類，十四曰雜藝術類，十五曰類書類，十六曰明堂經脈類，十七曰醫術類。〔註39〕

其實，在歐陽修編纂《新唐書》之前，其曾參與編纂的《崇文總目》中就出現了「類書類」。

> 《崇文總目》十二卷……因詔翰林學士王堯臣、史館檢討王洙、館閣校勘歐陽修等校正條目，討論撰次，定著三萬六百六十九卷，分類編目，總成六十六卷，於慶曆元年十二月己丑上之，賜名曰《崇文總目》。〔註40〕

〔註39〕《新唐書》卷59《藝文三》，北京：中華書局，1975年，第1509頁。

〔註40〕（清）永瑢等撰《四庫全書總目》卷85《目錄類一》，北京：中華書局，1965年，第728頁。

類書類（以下原卷三十）。謹按此類以下《歐陽修集》無敍釋。

類書上，共四十六部，計一千六百五十卷。類書下，共五十一部，

計八百六十五卷（以下原卷三十一）。〔註41〕

由上可知，《崇文總目》的部類之中的確是已經出現了「類書類」，《崇文總目》應該是目前我們所知道的古今著作中最早出現「類書」稱謂與「類書類」子目的著作，但是非常可惜的是，《崇文總目》中歐陽修對類書的「敍釋」卻在流傳中佚失了，所謂「謹按此類以下《歐陽修集》無敍釋」，我們也就無法知道歐陽修在創造「類書」這個名詞、子目時的最初含義。後世學者對於類書的定義多是根據自己的理解做出的，更甚者，眾多學者如四庫館臣等清朝大儒，直接沒有對類書做出定義，只是告訴了我們什麼是類書，卻沒有回答類書是什麼這個重要的問題！

縱觀類書在目錄學著作中的位置，我們其實並沒有得到關於上文所提出的問題的好的解釋，甚至是越來越糊塗，第一，在唐代的目錄學著作中，類書的別名究竟是「事類」還是「類事」？毋煚為何要為類書家族起一個這樣的別名？第二，類書取代「事類」或「類事」的原因？歐陽修等人為何在宋初對毋煚的更改再做修訂？並且後世學者在編纂各類圖書目錄之時，仍然會不時的使用「事類」「類事類」等別名稱呼類書家族，可見此別名還是有其存在意義的，故我們要以《舊唐書》所載類書別名之異同為研究對象，探究類書之別名究竟是「事類」還是「類事」？抑或是其他？

時　代	書　　　目	圖書分類法	類書歸類
西晉	《中經新簿》	四部分類	史部・皇覽簿
唐	《隋書・經籍志》	四部分類	子部・雜家類
五代	《舊唐書・經籍志》	四部分類	子部・事類或類事
宋	《崇文總目》	四部分類	子部・類書類
宋	《新唐書・藝文志》	四部分類	子部・類書類
元	《宋史・藝文志》	四部分類	子部・類事類
明	《文淵閣書目》	三十九類	類書類

〔註41〕　（宋）王堯臣、王洙、歐陽修撰《崇文總目》卷6《類書類》，《文淵閣四庫全書》第674冊，上海：上海古籍出版社，1987年，第72頁。《叢書集成初編》本《崇文總目》載：「類書上，共四十六部，計四千六百五十卷。侗按：玉海引崇文總目類書，數與此同，云始於太平御覽，舊本四千訛作一千，今校改，核計實四十四部四千三百一十卷。」（第22冊，北京：中華書局，1985年，第174頁。）

清	《四庫全書總目》	四部分類	子部・類書類
宋	《郡齋讀書志》	四部分類	子部・類書類
宋	《遂初堂書目》	四十四類	類書類
宋	《直齋書錄解題》	五十三類	類書類
宋	《通志・藝文略》	十二類	類書類
宋	《鄭氏書目》	七部分類	類書類
元	《文獻通考》	四部分類	子部・類書類
明	《江東藏書目》	十三類	類書
明	《百川書志》	四部分類	子部・類書類
明	《國史經籍志》	四部分類	子部・類家類
明	《世善堂藏書目錄》	六大類	史類・類編
明	《二酉藏書山房書目》	五類分部	類書
明	《綠竹堂書目》		類書
明	《紅雨樓書目》	四部分類	子部・匯書類
明	《澹生堂藏書目》	四十六類	類家類
清	《絳雲樓書目》	七十三類	類書類
清	《讀書敏求記》	四部分類	子・類家
清	《浙江採集遺書總錄》〔註42〕	四部分類	類事類
清	《天一閣書目》	四部分類	類書類
清	《孫氏祠堂書目》〔註43〕	十二類	類書

〔註42〕 （清）沈初等撰，杜澤遜、何燦點校《浙江採集遺書總錄》，上海：上海古籍
出版社，2010年。《浙江採集遺書總錄》己集、庚集載「子部」諸家依次爲：
「儒家類、雜家類、說家類一（總類）、說家類二（文格詩話）、說家類三（金
石書畫）、說家類四（小說）、藝玩類、類事類、叢書類、天文術算類、五行
類、兵家類、農家類、醫家類、道家類、釋家類。」

〔註43〕 （清）孫星衍撰《孫氏祠堂書目》，《叢書集成初編》第40冊，第116～118
頁。《孫氏祠堂書目外編》卷三「類書第九」載：「《天中記》六十卷。明陳耀
文撰。《焦氏類林》八卷。明焦竑撰。《日涉編》十二卷。明陳階撰。《五車韻
瑞》一百六十卷。明凌稚隆撰。《三才圖會》一百六卷。明王圻撰。《潛確類
書》一百二十卷。明陳仁錫撰。《廣韻藻》六卷。明方夏撰。《文選錦字》二
十一卷。明凌稚隆撰。《讀書記數略》五十四卷。宮夢仁撰。《韻府約編》廿
四卷。鄧愷撰。《唐詩金粉》十卷。沈炳震撰。《廿一史言行略》四十二卷。
過元文撰。右事類。《姓源珠璣》六卷。明楊信民撰。《尚友錄》二十二卷。
明廖國賢撰。《宋明詩人姓氏韻編》二卷。無撰人名氏。右姓類。《經籍考》
七十六卷。元馬端臨撰明刊本。《世善堂藏書目錄》二卷。明陳第撰。《絳雲
樓書目》一冊。寫本。《皇宋書錄》三卷。董史撰。《浙江天一閣書目》三冊。
《匯刻書目》十冊。顧修撰。右書目。」

清	《廉石居藏書記》	十二類	類書
清	《唫香仙舘書目》	四部分類	子部・類書
清	《持靜齋書目》	四部分類	子部・類書類
清	《書目答問》	七大類	子部・類書類
清	《藝風藏書記》	十類	類書第七
清	《藝風藏書續記》	十類	類書第七

三、「事類」爲是

雖然我們對《舊唐書》的版本及類書發展史等做了梳理，但是由於資料的散佚，我們其實仍然不能解決我們所發現的《舊唐書》所載類書別名的前後不一問題，那麼只能將研究的視角轉回文本本身，只能通過加強文本本身的研究來找答案。

什麼是「事類」呢？劉勰《文心雕龍・事類篇》載：

> 事類者，蓋文章之外，據事以類義，援古以證今者也……夫經典沉深，載籍浩瀚，實群言之奧區，而才思之神皋也。揚班以下，莫不取資，任力耕耨，縱意漁獵，操刀能割，必裂膏腴。是以將贍才力，務在博見，狐腋非一皮能溫，雞跖必數千而飽矣。是以綜學在博，取事貴約，校練務精，捃理須核，眾美輻輳，表裏發揮。〔註44〕

陳松雄《齊梁麗辭衡論》又載：

> 蓋事類者，據事以類義，援古以證今者也。懷文報質之士，揮翰鋪采之流，苟能據古事以證今情，引彼語以明此義，則辭簡而意賅，言近而指遠。是以類事用典，其來有自，屈宋諸騷，著無先鞭。張蔡賦碑，把其餘韻。然皆意到筆隨之作，非苦慮勞情而爲也。逮乎建安，始專引古之意，訖於正始，方見指事之勤。太康以後，用典益繁。潘岳西征，幾於盈篇事類，陸機連珠，堪謂通章故實。流風所至，遞相追逐，懷鉛吮墨之徒，布麗典以逞淵博，載筆摛文之士，引古事以增繁縟。延及南朝，隸事最富，凡情韻之傾瀉，事理之鋪陳，莫不吐膽嘔心，經營刻畫。或借古語以申今情，或用先典以明近理。學者博識子史，忽禮樂之是非，

〔註44〕（梁）劉勰撰，周振甫注《文心雕龍注釋》，北京：人民文學出版社，1981年，第411～413頁。

文士廣搜前言，昧經教之宗旨。但務多學廣識，因書立功，緝事
比類，持刀以割膏腴，用舊博古，操斧以伐山林。宋之顏、謝，
承其流而揚波，齊之任、王，變其本而加厲。梁代文苑，推引最
深，沈、劉逞博瞻之學，引事無謬，徐、庾展俊邁之才，用舊合
機，工如良匠之度木，美比驪駕之雕龍，達意切情之作，處處能
見，出身入化之篇，時時或聞。馴至一事不知，或承之羞，一語
無據，自覺其陋。非典故無以成章，非博物不足稱美。此隸事之
富，所以造極於齊梁，麗辭之美，所以致績於博古者也。〔註45〕

　　誠然，在劉勰的眼中，「事類」首先是一種文學創作手法，是借古言今，
是徵引、引用，是用古人之言辭、典故表達今人之思想、情感。而劉勰對於
「事類」的這個闡釋，必然是歷代學者所熟知的，毋煚也不能例外，而毋煚
必然也是根據其中涵義，對類書類典籍做了歸集，並使用了「事類」一詞來
命名這一類典籍。因為南北朝以來，大量的類書出現，他們的主要功能就是
為文人作文提供「事類」支持，而經過一段時間的發展，尤其是「事類」之
書多到一定數量之時，反過來用「事類」命名這一類典籍亦是合情合理。

　　歷代多有以「事類」為名之典籍，《宋史》卷207《藝文六》即載有多部。
如「《軺車事類》三卷。《引證事類備用》三十卷。《十史事類》十二卷。《三
傳分門事類》十二卷。《鹿革事類》二十卷。《唐朝事類》十卷。《書林事類》
一百卷。吳淑《事類賦》三十卷。吳曾《南北分門事類》十二卷。《引證事
類》三十卷。」

　　清代學者孫星衍在對類書進行分類之時，仍然使用了「事類」一詞，可
見此「事類」是類書別名中影響力較大的一個。《孫氏祠堂書目外編》卷3「類
書第九」載：「《天中記》六十卷。明陳耀文撰。《焦氏類林》八卷。明焦竑撰。
《日涉編》十二卷。明陳階撰。《五車韻瑞》一百六十卷。明凌稚隆撰。《三
才圖會》一百六卷。明王圻撰。《潛確類書》一百二十卷。明陳仁錫撰。《廣
韻藻》六卷。明方夏撰。《文選錦字》二十一卷。明凌稚隆撰。《讀書記數略》
五十四卷。宮夢仁撰。《韻府約編》廿四卷。鄧愷撰。《唐詩金粉》十卷。沈
炳震撰。《廿一史言行略》四十二卷。過元文撰。右事類。」〔註46〕

〔註45〕陳松雄《齊梁麗辭衡論》，臺北：文史哲出版社，1986年，第114～115頁。
〔註46〕（清）孫星衍撰《孫氏祠堂書目》，《叢書集成初編》第40冊，北京：中華書
　　　　局，1985年，第116～118頁。

如此看來，「事類」應該是更準確的類書之別名，我們或許也可以就此斷定《舊唐書》之前言「事類」爲是，後言「類事」爲非。但是，果然是這樣的嗎？也不一定。按照《舊唐書》卷 47《經籍下》子部諸類目的排列順序，我們可以見到，諸類目的結尾皆有一個「類」字，即「儒家類一、道家類二、法家類三、名家類四、墨家類五、縱橫家類六、雜家類七、農家類八、小說類九、天文類十、曆算類十一、兵書類十二、五行類十三、雜藝術類十四、事類十五、經脈類十六、醫術類十七」，此模式是以「類」字結尾，而在文中再次提及此類目時，皆把「類」字省略，只餘下「儒家、道家、法家、名家、墨家、縱橫家、雜家、農家、小說、天文、曆算、兵書、五行、雜藝術、經脈、醫術」，而「事類」去掉「類」之後，單餘一個「事」字，文意不通且多有歧義，肯定是不能作爲「事類」類目之簡稱獨立存在的，而爲了區別，或者是適應上述變化，故在「事」前加「類」字以做變化，以不失「事類」之本義。

如此來看，所謂的前言「事類」後言「類事」問題，所謂的前後不一問題，竟然不是問題，竟然是世間本無事，庸人自擾之。但是這個問題其實困擾了我們很久，因爲我們在對類書進行研究的過程中，我們總是想要搞清楚「類書類」類目產生之前，諸類書類典籍的類名是什麼？而通過上文的考察，「事類」無疑就是「類書類」產生之前諸類書之別名、總稱，但是也不能因爲這個原因，就斷定《舊唐書》所載之「類事」是錯誤的，他的存在也是可以解釋通的。曾經想要證明孰是孰非，竟然得到了新的認知，總之，我們不能對流傳已久的文本做出輕易的大刀闊斧的修正，或許隨著理解的加深，問題會自然解決，所以發現問題之後最需要的是不斷的思索，而不是急於去糾正錯誤，去篡改古書。

四、「類事」爲是

其實我們對於這個問題還可以有另外的解釋方法，即以「類事」爲出發點。〔註 47〕誠如前文所說，《舊唐書‧經籍下》子部小敘部分諸類目的結尾

〔註 47〕劉全波《論敦煌類書的分類》，王三慶、鄭阿財主編《2013 敦煌、吐魯番國際學術研討會論文集》，臺南：成功大學中國文學系出版，2014 年，第 547～579頁。關於類書的分類，筆者竊以爲有以下六種分法。第一，類事類書自始至終是中國類書的發展主流，此種體例亦有多種模式，有出處、書名、人名在前者，亦有出處、書名、人名在後者，更有不具出處、書名、人名者，但是

皆有一個「類」字，即「儒家類一、道家類二、法家類三、名家類四、墨家
類五、縱橫家類六、雜家類七、農家類八、小說類九、天文類十、曆算類十
一、兵書類十二、五行類十三、雜藝術類十四、事類十五、經脈類十六、醫
術類十七」。此敘述模式很顯然是以「類」字結尾，而諸類目在正文中再次
出現時，皆把「類」字省略了，只餘下「儒家、道家、法家、名家、墨家、
縱橫家、雜家、農家、小說、天文、曆算、兵書、五行、雜藝術、類事、經
脈、醫術」，如此來看，我們所見到的「類事」其實是去掉尾巴「類」之後
的狀況，如果加上尾巴，其就變成了「類事類」，繼續按照這個思路往前推，
「事類」一詞極有可能就是前面丟掉了一個「類」字。

　　脫脫等人編纂《宋史》之時，將歐陽修所改的子部「類書類」子目，改
爲了「類事類」。《宋史》卷二百五《藝文四》載：

> 此種體例以引用、排列段落、長句爲主，此種類型之最古老者爲《皇覽》《修
> 文殿御覽》等。第二，類文類書有些學者認爲其不成立，但我們通過考察認
> 爲此種體例是存在的，夏南強先生的研究中即單獨將類文類書獨立出來作爲
> 一種類書分類方法，當然，單獨的類文類書或許早已經獨立於類書之外，但
> 是存在於經典類書之中的類文部分還是存在的，他是我們研究類文類書的基
> 礎，此種體例的形成當與類事類書有關，排列組合模式亦相同，至唐初《藝
> 文類聚》編纂之時將此二種模式合併成新的事文並舉體例，並被後世廣爲沿
> 襲。第三，類句類書的出現時間是比較早的，我們認爲在南北朝時期巳經出
> 現，而目前我們所熟知的類句類書的典型當屬《北堂書鈔》《白孔六帖》，類
> 句類書的特點是摘引經典語句，且沒有經過刻意的修飾，部分語句注有簡單
> 的出處，部分語句甚至沒有出處，今天我們見到的《北堂書鈔》之較爲詳細
> 的注釋、出處是陳禹謨等後人補入的。第四，類語類書應該是在類句類書基
> 礎上發來起來的，沒有經過刻意修飾的類句比較有益於博覽，但是在文學創
> 作中使用起來就不那麼方便，而經過刻意加工的類語類書就好很多，將不對
> 偶的語句修改成對偶的語對，二、三、四、五、六言皆有，以二、四言爲主，
> 隋煬帝爲了文學創作即敕令杜公瞻編纂《編珠》，敦煌類書中的《語對》《籯
> 金》也是此種體例，此種體例隨著文學的發展非常興盛，並且由於類語類書
> 多富有韻律，後來又與蒙學緊密結合，如《蒙求》等就成爲了童蒙讀物，甚
> 至以蒙書的形式被廣泛接受。第五，賦體類書並非是賦的產物，亦非簡單的
> 賦與事類的結合，他是類書發展的一個產物，最典型的是《事類賦》，敦煌文
> 獻中有《兔園策府》，這些賦體類書的重點不是賦，而是以賦的形式組織事類，
> 之所以將之編纂成賦的形式，主要是爲了方便閱讀，加強記憶，更是文體活
> 套，應試良方。第六，事文並舉體例是一個組合體，我們單單去看事文並舉
> 類書，會有一頭霧水之感，但是當我們將之分解爲類事、類文、類句、類語
> 等基本元素時，我們就會發現此種體例的由來與基本構成，敦煌類書中的部
> 分寫卷也已經初步具備了這種事文並舉的體例，需要我們認眞去考察，但是
> 隨著類書的發展此種體例也產生了很多的變體需要我們去甄別。

子類十七：一曰儒家類，二曰道家類（釋氏及神仙附），三曰
法家類，四曰名家類，五曰墨家類，六曰縱橫家類，七曰農家類，
八曰雜家類，九曰小說家類，十曰天文類，十一曰五行類，十二曰
著龜類，十三曰曆算類，十四曰兵書類，十五曰雜藝術類，十六曰
類事類，十七曰醫書類。〔註48〕

由《宋史》將「類書類」改爲「類事類」一事可知，「類事類」在中古時代，
亦是常用作類書之別名的，或許此「類事類」之名，就是從《舊唐書》而來，
因爲《舊唐書》以前的《隋書》中類書類典籍是處於子部「雜家」的，沒有
可參照性。而元初編纂《宋史》之時，能夠參照的就是比《新唐書》還早《舊
唐書》，而《新唐書》是稱之爲「類書類」的。誠如上文所言，唐宋以來，「類
事類」多被目錄學者所提及，並使用到目錄學著作中，雖然「類書類」的使
用頻率明顯高於「類事類」，但是直到清代，仍然有學者使用「類事類」總稱
類書，如上文所引《浙江採集遺書總錄》等。

五、結　語

總之，對於類書之別名的考察，也就是「事類」「類事」之紛爭，我們其
實可以得到三種解釋，即「事類」爲是，「類事」爲是，與兩者皆是，但是三
種解釋卻仍然都是不能定論的，我們其實傾向於「事類」，因爲自南北朝以來，
「事類」一詞在不斷的被使用，並且劉勰《文心雕龍》亦有「事類」篇。「事
類」是偏名詞性質的，而當「事類」之「類」去掉時，就變成了「事」，其實，
一個「事」字，亦是可以恰當的表達清楚的，中古的文人對此字所代表的意
思也是完全可以明瞭的，故「事類」甚至包括「事」當是早期常用的類書別
名。以前我們也曾對這個問題進行過強調，「事類」的重點在「事」，「類事」
的重點在「類」。隨著此類典籍的增多，誠如前文所言，類書的體例變多了，
「事類」又不足以包納眾家，如類文、類句、類語、賦體之類，所以「事類」
「類事」「類事類」必然會被變成「類書類」，但是「類事」體例無疑一直是
類書的主要體例，中古時期的官修類書，基本都是此種體例，故「類事」又
是可以代表類書的，將此類典籍稱之爲「類事」「類事類」亦是完全可以的，
於是「類事類」也就逐漸流傳起來，甚至一度成爲類書之主要別名。

有學者認爲這個「類書之別名」問題，是個小問題，但是筆者不這樣認

〔註48〕《宋史》卷205《藝文四》，北京：中華書局，1977年，第5171頁。

為，我們認為這是個大問題，是一個關係類書理論研究的大問題，因為如果不能夠把「類書」之名稱的由來搞清楚的話，所謂「類書」之「自覺」，所謂類書之「獨立」就成為無根之木，而對於研究類書的發展史、編纂史更是極大的缺失，所以我們要搞清楚「類書」的別名的出現與獨立時間，每一個階段的別名，反映的就是類書在特定時期的發展與變化，更代表著類書的自覺與獨立，怎能不重要。

中　編

第一章　2012 年類書研究綜述

　　類書在古代中國擁有眾多的編纂者、使用者、收藏者，且不斷被刊刻、補編、續編、新編，類書與中國古代政治、文化、文學、科舉、教育乃至日常生活都緊密相連。近年來，類書研究漸有升溫之趨勢，各種論著層出不窮，爲了展現類書研究的新狀況、新進展，筆者計劃以年爲單位梳理近年來的類書研究，本章即是針對 2012 年類書研究狀況的梳理。〔註1〕

一、類書通論

　　劉芙蓉《古代類書演變之軌迹》考證了從六朝至清末的類書演變軌迹，歷代藝文、經籍志所著錄歷代類書約有六百餘種，其中大部分已經散佚，今存者約有二百種左右。劉芙蓉認爲類書從其部類子目安排和內容概括來看，都反映了封建正統觀念及其倫理道德標準，類書在當時起著保存文獻、傳播知識以及學術研究的積極作用，類書所輯的歷史事實與典章制度及其成語典故、詩賦文篇、名詞解釋，既可作爲考證事物發生發展演變之用，又可供學作詩文檢索之用。〔註2〕胡賢林《論類書在書目分類中的演變》認爲中國傳統的類書思想是通過目錄編撰實踐來體現的，通過對古代目錄中類書分類著錄情況的簡要梳理，胡賢林認爲目錄學家對類書的認識由模糊到逐步清晰。胡賢林還認爲類書的單獨立類，既有助於類書研究範圍的明晰，亦有利於發揮類書作爲工具書的檢索功能。〔註3〕唐光榮《歷代類書的形態》認爲歷代

〔註1〕　爲了便於考察，我們將每年所有的類書研究成果分爲四個大的時間段，即魏晉南北朝、隋唐五代、宋元、明清，而有些研究是通論性質的，不屬於以上四個時段，亦單獨列出，置於通論部分。

〔註2〕　劉芙蓉《古代類書演變之軌迹》，《芒種》2012 年第 24 期，第 126～127 頁。

〔註3〕　胡賢林《論類書在書目分類中的演變》，《圖書館理論與實踐》2012 年第 4 期，第 102～105 頁。

類書處理材料的方式分為兩種，一是摘抄型，二是組纂型，摘抄型類書編者只對舊籍進行節錄，組纂型類書編者則用自己的語言串連舊籍中的典故、辭藻，摘抄型或接近於書鈔，或接近於詞典，組纂型有對子、詩歌、賦、散文諸種文體。〔註4〕

敖玲玲《淺談胡道靜先生的〈中國古代的類書〉》通過介紹胡道靜先生的生平及其著作《中國古代的類書》，將胡道靜先生關於類書的研究做了介紹，作者認為胡先生的著作對我們研究類書具有指導意義。〔註5〕方健《寵辱不驚的胡道靜先生》回憶了類書專家胡道靜先生的治學風範，並稱讚他幫助後學的崇高風範。〔註6〕

劉全波《論類書的知識傳播功能》認為類書是知識主義擴張的結果，也是知識傳播的工具，是古人積累知識、開拓視野、通往博學的捷徑，類書的知識性與古人所追求的博學多識不謀而合，故其廣為士大夫、讀書人所接受與喜愛，並被應用到蒙學教育、科舉考試乃至日常生活中成為知識傳播的助推器。〔註7〕

龍玉明《類書的編纂出版方法探析》從類書的概念出發，分析了類書的編纂出版方法，以及數字化編纂出版類書的優勢和存在的問題。隨著數字技術的發展，數字化古籍資源不斷豐富，為使用新技術、新方法編纂出版類書奠定了基礎。〔註8〕龍玉明《淺析類書的數字化編纂出版》從類書和類書的數字化編纂出版出發，探析了利用數字化手段編纂出版類書的條件、優勢和需要注意的問題。〔註9〕

董恩林《論古文獻編纂及其主要形式》提出兩個觀點，一是從歷代文獻學家整理文獻的實踐、前輩學者的研究成果、現行文獻學論著的邏輯錯誤、傳統四部學術稱謂四個方面論證文獻編纂學設立的必要性；二是初步論證古

〔註4〕 唐光榮《歷代類書的形態》，《阜陽師範學院學報（社會科學版）》2012 年第 4 期，第 150～153 頁。

〔註5〕 敖玲玲《淺談胡道靜先生的〈中國古代的類書〉》，《群文天地》2012 年第 6 期，第 286 頁。

〔註6〕 方健《寵辱不驚的胡道靜先生》，《東方早報》2012 年 6 月 10 日。

〔註7〕 劉全波《論類書的知識傳播功能》，《山東圖書館學刊》2012 年第 5 期，第 14～17、26 頁。

〔註8〕 龍玉明《類書的編纂出版方法探析》，《編輯學刊》2012 年第 4 期，第 99～101 頁。

〔註9〕 龍玉明《淺析類書的數字化編纂出版》，《科技與出版》2012 年第 2 期，第 61～63 頁。

文獻編纂的四種體式，即匯纂、類編、抄輯、選錄，並提到古代編纂類書有兩種方式，一是先分類後找文獻，二是事先選定某種或某類文獻，將其全部文獻資料進行分類摘抄，再重新編纂成新的文獻形態。〔註 10〕耿紀朋、鄭小紅《中國古代類書的雜文體淺析》對中國古代類書的文體多採用雜文的原因和雜文體的特點進行了分析，指出類書採用雜文體在保存中國古代文獻方面具有很重要的作用。〔註 11〕

二、魏晉南北朝類書

　　劉全波《魏晉南北朝類書編纂研究》主要對魏晉南北朝時期的類書編纂進行了提綱挈領式的研究，該文力圖構建魏晉南北朝類書史，以闡明魏晉南北朝類書的發展狀況，主要從政治視野下的官修類書編纂、文學視野下的私纂類書編纂、宗教視野下的佛教、道教類書編纂三個方面，對魏晉南北朝類書的發展史進行研究，為魏晉南北朝時期類書的編纂史、發展史勾勒出了清晰的輪廓。〔註 12〕劉全波《論魏晉南北朝時期的博學風尚與類書編纂》認為魏晉南北朝時期士大夫、讀書人的學術興趣從獨尊經學轉向追求各種知識與學問，形成了一股強烈的追求博學的新風尚，這種博學風尚促進了類書的產生與發展，博學風尚的流行無疑為類書的發展提供了前提條件，並為知識性資料彙編類書提供了用武之地。〔註 13〕劉全波《南北朝私纂文學類書考》指出南北朝是中國文學史上的一個高潮，同樣也是中國類書發展史上的一個高潮，文人多私纂類書以備詩文之需，戴安道、顏延之《纂要》，何望之《諫林》，沈約《袖中記》，朱澹遠《語對》《語麗》等就是南北朝時期出現的私纂文學類書。〔註 14〕

　　楊靖康《先唐時期典籍分類學源流考》追溯了典籍分類學中事物分類法的源頭，考索事物分類思想之肇端，討論了事物分類法在應用過程中從微觀

〔註 10〕董恩林《論古文獻編纂及其主要形式》，《史學理論研究》2012 年第 3 期，第
　　　　119～127 頁。
〔註 11〕耿紀朋、鄭小紅《中國古代類書的雜文體淺析》，《劍南文學（經典教苑）》2012
　　　　年第 8 期，第 96～97 頁。
〔註 12〕劉全波《魏晉南北朝類書編纂研究》，博士學位論文，蘭州大學，2012 年。
〔註 13〕劉全波《論魏晉南北朝時期的博學風尚與類書編纂》，《華夏文化論壇》第 8
　　　　輯，長春：吉林文史出版社，2012 年，第 68～77 頁。
〔註 14〕劉全波《南北朝私纂文學類書考》，《圖書館工作與研究》2012 年第 3 期，第
　　　　75～78 頁。

走向宏觀的流變，並揭示學術分類法在應用過程中從宏觀到微觀的流變。在研究兩種分類法交鋒時代的典籍分類學中考察了交鋒過程中南北之差異，並對目錄書與類書兩種載體形式進行綜合研究，以展現該時代典籍分類學交鋒之激烈，還分別考察兩種典籍分類體系的定型過程，並對唐代及以後典籍分類學之發展大勢做了概述。〔註15〕

戴建國《四庫館臣對〈皇覽〉的考辨得失》針對四庫館臣對《皇覽》的考辨，分析其得失，作者認爲類書起源於《皇覽》，是爲至語，但對《皇覽》最初歸屬的部類考辨不夠，作者指出作爲類書之祖的《皇覽》，編於曹魏時代，最初歸屬丙部的皇覽簿。〔註16〕郭寶軍《〈皇覽〉小考》對《皇覽》的性質、編纂原因及編纂者、成書原因等重新進行了探究，並討論了他的影響。〔註17〕吳小洪《〈皇覽〉之撰集及其學術成就考論》討論了《皇覽》撰集「以類相從」的特點，以及他的編撰時間，主要編纂者爲王象、劉劭、桓範、韋誕與繆襲等人，吳小洪認爲《皇覽》開了我國大型類書編纂的先河，具有較高的學術價值。〔註18〕

桂羅敏《〈類苑〉考辨》討論了《類苑》的編纂背景、劉峻簡況、歷代著錄等問題，並鉤稽存世的殘文。〔註19〕

力之《〈文選〉事類編錄受〈華林遍略〉重要影響說駁議》對「《文選》是受到《華林遍略》的啓發而著手編撰的」這一說法進行了駁斥，認爲據徐勉是老師而蕭統「每事詢謀」、《文選》編撰的目的之一是爲「方便作者翻檢以及寫作取則之需」與「編者與《華林遍略》領編者徐勉有著特殊關係」這三方面理由，是說明不了《文選》事類編錄受《華林遍略》重要影響的，況且這些理由本身又存在著種種問題。〔註20〕

劉安志《〈修文殿御覽〉佚文輯校》根據日中學者的研究對《修文殿御覽》佚文進行了輯校共95條，來源於日本古籍的77條，中國古籍的18條，

〔註15〕楊靖康《先唐時期典籍分類學源流考》，碩士學位論文，蘭州大學，2012年。
〔註16〕戴建國《四庫館臣對〈皇覽〉的考辨得失》，《圖書情報工作網刊》2012年第8期，第56～60頁。
〔註17〕郭寶軍《〈皇覽〉小考》，《古典文學知識》2012年第3期，第131～137頁。
〔註18〕吳小洪《〈皇覽〉之撰集及其學術成就考論》，《蘭臺世界》2012年第9期，第26～27頁。
〔註19〕桂羅敏《〈類苑〉考辨》，《圖書情報工作》2012年第2期，第335～338頁。
〔註20〕力之《〈文選〉事類編錄受〈華林遍略〉重要影響說駁議》，《河南師範大學學報（哲學社會科學版）》2012年第2期，第195～200頁。

收入《太平御覽》者即達 80 條，故劉安志認爲二書之間的直接淵源關係極
大。而敦煌寫本 P.2526 號條文內容收入《太平御覽》並不多，且文字差異
較大，劉安志認爲 P.2526 號寫本絕非《修文殿御覽》，而更有可能是比之更
早的《華林遍略》，根據這些佚文，劉安志還討論了《修文殿御覽》的分類
體系和編纂特點。〔註 21〕

　　劉全波《南北朝佛教類書考》勾勒了南北朝佛教類書的發展情況，認爲
佛教類書取得了長足發展，但由於史料的散佚，南北朝佛教類書漸漸被人忽
略乃至遺忘，《眾經要抄》《義林》《經律異相》《法寶聯璧》《內典博要》《眞
言要集》等皆是南北朝時期的佛教類書，加深對他們的研究必將重寫南北朝
類書史。〔註 22〕張春雷《論〈經律異相〉異文的研究價值及其類型》認爲
《經律異相》因爲編寫時代明確，口語性強，是中古漢語研究較爲理想的語
料，其異文數量眾多，類型豐富，但學界迄今也沒有給以足夠的重視和認眞
的研究，分析其異文及其類型具有很重要的研究價值。〔註 23〕

三、隋唐五代類書

　　韓建立《唐代類書對陶淵明的認知與接受——以〈藝文類聚〉〈初學記〉
〈白氏六帖事類集〉爲例》通過對唐代三部類書對陶淵明事典與詩文的輯錄
情況進行了分析，考察類書與陶學的關係，能夠從一個側面反映唐代對陶淵
明的認知與接受。韓建立認爲唐代類書接受了鍾嶸關於陶淵明是「古今隱逸
詩人之宗」的論述，唐代類書對陶淵明事典與詩文的輯錄，爲讀書界提供了
相當的知識與思想資源，從比較中可以看出，唐代類書的編者見識高，選錄
全面，評價公允。〔註 24〕

　　井上亙《類聚的世紀：古代日本吸收中國文化的方法》認爲日本人對隋
唐文化採用「類聚」的方法進行整理，如滋野貞主所編纂的《經國集》《秘府

〔註 21〕劉安志《〈修文殿御覽〉佚文輯校》，《魏晉南北朝隋唐史資料》第 28 輯，武
　　　　漢：武漢大學人文社會科學學報編輯部編輯出版，2012 年，第 281～302 頁。

〔註 22〕劉全波《南北朝佛教類書考》，《圖書館理論與實踐》2012 年第 3 期，第 62～
　　　　66 頁。

〔註 23〕張春雷《論〈經律異相〉異文的研究價值及其類型》，《南陽師範學院學報》
　　　　2012 年第 7 期，第 63～67 頁。

〔註 24〕韓建立《唐代類書對陶淵明的認知與接受——以〈藝文類聚〉〈初學記〉〈白
　　　　氏六帖事類集〉爲例》，《南京郵電大學學報（社會科學版）》2012 年第 2 期，
　　　　第 88～93 頁。

略》等，而源順所編纂的《和名類聚抄》則成爲「類聚的世紀」的頂點，這對於日本人建立自己的文化——「國風文化」具有很重要的作用，空海《文鏡秘府論》、丹波康賴《醫心房》等類書有不少逸文，「類聚的世紀」對中國古文獻學及中日文化交流具有極大的貢獻。〔註25〕

呂玉紅《〈北堂書鈔・樂部〉中的音樂文獻學研究》對《北堂書鈔・樂部》中隋唐以前的大量中國古代音樂史料從文獻角度進行了研究，呂玉紅發現其引書基本爲經史子集四大部類，並得出其引書特點，最後還將《北堂書鈔・樂部》音樂史料分爲樂論、樂種、樂器、樂律四大類進行了分類研究。〔註26〕

韓建立《〈藝文類聚〉分卷依據和部類數量辨析》認爲《藝文類聚》的部類數量，歷來有四十六部、四十七部和四十八部之說，分部數量上的分歧，均是由對原書卷八十一藥香草部上和卷八十二草部下的計算方法不同所致，經過對這兩部的辨析，《藝文類聚》的部類數量應爲四十六部。〔註27〕韓建立《〈藝文類聚〉選錄的文體名稱和數量辨正》對《藝文類聚》子目「文」進行了研究，韓建立認爲其中有編者生造的文體，也有同一種文體分作兩個或兩個以上名稱，分別收在不同部類的，還有將文題誤作文體的，經韓建立考辨，《藝文類聚》實際選錄的文體數量爲52種。〔註28〕

張婷《淺論〈藝文類聚〉中對鮑照詩之選錄》認爲《藝文類聚》中對於詩的收錄，應該是在一定程度上體現了編纂者的文學趣味以及其文學主張，具備了文學批評的意義。〔註29〕嚴程《淺談〈藝文類聚〉的編輯方法與意義》論述了《藝文類聚》這部類書的編輯體例與特色、歷史上有關其類目設置與安排的爭議、對史家筆法的應用以及獨特的文學史料價值等，力求展現一千多年以前歐陽詢等編纂者們的匠心獨運與良苦用心。〔註30〕

〔註25〕井上互《類聚的世紀：古代日本吸收中國文化的方法》，《文史哲》2012年第5期，第81～88頁。

〔註26〕呂玉紅《〈北堂書鈔・樂部〉中的音樂文獻學研究》，碩士學位論文，山西大學，2012年。

〔註27〕韓建立《〈藝文類聚〉分卷依據和部類數量辨析》，《河南圖書館學刊》2012年第5期，第131～134頁。

〔註28〕韓建立《〈藝文類聚〉選錄的文體名稱和數量辨正》，《孝感學院學報》2012年第4期，第21～26頁。

〔註29〕張婷《淺論〈藝文類聚〉中對鮑照詩之選錄》，《現代交際》2012年第1期，第93頁。

〔註30〕嚴程《淺談〈藝文類聚〉的編輯方法與意義》，《社科縱橫（新理論版）》2012

　　韓巧梅《敦煌寫本〈珠玉抄〉研究》對《珠玉抄》的成書背景和編纂問題進行了探究，並特別分析了一向不大爲人注意的命名問題，對成書年代和作者問題也作了新的思考，韓巧梅還考察了《珠玉抄》作爲蒙學書的成就及其不足。〔註31〕

　　彭婷婷《敦煌類書〈勵忠節鈔〉用字研究》對《勵忠節鈔》中所涉俗字進行了深入系統的研究，研究以用例多且有代表性的俗字、借音字爲研究對象，還論述了《勵忠節鈔》中避諱字的用法，從避諱的起源、分類到避諱的方式。〔註32〕

　　耿彬《敦煌寫本類書〈應機抄〉的性質、內容及成書年代研究》將 S.1380 號文獻《應機抄》的編排情況、撰述方式、援引書籍的情形和所反映的思想體系進行探討，並通過《應機抄》卷中文字的避諱特點和援引書籍的情形推斷其成書年代。〔註33〕

　　陳光文《敦煌遺書 P.4022＋P.3636〈某學郎書抄殘卷（710～762）〉校注研究》從文獻學的角度對敦煌遺書 P.4022＋P.3636《某學郎書抄殘卷（710～762）》進行了研究，釐清了 P.4022 與 P.3636 兩個卷號的綴合關係，並對其進行了較爲準確的敘錄，糾正了前人認識的某些失誤。陳光文對 P.4022＋P.3636 的抄寫時代進行了新的探討，認爲應當抄寫於唐睿宗李旦第二次即位至唐肅宗李亨在位之間（710～762），而以抄於唐玄宗在位時期（712～756）可能性最大；陳光文還通對 P.4022＋P.3636 內容和性質的分析與探討，認爲該寫卷是在讀書時雜抄諸書而成，雖具有類書「按類相排」的基本特點，但不能認爲是嚴格意義上的類書，而是具有類書特點的書抄。〔註34〕

　　三田明弘《〈法苑珠林・慈悲篇〉的佛教身體觀念》剖析了《法苑珠林》卷六十四《慈悲篇第七十四》裏佛教身體觀念是如何地被表現並且被深化作爲目的的，《慈悲篇》裏的印度佛教故事反映了佛教思想把身體看成爲不淨的

年第 3 期，第 150～151 頁。

〔註31〕韓巧梅《敦煌寫本〈珠玉抄〉研究》，碩士學位論文，西北師範大學，2012年。

〔註32〕彭婷婷《敦煌類書〈勵忠節鈔〉用字研究》，碩士學位論文，南京師範大學，2012 年。

〔註33〕耿彬《敦煌寫本類書〈應機抄〉的性質、內容及成書年代研究》，《敦煌學輯刊》2012 年第 1 期，第 88～95 頁。

〔註34〕陳光文《敦煌遺書 P.4022+P.3636〈某學郎書抄殘卷（710～762）〉校注研究》，碩士學位論文，蘭州大學，2012 年。

存在這樣一個觀念，而《慈悲篇》中國佛教故事裏，很少能看出此觀念的影響，此現象說明佛教身體觀念和中國傳統思想的身體觀念是不同的，《法苑珠林》中的中印故事內容很多是相衝突的。〔註35〕

王芳《義楚〈釋氏六帖〉引書研究》經過研究發現《釋氏六帖》引書共672 種，包括內典和外典之儒家道家經典著作，前朝志怪小說及字書等，《釋氏六帖》引書的目的主要是釋義，就徵引形式看，基本是直接引用原文，即單引原文為主。對比《釋氏六帖》所徵引的書目與今本書目，彼此在內容上基本一致，但文字上有同有異，其差異主要表現為異文、脫衍、訛誤等，訛誤主要包括文字上的訛、脫、衍、倒等。〔註36〕

四、宋元類書

韓囡《〈太平御覽〉引〈詩〉考論》認為《太平御覽》引《詩經》在《毛詩》之外還存在諸多三家《詩》異文、六朝古本異文及通假字、異體字等《詩經》常見異文現象，為《詩經》文本研究乃至文字學研究提供了豐富的資料。韓囡試圖全面分析《太平御覽》引《詩》的文句，研究其引《詩經》之體例，歸納引《詩經》的價值，並將《太平御覽》引《詩經》與《藝文類聚》《初學記》比對，發現《太平御覽》引《詩經》與前代類書有明顯因襲關係，認為通過歸納引《詩經》體例、價值與不足及其與前代類書之關係，可從微觀方面把握《太平御覽》的編纂情況及得失。〔註37〕

向玲玲《〈太平廣記〉所引〈法苑珠林〉異文研究》以《太平廣記》所引《法苑珠林》所形成的異文為研究對象，對其異文進行細緻比對和窮盡考察，分析異文產生的原因，試圖呈現出《太平廣記》的異文面貌及其在近代漢語時期重要的語料價值。通過對語法的考察，向玲玲認為從《法苑珠林》的問世到《太平廣記》的編纂完工，同屬於近代漢語時期，語法並未產生顯著的變化。文末撰寫了兩則附錄，附錄一異文語詞表以《太平廣記》中出現的語詞為參照，按音序方式排列並標注，附錄二列出句子表達出入較大的異

〔註35〕三田明弘《〈法苑珠林・慈悲篇〉的佛教身體觀念》，《日本語日本文學》第 38 期，2012 年。

〔註36〕王芳《義楚〈釋氏六帖〉引書研究》，碩士學位論文，華中科技大學，2012 年。

〔註37〕韓囡《〈太平御覽〉引〈詩〉考論》，碩士學位論文，南京師範大學，2012 年。

文。〔註38〕

　　齊豔紅《〈太平廣記〉動物部詞匯研究》以《太平廣記》動物部分作爲研究的對象，針對「動物類特色詞」和「異文詞語」進行了系統研究。齊豔紅認爲《太平廣記》作爲類書在語言使用方面有獨有特點，在忠於原典的基礎上不乏字詞改動，改動時多用唐宋通用語詞替換原典古雅僻難詞。〔註39〕任蘭香《〈太平廣記〉神仙部詞匯研究》以《太平廣記》神仙類部分作爲研究的對象，主要運用共時與歷時相結合的方法，從異文詞語、同義詞語、特色詞語等多方位對這部分內容的詞匯展開系統研究。任蘭香對《太平廣記》神仙類中出現的同義詞進行窮盡式整理及歸納，從名詞、動詞、形容詞、副詞四個方面分別類聚成164組，利用數據統計對《太平廣記》的用語特色進行了歸納並討論其成因，還利用關於神仙的特色詞匯以及神仙部釋詞，對《漢語大詞典》中失收的詞語，或訓釋有誤及不周的詞語進行了訓釋。〔註40〕秦文軍《〈太平廣記〉中的道教養生》對《太平廣記》中關於道教養生的內容進行了初步探究。〔註41〕鄭承志、郭風平《〈太平廣記〉裏的鳥意象藝術探析》從《太平廣記》中的鳥類意象切入，試圖以歷史文化學視野對鳥的形象逐一加以分析，以期發現古人賦予鳥類的不同性格特徵的文化意義，以及對中國傳統文化產生的影響。〔註42〕

　　郭洪麗《〈文苑英華〉賦類目研究》對《文苑英華》賦類目進行了考察，指出《文苑英華》賦類目對前代有很大的繼承，認爲對《文選》的繼承最爲徹底，其他的類目多繼承自《北堂書鈔》《藝文類聚》《初學記》三部類書。《文苑英華》賦類目在唐與後代總集、類書類目的確定上起了一個橋樑的作用。郭洪麗認爲《文苑英華》類目能夠存續下去主要是他保存了大量作品，對既有類目做出修正或重新設置類目爲後世集作的分類及類目選擇確定了依據，

〔註38〕　向玲玲《〈太平廣記〉所引〈法苑珠林〉異文研究》，碩士學位論文，安徽師範大學，2012年。

〔註39〕　齊豔紅《〈太平廣記〉動物部詞匯研究》，碩士學位論文，溫州大學，2012年。

〔註40〕　任蘭香《〈太平廣記〉神仙部詞匯研究》，碩士學位論文，溫州大學，2012年。

〔註41〕　秦文軍《〈太平廣記〉中的道教養生》，《現代養生》2012年第15期，第13～14頁。

〔註42〕　鄭承志、郭風平《〈太平廣記〉裏的鳥意象藝術探析》，《前沿》2012年第24期，第171～172頁。

當然《文苑英華》賦類目存在，如分類過細導致繁瑣、雜亂，排序混亂，缺乏第三位類，缺乏層次，過於強調政治功用性等缺點。〔註43〕

高娟《〈文苑英華〉詩歌類目分類體系研究》對《文苑英華》的詩歌類目分類體系進行了重點考究，以探尋其詩歌類目分類體系的原則、依據、意義及影響，指出了其詩歌類目分類體系方面獨有的特點和優點，也揭示出其不足與缺陷，從而客觀地確認出《文苑英華》在詩歌類目分類體系方面的貢獻和地位。高娟認為《文苑英華》詩歌類目分類體系歸類的基本原則，及隱藏在編纂過程中的一些規律，可以用來指導後代總集和類書類目的確定，發揮其範本作用。《文苑英華》的詩歌類目凸顯著濃鬱的尊君崇儒色彩，標榜「風雅」，傾向頌揚，模仿類書編纂體例導致了一些硬傷，這與宋初儒學復興、統治者的文化政策、文學觀念的演進、文化主體的心態都有很大的關係。〔註44〕

孟婷《〈文苑英華〉散文類目研究》對《文苑英華》中的散文類目進行了研究，通過與其他類書、總集類目的比對，將《文苑英華》散文類目特色，主要是通過「出現頻率較高的散文類目」與「分類較多的散文類目」體現出來。《文苑英華》散文類目不僅是對前代類書與總集類目的繼承，同時也對後代的類書與總集產生了深遠影響。孟婷認為《文苑英華》的散文類目的研究為文學研究開闢了新的角度，同時也為更加全面地研究《文苑英華》提供了可能。〔註45〕

馬維斌《〈冊府元龜〉研究》以《冊府元龜》中的唐史史料為核心，並與今天能見到的其他唐史史籍之內容進行勘比，結合對北宋前期朝廷所藏唐史史籍概況的分析與論述，具體研究和分類探討《冊府元龜》中唐史料的來源，同時也對《冊府元龜》的一些文獻學問題進行探討。〔註46〕

周克浩《張君房和〈雲笈七籤〉》討論了張君房曾參與《道藏》編纂工作，有助於他輯成《雲笈七籤》，《雲笈七籤》現存四個版本，《正統道藏》收錄的共有 122 卷，內容涉及廣泛，包括經籍宗旨、道教源流、洞天福地、養生修煉、贊詞頌歌、神仙傳記等，文章深入探究了《雲笈七籤》的時代背

〔註43〕郭洪麗《〈文苑英華〉賦類目研究》，碩士學位論文，魯東大學，2012 年。

〔註44〕高娟《〈文苑英華〉詩歌類目分類體系研究》，碩士學位論文，魯東大學，2012 年。

〔註45〕孟婷《〈文苑英華〉散文類目研究》，碩士學位論文，魯東大學，2012 年。

〔註46〕馬維斌《〈冊府元龜〉研究》，博士學位論文，陝西師範大學，2012 年。

景，並分析了《雲笈七籤》的版本、內容與特點。〔註47〕周克浩《〈雲笈七籤〉的生命觀》收錄了較多的有關道教生命觀的著作，主要對人稟生受命說和相關的養生思想進行了介紹。周克浩認爲《稟生受命部》反映了人稟生受命的思想，在《雜修攝部》《存思部》等部分中體現了養生思想，養生思想中介紹了導引和存思法，《雲笈七籤》卷三十二至三十六詳載導引之法，存思養生術主要集中在卷四十二、卷四十三、卷四十四的《存思部》，另外卷十一、卷十二的《上清黃庭內景經》也比較集中地介紹了存思養生思想。〔註48〕周克浩《〈雲笈七籤〉的天文學思想》討論了《雲笈七籤》中收錄的反映天文學思想的文獻，認爲其中不少還蘊含著現代科學的價值，《雲笈七籤》述及天文學思想的文獻主要集中在卷二十一、卷二十二的《天地部》，卷二十三、卷二十四、卷二十五的《日月星辰部》，《雲笈七籤》中的天文學思想包括天地結構理論和三十六天說及二十八星宿與北斗星的理論。〔註49〕周克浩《〈雲笈七籤〉的宇宙源起演化說》認爲《雲笈七籤》中對宇宙的生成和演化進行了思考，形成了富有創見的宇宙源起演化學說，《雲笈七籤》中論述宇宙演化理論最爲集中的當屬卷二，特別是《太上老君開天經》，這部分內容提出了宇宙生成的兩個過程，一是宇宙未生之前的「混沌」狀態，二是宇宙世界生成後的繼續演化階段。〔註50〕

　　朱仙林、曹書傑《〈事物紀原〉初本成於宋代考》通過查考與《事物紀原》相關的文獻發現，其最初的編纂者當是北宋高承，經後世遞修增補而成，而今本的最後完成可能在明代，故而其多有高承初本之後的文字和內容，證明了《事物紀原》成書於明代的觀點是完全錯誤的。〔註51〕

　　全建平《〈翰墨全書〉校訂〈全宋詩〉八則》主要是利用《翰墨全書》中收錄的宋代交際應用類的詩詞文章對《全宋詩》進行了訂正，全建平認爲

〔註47〕周克浩《張君房和〈雲笈七籤〉》，《商丘師範學院學報》2012 年第 11 期，第 22～24 頁。

〔註48〕周克浩《〈雲笈七籤〉的生命觀》，《鹽城師範學院學報（人文社會科學版）》2012 年第 3 期，第 9～14 頁。

〔註49〕周克浩《〈雲笈七籤〉的天文學思想》，《晉城職業技術學院學報》2012 年第 4 期，第 64～68 頁。

〔註50〕周克浩《〈雲笈七籤〉的宇宙源起演化說》，《貴陽學院學報（社會科學版）》2012 年第 3 期，第 5～9 頁。

〔註51〕朱仙林、曹書傑《〈事物紀原〉初本成於宋代考》，《歷史文獻研究》第 31 輯，上海：華東師範大學出版社，2012 年，第 218～225 頁。

利用《翰墨全書》進行輯佚的情況不盡完善，《翰墨全書》仍有進一步校訂《全宋詩》的文獻價值。〔註52〕仝建平《淺析〈翰墨全書〉對研究福建歷史文化的功用》認為《翰墨全書》對於研究福建歷史文化比如古代農業、交通、教育、文學文人具有一定的資料功用，《翰墨全書》作者劉應李是元代前期福建建陽知名學者，這本書收錄的詩詞文章，多有作者為福建籍，以及仕宦、寓居福建的官員、學者文士書寫閩地者，對於研究福建歷史，具有極大價值。〔註53〕鄒賀《主次有致繁簡得宜——評仝建平博士學位論文著〈《新編事文類聚翰墨全書》研究〉》對仝建平博士著《〈新編事文類聚翰墨全書〉研究》進行了評價，認為這本書運用文獻學的方法，「研究其編者生平、成書與改編、版本系統、內容與編排、校勘與輯佚價值、史料價值、與宋元幾部相關類書的關係」等，匠心獨具，收穫成果頗豐。〔註54〕

王珂《〈事林廣記〉源流考》通過考證得出了《事林廣記》與《博聞錄》為同書異名的觀點，二書都為陳元靚所作，因為《博聞錄》被禁，所以此書以《事林廣記》流傳天下，有力的支持了日本學者宮紀子的觀點。〔註55〕李佳佳《和刻本〈事林廣記〉飲饌部分研究》以和刻本《事林廣記》為底本，元至順本為參照本，對其飲饌部分進行比較，校勘文字異同，將元至順本《事林廣記》與元無名氏《居家必用事類全集》庚、己兩集飲饌部分進行對比，分析了兩部著作的關係，並對《事林廣記》飲饌部分涉及的一些名物進行考證。李佳佳認為《事林廣記》飲饌部分有著其獨特之價值，他不僅保存了當時很多食物之做法，更是獨創分類法。〔註56〕田薇《陳元靚的〈事林廣記〉及其史料中的教育思想初探》以至順年間椿莊書院本與和刻本為研究基礎文獻資料，對《事林廣記》中的教育思想進行了探究，田薇對陳元靚本人的籍貫及所屬年代進行考證，並對所能找到的《事林廣記》的本子進行了研究論

〔註52〕仝建平《〈翰墨全書〉校訂〈全宋詩〉八則》，《滄桑》2012年第4期，第47～48、55頁。

〔註53〕仝建平《淺析〈翰墨全書〉對研究福建歷史文化的功用》，《黑龍江史志》2012年第16期，第44～45頁。

〔註54〕鄒賀《主次有致繁簡得宜——評仝建平博士學位論文著〈《新編事文類聚翰墨全書》研究〉》，《黑龍江史志》2012年第6期，第41～42頁。

〔註55〕王珂《〈事林廣記〉源流考》，《古典文獻研究》第15輯，南京：鳳凰出版社，2012年，第342～352頁。

〔註56〕李佳佳《和刻本〈事林廣記〉飲饌部分研究》，碩士學位論文，內蒙古師範大學，2012年。

證。〔註 57〕

　　高振超《西夏文〈經律異相〉(卷十五) 考釋》是對國圖藏西夏文《經律異相》(卷十五) 的初次整理與研究，高振超介紹了西夏文《經律異相》(卷十五) 的出土、收藏與著錄情況，改正了長期以來學界對其題款的錯誤認識，對西夏文本《經律異相》的翻譯、校勘、刻印年代進行了確定，並對有元一代施印西夏文大藏經的次數提出了不同看法。西夏文《經律異相》(卷十五) 釋文對原文不作翻譯，只作夏漢對照比勘，包括錄文、對譯、漢文底本 (圖贊及題款部分爲相應譯文) 及注釋四部分，以原文獻的折面爲單位呈現。西夏文《經律異相》(卷十五) 中佛教術語的翻譯並沒有統一的標準，也不是完全忠於原文，而是根據具體情況，靈活運用音譯、意譯 (直譯與轉譯)、音意合譯等多種方法，體現出譯經者對於佛學義理的嫻熟掌握，最後文章比較了《經律異相》的版本，重點探討了西夏文本中的錯別字和版間漢字錯誤的問題，並總結了其版式特點。〔註 58〕

五、明清類書

　　涂媚《明代類書考論》闡述了明代類書的概況、基本類型、取材、編纂、類目體系、編排與檢索系統及其在中國古代類書編纂史上的地位，涂媚還通過選取具有代表性的類書，描述了明代類書的編排方式和檢索系統及其優缺點，並對明代類書的推陳出新進行個案分析，從實例出發探討明代類書的現實作用和價值，綜合論述明代類書在中國古代編纂史上舉足輕重的地位。〔註 59〕

　　王小岩《弘治本〈西廂記〉「釋義」徵引類書考》對明弘治年間岳家刻本《新刊奇妙全相注釋西廂記》其中的「釋義」進行了探討，王小岩認爲該書「釋義」的主要特徵是徵引類書，且多有混亂，具有通俗讀本的特點，由此推斷「釋義」編撰於明初建文到弘治十一年這近一百年間。〔註 60〕

　　方波《民間書法知識的建構與傳播——以晚明日用類書中所載書法資料

〔註 57〕田薇《陳元靚的〈事林廣記〉及其史料中的教育思想初探》，碩士學位論文，内蒙古師範大學，2012 年。
〔註 58〕高振超《西夏文〈經律異相〉(卷十五) 考釋》，碩士學位論文，陝西師範大學，2012 年。
〔註 59〕涂媚《明代類書考論》，碩士學位論文，江西師範大學，2012 年。
〔註 60〕王小岩《弘治本〈西廂記〉「釋義」徵引類書考》，《殷都學刊》2012 年第 3 期，第 62～67 頁。

為中心》主要是探究晚明時期出現的大部分日用類書中記載的書法資料與社會應用之間的關係，日用類書所載書法知識，是市井文人和書商適應民眾新的文化需求，在商業機制的驅動下，從各類書法知識中有意識地選擇、編排而成的，以易於民眾理解的圖像和歌訣的形式呈現，經書坊的刊刻與售賣、民眾的接受與傳播，建構了缺乏個體權威、忽略經典、獨具特色的民間書法知識系統。方波認為日用類書的傳播形成了一個獨立的傳播、接受空間，使特定的書法知識普及到民眾，改變了書法一直是文人話語的狀況，使書法發展的社會基礎發生了變化。〔註61〕

　　魏志遠《道德與實用：從日用類書看明朝中後期的民間倫理思想》認為明朝中後期刊刻的日用類書記載了大量關於個人品性修養、家庭倫理和為人處世方面的民間倫理思想，民間倫理思想是普通民眾日常生活經驗的總結，與官方和儒家士人提倡的教化倫理思想強調個人修身不同，他們更強調倫理規範的實用性，通過日用類書來研究民間倫理思想，可以認識到當時的普通民眾是如何理解儒家，並將之運用於日常生活。〔註62〕

　　李承華《〈三才圖會〉「圖文」敘事及視覺結構》討論了《三才圖會》圖文互動呈現出的綜合面貌和複雜特徵，可以詮釋為在古代中國圖文複製傳播背景下的「圖——文——注——評」之「語——圖」互文關係。李承華將其作為個案研究目的在於揚棄形式主義圖文研究脫離現實語境、觀念的自語式片面解讀，綜合審視圖文相互溶浸過程中的視覺性本質。〔註63〕

　　張祝平《〈經學隊仗〉的科試背景及其在明代的應用》認為《經學隊仗》是明永樂二年朱景元為適應科舉經義、論、策對仗做法列舉資料需求而做的類書，與明代八股文的形成密切相關。張祝平認為唐宋律賦、宋元經義以及宋元經學類賦等與科試有關的文體格式講究隊仗以及考試內容對儒家經典的崇尚，這些都是《經學隊仗》之所以在明初產生的背景。從明代弘治、正德年間鄉社學教讀之法則習尚一經傳注、對偶、對仗之文，以為舉業根本，說明隊仗之文在鄉社學校教學中佔有重要的地位，《經學隊仗》在鄉社學科

〔註61〕方波《民間書法知識的建構與傳播——以晚明日用類書中所載書法資料為中心》，《文藝研究》2012年第3期，第118～126頁。

〔註62〕魏志遠《道德與實用：從日用類書看明朝中後期的民間倫理思想》，《廣西大學學報（哲學社會科學版）》2012年第6期，第109～113頁。

〔註63〕李承華《〈三才圖會〉「圖文」敘事及視覺結構》，《新美術》2012年第6期，第36～42頁。

試教學中被廣泛使用。〔註 64〕

　　曲源泉《〈永樂大典〉正本下落何方》對《永樂大典》正本最後歸於何處
進行了考證，曲源泉認爲《永樂大典》正本最後是在萬曆年間的大火中被毀
掉。〔註 65〕閻崇年《〈永樂大典〉總纂修解縉被處死大明第一才子的人生歡惋》
對解縉的一生經歷作了簡要描述，感慨了他的功績以及不幸命運。〔註 66〕

　　段偉《〈古今圖書集成〉的檢索方法》談論怎樣利用《古今圖書集成索引》
（1985 年版）的各種檢索方法去查考《古今圖書集成》。〔註 67〕吳承學《論〈古
今圖書集成〉的文學與文體觀念——以〈文學典〉爲中心》認爲《古今圖書
集成》中的《文學典》在現存歷代類書文學部類中分量最大，具有很重要的
文學價值，其「文學」內涵也最接近今人的觀念，是文學批評、文學史與文
體學的史料集成，在提供齊備與系統的文學與文體學史料方面，可謂前無古
人。《文學典》在編排方式、分類體系與文獻選錄中體現出編者對文學、文人、
文章、文體等問題的認識，他對作家與批評理論持比較寬容平和的態度，對
宋代以至明代文學家相當重視，《古今圖書集成》以類書的特殊方式，某種程
度上體現出清代康熙年間主流社會的文學觀念與風氣。〔註 68〕

　　鄭超《古代類書中的器物設計史料研究——以〈淵鑒類函〉爲例》以《淵
鑒類函》爲案例，依據類書自身分類分部分目的編撰體系，將設計史料種類
大致分爲衣、食、住、行、用等五個方面，其中「用」這一方面涉及到的器
物設計最爲廣泛。鄭超通過《淵鑒類函》與之前類書的比對，認爲從御製類
書中設計史料的輯錄、增刪和體例等情況能反映出各個朝代的統治階級的政
治意識直接影響史料的擷取和利用，在一定意義上對於某種器物設計的發展
起到了或促進或制約的作用。文章通過對類書中器物設計史料的探索，爲設
計史研究提供了一種新方法與新角度，一定程度上也是設計史研究的重要前

〔註 64〕張祝平《〈經學隊仗〉的科試背景及其在明代的應用》，《古籍整理研究學刊》
　　　　2012 年第 6 期，第 40～45 頁。
〔註 65〕曲源泉《〈永樂大典〉正本下落何方》，《中國地名》2012 年第 7 期，第 77
　　　　頁。
〔註 66〕閻崇年《〈永樂大典〉總纂修解縉被處死大明第一才子的人生歡惋》，《東方收
　　　　藏》2012 年第 4 期，第 122 頁。
〔註 67〕段偉《〈古今圖書集成〉的檢索方法》，《圖書館學刊》2012 年第 1 期，第 41
　　　　～42 頁。
〔註 68〕吳承學《論〈古今圖書集成〉的文學與文體觀念——以〈文學典〉爲中心》，
　　　　《文學評論》2012 年第 3 期，第 29～39 頁。

提和保障，對於設計史的編撰也有所裨益。〔註69〕

六、結　語

　　類書是文獻學研究的重要內容，近年來，類書研究取得了巨大的發展，論著大增，如何將類書研究的成果展現出來，分析其中趨勢，使學者們可以前後參考，就是本書寫作的主要目的，當然我們的統計難免疏漏，我們的論說難免偏駁，但涓涓溪流終會匯聚成大海，精誠所至必然金石爲開。對類書研究進行年度考察是我們的一個長遠計劃，但是實施的過程中，明顯還是會感覺到力不從心。類書文獻的卷帙浩瀚、豐富多彩，前文已經有過提及，但是眞正的得到切實的實際的認知，還是通過進行類書研究綜述與類書研究目錄的撰寫得到的。以前還在說，或者是還敢說，類書是個無人關注的小方向，但是隨著認知的加深，類書研究其實已經有大量的學者加入進來，有些是直接的加入，直接的論著發表，另外一個表現是博碩士學位論文，這裡面既有導師的努力，更有學生的努力，但是說到底，這裡面起關鍵作用的是導師，是導師的眼光和視野，故通過越來越多的博碩士學位論文的湧現，可以看到學術界對類書的關注在增多。具體到一年的研究中，我們可以看到的、可以發現的核心問題，其實不多，但是感想還是有一些的，比如類書研究的百花齊放，這個是諸多學者在自己關注領域的不懈努力的結果，沒有刻意的安排，完全靠自覺的學術興趣，通過各種機緣，恰當的表現出來，這是類書研究的長久生命力的根基。反過來，其實我們缺乏有效的團隊合作，有效的集體攻關，類書研究的大項目也比較少，所以多是孤軍奮戰，但是如果有一個團隊，必然會事半功倍。類書研究的專門性與交叉性其實亦是一個需要我們關注的點，純粹的類書編纂者、編纂體例、編纂內容的考察是一個必須要解決的基本問題，但是當這樣的基本問題解決之後，如何開展下一步的考察，其實就是更加深入與有難度的問題，諸多學者多是根據自身的特點，開展類書的交叉考察，最典型的例子是，類書與文學的考察，這個已經成爲較爲經典的案例，我們都在學習與模仿，下一步的主要的任務，其實就是開拓更多的類書的交叉方向，雖然筆者對醫學所知甚少，但是通過考察，可以見到較多的醫學文獻學的專家，在考察類書與醫學的交叉問題，亦是有啓發性，而類書與

〔註69〕鄭超《古代類書中的器物設計史料研究——以〈淵鑒類函〉爲例》，碩士學位論文，湖南工業大學，2012年。

科舉、類書與教育、類書與書坊、類書與商業等，皆應是此後開展研究的新
方向與新角度。

第二章　2013 年類書研究綜述

　　近年來，類書研究漸有升溫之趨勢，各種論著層出不窮，爲了展現類書研究的新狀況、新進展，筆者計劃以年爲單位梳理近年來的類書研究，本章即是針對 2013 年類書研究狀況的綜述。

一、類書通論

　　劉全波《類書考略》對類書的定義和範圍進行了研究，作者認爲類書是文化發展的產物，是古籍中輯錄各種門類或某一門類的資料，按照一定的方法加以編排，以便於尋檢、徵引的一種知識性的資料彙編。〔註1〕劉全波《論類書的流弊及其學術價值》討論了類書存在的價值及其在使用中存在的問題，作者認爲類書是古代讀書人讀書治學的萬寶全書，但類書與文學、科舉的結合一旦太過，或者是讀書人爲了功名利祿而濫用類書，類書必然走向僵化，成爲「獺祭」「餖飣」「剿竊」「腐爛」之書而被有識之士口誅筆伐，讀書人的急功近利、投機取巧使類書流弊日甚，但類書的生命力卻是頑強的，存在的重要性也是無可替代的，這就是千餘年來類書綿延不絕的主要原因。〔註2〕劉全波《論類書的淵源》認爲類書始於《皇覽》已是學界共識，但學術界對於類書淵源的探討卻從未停止，主要有類書源出「雜家」說，類書源出《爾雅》說，類書源出「賦」說等觀點；縱觀關於類書淵源的諸多觀點，都有一定的道理，都抓住了類書以類相從這個特點，但是以類相從只是類書的

〔註1〕　劉全波《類書考略》，《山東圖書館學刊》2013 年第 6 期，第 88～94 頁。
〔註2〕　劉全波《論類書的流弊及其學術價值》，《北京理工大學學報（社會科學版）》
　　　　2013 年第 3 期，第 133～139 頁。

必要條件，並不是所有具有以類相從特點的典籍都是類書。〔註3〕劉全波《再論類書的目錄學演變》認爲開元時代毋煚編纂《古今書錄》之時，類書已經從「雜家」之末獨立，並以「事類」或「類事」之名在子部中單立門戶，類書的官方地位、學術地位皆獲得較大提升。〔註4〕

許建平《敦煌子部文獻的範圍及分類》以《四庫全書總目提要》的分類爲主要依據，參照《漢書·藝文志》《隋書·經籍志》《中國古籍善本書目》等經典書目的分類，並根據敦煌文獻所存寫卷內容的實際情況，將敦煌文獻所存子部寫卷分成諸子類、醫家類、天文算法類、術數類、類書類、藝術類、宗教類七大類。作者認爲敦煌類書寫本的進一步分類，至今尚無一個相對合適的說法，敦煌本類書中大多數是通俗性質的小類書，且多殘頭去尾，無以知其本名，故作者決定不再把敦煌本類書細分，只是在編排順序時將有明確題名的類書放在前面，不知名類書放在後面。〔註5〕陽清《〈古小說鉤沉〉徵引敦煌類書殘卷考實》認爲魯迅在輯校《列異傳》《幽明錄》《玄中記》等三種小說時，徵引了當時新發現不久的「敦煌石室所出唐寫本類書殘卷」，這種類書殘卷，正是被伯希和擄走之後又被羅振玉抄錄的《修文殿御覽》，考察《敦煌類書》《〈古小說鉤沉〉手稿》《魯迅手稿全集》等資料，可以看到敦煌遺書對於唐前古小說文獻的保存之功，更可見魯迅在收藏和利用敦煌文獻方面的興趣與卓識。〔註6〕

陳東輝《古籍輯佚與漢語史研究》認爲古籍亡佚數量驚人，但類書、古注、總集、各類先唐典籍、出土文獻中保存著大量佚文，清代學者的許多輯佚成果對於漢語史研究具有重要價值，但是前人輯佚成果也存在諸多疏誤之處，當遇到有爭議的佚文時應該十分愼重，在沒有充分把握的情況下，一般不易用作語料。同時，利用輯佚材料時應具體問題具體分析，不能一味強調輯佚材料的重要性而置大量傳世文獻於不顧，否則容易導致本末倒置。〔註7〕

〔註3〕劉全波《論類書的淵源》，《圖書情報知識》2013 年第 1 期，第 78～84 頁。
〔註4〕劉全波《再論類書的目錄學演變》，《圖書館理論與實踐》2013 年第 1 期，第 32～37 頁。
〔註5〕許建平《敦煌子部文獻的範圍及分類》，《敦煌研究》2013 年第 3 期，第 181～187 頁。
〔註6〕陽清《〈古小說鉤沉〉徵引敦煌類書殘卷考實》，《敦煌研究》2013 年第 5 期，第 82～86 頁。
〔註7〕陳東輝《古籍輯佚與漢語史研究》，《歷史文獻研究》第 32 輯，上海：華東師範大學出版社，2013 年，第 320～330 頁。

甘生統《類書編撰與皎然詩學》認為盛興於隋唐時期的類書編撰之風，對皎然詩學產生了多方面的影響，一是日趨精密的類書編排體制，對皎然先分類後以事例佐之的編排方式有深遠影響。二是唐代興起的秀句類書，為將秀句與詩文批評的進一步結合起了催化作用，並在一定程度上影響了皎然詩學的秀句批評方法。三是與文學批評史中一致聲討齊梁文學的情況相反，唐代編修的類書對齊梁文學表現出了極大的興趣，這些類書的大規模流行和普及，對於深化和擴大齊梁文學和文風的影響無疑具有推動作用，從而影響了皎然的齊梁文學觀。四是《韻海鏡源》的編纂並不是單純的學術活動，編書的過程同時就是詩歌創作與討論的盛會，這樣的盛會為皎然詩學的成熟提供了一個堅實的平臺，但更重要的是，《韻海鏡源》的內容本身對皎然詩學有著或多或少的影響。〔註8〕

　　葉勇《淺析中國古代類書的查考方法》認為在中國古代類書中查考，需要先熟悉類書的編排、分類以及類書收錄資料的情況，在查考時還需要注意判斷時代、分析類別和選擇類書，並且需要注意類書中的錯誤。〔註9〕湯水源《〈四庫全書〉焦公資料集錄——兼談〈四庫全書〉及類書的使用》以「焦公資料搜集」為例，詳細列舉了搜集到的原始與引用資料，介紹了《四庫全書》及類書的編製體系及使用情況。〔註10〕王海波《借鑒類書經驗開展初級作文教學》認為現在要借鑒類書包羅萬有的經驗開展初級作文教學，以便讓學生掌握許多材料。〔註11〕

二、魏晉南北朝類書

　　劉全波《論魏晉南北朝時期的類書編纂》認為魏晉南北朝時期讀書人的治學興趣從獨尊經學轉向追求經籍文史之學，學術界出現了一股強烈的非典故無以成章，非博物不足稱美的新風尚，類書的出現與繁榮即是根源於此風尚。在博物風尚的強烈影響之下，魏晉南北朝時期的類書編纂逐漸走向高潮，

〔註8〕 甘生統《類書編撰與皎然詩學》，《江海學刊》2013 年第 5 期，第 182～189 頁。
〔註9〕 葉勇《淺析中國古代類書的查考方法》，《河南圖書館學刊》2013 年第 12 期，第 134～136 頁。
〔註10〕 湯水源《〈四庫全書〉焦公資料集錄——兼談〈四庫全書〉及類書的使用》，《圖書情報研究》2013 年第 3 期，第 54～61 頁。
〔註11〕 王海波《借鑒類書經驗開展初級作文教學》，《現代語文（學術綜合版）》2013 年第 4 期，第 110～111 頁。

類書的編纂體例多樣化，類書的發展空間擴大，帝王將相、文人墨客多參與其中且樂此不疲引以爲榮，於是大量類書被編纂出來。〔註12〕

桂羅敏《〈皇覽〉考辨》通過對相關文獻的考辨，揭示了《皇覽》的編纂過程、參加人員、主要內容、流傳情況、失佚程度，以及殘文留存出處等問題。〔註13〕

劉全波《〈華林遍略〉編纂考》認爲《華林遍略》的編纂是南北朝類書編纂史上的一件大事，是類書編纂體例最終確立且流傳開來的標誌，《華林遍略》吸取了《皇覽》以來類書編纂的所有經驗教訓，尤其是汲取了《壽光書苑》與《類苑》之優秀內容與體例，最終編纂出一部盛況空前、體例嚴謹的開創性著作。《華林遍略》之後的類書如《修文殿御覽》《長洲玉鏡》《文思博要》的編纂皆是以之爲模範，《華林遍略》在中國類書發展史上的承前啓後之功，遠遠大於類書之祖《皇覽》，是中古中國類書編纂成熟的標誌。〔註14〕桂羅敏《〈華林遍略〉考辨》一文考辨了梁武帝編纂《華林遍略》的起因、過程，以及後來流傳、失佚、評價等方面的問題。〔註15〕梁蓉《〈華林遍略〉小考》依據《隋書·經籍志》《舊唐書·經籍志》和《新唐書·藝文志》等記載，對《華林遍略》的領修人、書名以及卷數三方面作的考證。〔註16〕

楊志高《〈經律異相〉的經錄入藏和西夏文本的翻譯雕印》認爲《經律異相》在完成以後先編入諸種佛典目錄，到宋代編入《開寶藏》，並一直爲其後的大藏經所延續，《經律異相》的西夏文本有西夏時初譯本、校譯本和元代重新雕印三個版本。〔註17〕董志翹、趙家棟《〈經律異相〉（22～28 卷）校讀箚記》考察了《經律異相》異文語料的差異和共性，運用各種文獻材料和漢語俗字理論知識並結合音韻訓詁手段就《經律異相》（22～28 卷）中的異文語料以箚記的形式進行了分析校理。〔註18〕張春雷《論〈經律異相〉異文研究的

〔註12〕劉全波《論魏晉南北朝時期的類書編纂》，《中國海洋大學學報（社會科學版）》2013 年第 3 期，第 122～128 頁。

〔註13〕桂羅敏《〈皇覽〉考辨》，《焦作師範高等專科學校學報》2013 年第 1 期，第69～72 頁。

〔註14〕劉全波《〈華林遍略〉編纂考》，《敦煌學輯刊》2013 年第 1 期，第 85～94 頁。

〔註15〕桂羅敏《〈華林遍略〉考辨》，《新世紀圖書館》2013 年第 3 期，第 78～80 頁。

〔註16〕梁蓉《〈華林遍略〉小考》，《絲綢之路》2013 年第 22 期，第 19～20 頁。

〔註17〕楊志高《〈經律異相〉的經錄入藏和西夏文本的翻譯雕印》，《西夏學》第 10輯，上海：上海古籍出版社，2014 年，第 94～100 頁。

〔註18〕董志翹、趙家棟《〈經律異相〉（22～28 卷）校讀箚記》，王雲路主編《漢語史

價值和意義》認爲《經律異相》的異文對佛經整理、漢語史研究、漢字史研究均具有較高的研究價值和意義，值得學者們進一步深入探討。〔註 19〕逯靜《以佛經異文校訂〈經律異相〉芻議》認爲《經律異相》版本眾多，各種異文數量豐富，類型多樣，利用異文可以幫助校勘《大正藏》所收《經律異相》的不足。〔註 20〕

　　喻瑾《佛教因果業報思想對六朝志怪小說的影響——以〈經律異相〉爲中心》一文首先對《經律異相》作者及著述情況進行考證，並從成書、取材範圍、結構及主要內容對該書進行介紹；其次，從業的種類和性質、業報的方式、因果業報的定律、因果業報的心理運行機制等方面闡釋佛教因果業報思想；最後，主要採用《冥祥記》《宣驗記》《幽明錄》等六朝小說材料，以佛教因果業報思想對其進行分析，得出佛教因果業報思想對六朝志怪小說的影響。〔註 21〕姜媛媛《〈經律異相〉譬喻文學之研究》從佛教譬喻文學的興起談譬喻部、譬喻師、譬喻經等，以及「譬喻」對「因緣」「本生」「本事」「記說」的統攝，探討《經律異相》與佛教比喻文學，概括《經律異相》譬喻的敘事特徵，總結《經律異相》譬喻文學的特色、成就與價值。〔註 22〕

三、隋唐五代類書

　　桂羅敏《知識分類對天人秩序的映照——以類書〈北堂書鈔〉爲例》利用中西關於分類的學說，以類書《北堂書鈔》爲樣本，對古人的思維、文明進程、類書分類的走向進行研究，探討其背後隱藏的天人秩序，包括宇宙秩序、社會秩序與生活秩序。〔註 23〕孟祥娟、曹書傑《〈北堂書鈔〉編撰於隋考》針對有學者提出《北堂書鈔》可能編纂於唐代的觀點做出的反駁，作者通過對《北堂書鈔》的避諱、著錄情況以及編纂的主客觀情況三方面分析認爲《北

　　　　學報》總第 13 輯，上海：上海教育出版社，2013 年。

〔註 19〕張春雷《論〈經律異相〉異文研究的價值和意義》，《湖北社會科學》2013 年第 6 期，第 140～142 頁。

〔註 20〕逯靜《以佛經異文校訂〈經律異相〉芻議》，《西昌學院學報（社會科學版）》2013 年第 1 期，第 24～26 頁。

〔註 21〕喻瑾《佛教因果業報思想對六朝志怪小說的影響——以〈經律異相〉爲中心》，碩士學位論文，四川師範大學，2013 年。

〔註 22〕姜媛媛《〈經律異相〉譬喻文學之研究》，碩士學位論文，蘭州大學，2013 年。

〔註 23〕桂羅敏《知識分類對天人秩序的映照——以類書〈北堂書鈔〉爲例》，《圖書情報知識》2013 年第 2 期，第 48～57 頁。

堂書鈔》的編撰在隋大業年間。〔註24〕孟祥娟《論〈北堂書鈔〉的現代功能與價值》主要論述了《北堂書鈔》有很高的文獻價值和資料價值，同時他也是一部重要的資料彙編。〔註25〕王清安《北堂書鈔所載〈今日良宴會〉應可確認爲曹植之作》認爲《北堂書鈔》總計引曹植詩文73篇，共185條，不知篇名與不知文體者 24 條，不論條目或校語，僅陳禹謨本有引曹植詩文者 14條。《書鈔》所引曹植詩文核對基本無誤，北堂書鈔所載《今日良宴會》「彈箏」兩句爲曹植所作無疑，書鈔底本基本是魏文帝曹丕時命大臣所撰的《皇覽》，其成書年代約於延康元年至黃初三年間，《北堂書鈔》收錄《今日良宴會》爲曹植作，可能從《皇覽》基礎下而收，延康元年至黃初三年間尚未「重新整理」曹植文集，《今日良宴會》非關乎植甄戀情，因此暫且得到了保留。〔註26〕李偉鳳《〈北堂書鈔〉所引〈詩經〉點校箚記》把《北堂書鈔》中摘錄的大量《詩經》引文校以《十三經注疏》本《毛詩正義》可以研究《詩經》異文，《書鈔》所引《詩經》異文大體可以分爲以下幾種關係，假借、異體字、倒文致異、衍奪致異和同義詞等。〔註27〕

　　韓建立《〈藝文類聚引用書目〉考辨》主要對北京大學編的《藝文類聚引用書目》進行了考辨，認爲他有很多錯誤，經作者考證《藝文類聚》的引書，最多在 900 種，這比《藝文類聚引用書目》統計少了 500 多種。〔註28〕李小成《〈藝文類聚〉所引楚辭與後世流行本之比較》主要是將《藝文類聚》中的楚辭條文與後世《楚辭章句補注》進行了比較，李小成認爲《藝文類聚》廣泛的徵引了唐之前的《楚辭》書，具有很高的研究價值，可以看到唐代抄本與後世刊本的不同。〔註29〕

〔註24〕孟祥娟、曹書傑《〈北堂書鈔〉編撰於隋考》，《古籍整理研究學刊》2013 年第3 期，第35～38 頁。

〔註25〕孟祥娟《論〈北堂書鈔〉的現代功能與價值》，《邊疆經濟與文化》2013 年第10 期，第97～98 頁。

〔註26〕王清安《北堂書鈔所載〈今日良宴會〉應可確認爲曹植之作》，《中國韻文學刊》2013 年第2 期，第68～69、75 頁。

〔註27〕李偉鳳《〈北堂書鈔〉所引〈詩經〉點校箚記》，《柳州師專學報》2013 年第2期，第17～19 頁。

〔註28〕韓建立《〈藝文類聚引用書目〉考辨》，《圖書館工作與研究》2013 年第7 期，第93～99 頁。

〔註29〕李小成《〈藝文類聚〉所引楚辭與後世流行本之比較》，《求索》2013 年第 6期，第130～132 頁。

　　馬娜《王子教科書——論〈初學記〉對詩文創作的指導》主要是考查探究《初學記》作爲一部「王子教科書」對詩文寫作的指導作用，《初學記》裏面選錄的詩文是給初學者極佳的示範並反映編者的詩文觀念和編修思想，《初學記》流傳至民間之後，得到更廣泛地傳播和應用，成爲「鄉學教科書」「科舉教材」，後來還負著指導後世文人詩文創作的任務。〔註 30〕

　　劉小兵《竹林七賢在唐代的傳播與接受——從唐人所撰史書、類書及蒙書的角度》在這一篇文章中討論唐代《藝文類聚》和《初學記》等類書中竹林七賢的文字作品及與竹林七賢相關的史料文獻，作者研究了其中出的表現了唐人對六朝人的追慕與對七賢的接受。〔註 31〕

　　王金保《敦煌遺書 P.5002 號釋錄並研究》認爲學界一直將敦煌遺書 P.5002 號定名爲「類書」，王三慶在《敦煌類書》一書中將其定名爲《北堂書鈔體丙》，對這一寫卷進行了錄校和研究，但由於各種原因，錯誤較多；作者通過對寫卷重新錄文和系統研究，糾正了以往錄文錯誤，並認爲該寫卷與類書在體例上有較大差距，定名爲類書有欠妥帖。〔註 32〕王金保《敦煌遺書 P.3715「類書草稿」校注研究》認爲敦煌遺書 P.3715，前後殘缺，字跡潦草，體例不一，無完整部類劃分，作者對該寫卷的研究史進行細緻回顧，分析寫卷的寫本形態，對寫卷內容進行解構與重紐，並在此基礎上判定寫卷的性質爲類書草稿，找出錄入《勵忠節鈔》的 31 條並逐一與整理本《勵忠節鈔》核對，考證出寫卷作者爲敦煌名士張球，撰寫年代大致在公元 894～908 年之間，并在前人的基礎上對寫卷重新錄文與校箋。〔註 33〕

　　石冬梅《敦煌遺書中珍貴的唐人寫本〈三洞珠囊〉》發現了法藏文書 P.4690P 是珍貴的唐人寫本殘片《三洞珠囊》，王卡先生《敦煌道教文獻研究：綜述·目錄·索引》一書未論及此件文書，該件文書具有重要意義。〔註 34〕

〔註 30〕馬娜《王子教科書——論〈初學記〉對詩文創作的指導》，碩士學位論文，河北師範大學，2013 年。

〔註 31〕劉小兵《竹林七賢在唐代的傳播與接受——從唐人所撰史書、類書及蒙書的角度》，《寧夏大學學報（人文社會科學版）》2013 年第 1 期，第 103～108 頁。

〔註 32〕王金保《敦煌遺書 P.5002 號釋錄並研究》，《敦煌學輯刊》2013 年第 2 期，第 149～157 頁。

〔註 33〕王金保《敦煌遺書 P.3715「類書草稿」校注研究》，碩士學位論文，蘭州大學，2013 年。

〔註 34〕石冬梅《敦煌遺書中珍貴的唐人寫本〈三洞珠囊〉》，《中國道教》2013 年第 5 期，第 59 頁。

黃欣《敦煌道教類書文獻研究》是對敦煌文獻中現存的道教類書進行的研究，黃欣從個案研究和比較研究兩方面分析敦煌道教類書的體例和內容上的異同。〔註35〕

范崇高《〈法苑珠林校注〉補議》認爲《法苑珠林》是研究佛教文化最爲重要的文獻之一，中華書局出版的《法苑珠林校注》是目前研究者利用的首選整理本，文中對該書的二十處校勘標點提出商榷和補充。〔註36〕張龍飛、周志鋒《〈法苑珠林〉中的簡省俗字》認爲《法苑珠林》多俗字別構，其中相當一部分是簡省俗字，文章對書中簡省俗字作了比較全面的搜集、整理、分析，分爲四類來討論。〔註37〕唐飛《〈漢語大詞典〉引〈法苑珠林〉詞條釋義摘瑕》認爲《漢語大詞典》收錄的佛學詞條釋義存在不同程度的瑕疵，文章對《漢語大詞典》中涉及《法苑珠林》的釋義失誤詞條進行了考察，主要通過列舉大量的佛經來歸納失誤詞條義項的正確意義。〔註38〕唐飛《〈漢語大詞典〉引〈法苑珠林〉書證紕漏研究》對《漢語大詞典》引《法苑珠林》爲書證時出現的問題進行了全面的考察，發現書證的紕漏主要有引用出處紕漏、斷句失誤、排序紊亂等幾大問題。〔註39〕

郭萬青《唐宋類書引〈國語〉研究》按時間順序分別對《玉燭寶典》《北堂書鈔》《藝文類聚》《初學記》《白氏六帖事類集》《太平御覽》《冊府元龜》八部唐宋類書中徵引《國語》的部分進行了考察，每部類書的研究分爲類書本體分析、類書徵引《國語》簡說、類書徵引《國語》本文與今傳《國語》本文比勘、類書徵引《國語》舊注與今傳《國語》韋注比勘、類書徵引《國語》語段與相同內容秦漢傳世文獻比勘等幾個部分，其中涉及到古籍寫刻字形以及相關文字問題、《國語》各本的校勘、《國語》各本的關係、《國語》及相關典籍語義訓詁等問題。〔註40〕郭萬青《日漢文寫本類書殘卷〈秘府略〉

〔註35〕黃欣《敦煌道教類書文獻研究》，碩士學位論文，浙江財經學院，2013年。

〔註36〕范崇高《〈法苑珠林校注〉補議》，《成都大學學報（社會科學版）》2013年第3期，第88～91頁。

〔註37〕張龍飛、周志鋒《〈法苑珠林〉中的簡省俗字》，《現代語文（語言研究版）》2013年第7期，第92～93頁。

〔註38〕唐飛《〈漢語大詞典〉引〈法苑珠林〉詞條釋義摘瑕》，《文學教育（中）》2013年第9期，第93頁。

〔註39〕唐飛《〈漢語大詞典〉引〈法苑珠林〉書證紕漏研究》，《重慶科技學院學報（社會科學版）》2013年第12期，第122～124頁。

〔註40〕郭萬青《唐宋類書引〈國語〉研究》，博士學文論文，南京大學，2013年。

引〈國語〉校證》從日本古類書《秘府略》考證其中所引《國語》的詞句，並與《國語》比較校對，郭萬青認為類書在進行古書輯錄時，為了語段的獨立性需要，常常有刪改或文字訛誤，他認為這是一種技術處理，並非在編纂時主觀的篡改。〔註41〕

四、宋元類書

　　王利偉《宋代類書概況及基本類型》利用目錄著作對宋代類書的著錄狀況進行了梳理，並按照內容、編排方法、編錄體例、編修情況、編纂用途等分別進行了分類，對歷代書目著錄宋代類書和宋代現存的類書用表格進行了介紹。〔註42〕《宋代四大類書》主要對類書進行了定義，並介紹了宋代四大類書，包括百科全書性質的《太平御覽》、史學類書《冊府元龜》、文學類書《文苑英華》和小說類書《太平廣記》。〔註43〕傅蓉蓉《北宋前期類書修撰的政治用心及其對南方文人群體的影響》主要寫北宋前期類書修撰活動目的是表現王朝的右文政策，而通過類書編纂等活動，南方士人群體又開始嶄露頭角。〔註44〕

　　呂健《文獻寶庫類書淵藪──〈太平御覽〉的編纂、版本及對後世類書的影響》主要通過對《太平御覽》的編纂、版本及對後世類書的影響等三方面的論述，比較系統地闡述了《太平御覽》這部類書的全貌。〔註45〕李文娟《〈太平御覽〉引〈論語〉考》認為《太平御覽》引《論語》有直接引用和間接引用還有節引，編纂體例靈活，與今本《論語》相比，具有多條異文，這些異文不僅與《論語》有差異，與古本記載也有不同，這些異文具有校正《論語》的價值，但是引文也有錯訛，使用時需要注意。〔註46〕劉麗萍《〈太平御覽〉中的大禹資料研究》主要對《太平御覽》收錄的來源於 36 種書籍

〔註41〕郭萬青《日漢文寫本類書殘卷〈秘府略〉引〈國語〉校證》，《齊魯文化研究》第 13 輯，濟南：泰山出版社，2013 年，第 242～250 頁。

〔註42〕王利偉《宋代類書概況及基本類型》，《宋代文化研究》第 20 輯，成都：四川大學出版社，2013 年，第 214～231 頁。

〔註43〕《宋代四大類書》，《同學少年》2013 年第 9 期，第 53 頁。

〔註44〕傅蓉蓉《北宋前期類書修撰的政治用心及其對南方文人群體的影響》，《山花》2013 年第 2 期，第 163～164 頁。

〔註45〕呂健《文獻寶庫類書淵藪──〈太平御覽〉的編纂、版本及對後世類書的影響》，《圖書館工作與研究》2013 年第 3 期，第 87～90 頁。

〔註46〕李文娟《〈太平御覽〉引〈論語〉考》，《河北科技師範學院學報（社會科學版）》2013 年第 1 期，第 81～84 頁。

的大禹資料進行了分析，劉麗萍認爲宋以前人們對於大禹的認識持批判性態度，宋代之前的大禹形象讖緯和道教色彩比較重，這和統治者爲了維護統治有關係。〔註47〕王靜、李夏德《翻譯家費之邁與德譯〈太平御覽〉》主要是關於漢學家費之邁翻譯《太平御覽》的介紹和翻譯方法的說明。〔註48〕王麗《〈太平御覽〉引「黃帝」醫藥學著作考》對《太平御覽》引自「黃帝」類醫藥學著作逐條考證，查知《太平御覽》引自「黃帝」類醫藥學著作共4種，計14條，其中《黃帝素問》10條，《黃帝八十一問》2條，《黃帝針灸經》1條，《黃帝岐伯經》1條，《藝文類聚》和《太平御覽》中的《黃帝素問》即今之《素問》，《黃帝八十一問》則是《靈樞》，《黃帝針灸經》爲唐代針灸類著作，已亡佚，《黃帝岐伯經》爲醫藥學著作。〔註49〕

毛娜《〈太平廣記〉前一百卷校點箚記》主要是毛娜對1961年汪紹楹標點本《太平廣記》前一百卷所做的一些標點訂正，指出了汪紹楹先生在校勘和標點上的一些錯誤。〔註50〕金相圭《明高承埏稽古堂刻本〈玄怪錄〉重新校勘——以與韓國所藏〈太平廣記詳節〉的對照爲中心》用韓國所藏《太平廣記詳節》重新與程毅中先生點校《玄怪錄》所用底本明刻本《玄怪錄》進行校勘，探討談愷刻本《太平廣記》、韓國所藏《太平廣記詳節》與《玄怪錄》的關係，進一步瞭解了《玄怪錄》原貌，爲研究者提供了有用信息。〔註51〕盛莉《〈太平廣記〉篇目考辨三則——以韓藏〈太平廣記詳節〉爲校勘依據》根據韓國學者所整理的《太平廣記詳節》篇目卷次考證辨誤了現今流傳的《太平廣記》篇目三則，《太平廣記詳節》是朝鮮成任根據宋本《太平廣記》編成，具有重大校勘價值，盛莉認爲今存《太平廣記》中《周廣》篇名應爲《廣周》，「嘲誚」類《李寰》《韋蟾》《李臺瑕》《陳癲子》疑屬「嗤鄙」

〔註47〕劉麗萍《〈太平御覽〉中的大禹資料研究》，《晉城職業技術學院學報》2013年第5期，第68～73頁。

〔註48〕王靜、李夏德《翻譯家費之邁與德譯〈太平御覽〉》，《中國翻譯》2013年第4期，第33～35頁。

〔註49〕王麗《〈太平御覽〉引「黃帝」醫藥學著作考》，《中醫藥文化》2013年第2期，第37～40頁。

〔註50〕毛娜《〈太平廣記〉前一百卷校點箚記》，《古籍研究》2013年第1期，第124～134頁。

〔註51〕金相圭《明高承埏稽古堂刻本〈玄怪錄〉重新校勘——以與韓國所藏〈太平廣記詳節〉的對照爲中心》，《圖書館理論與實踐》2013年第8期，第53～56頁。

類，今存卷二七〇「婦人一」下當有「烈女」類名。〔註52〕嚴寅春《〈太平廣記〉編纂疏誤舉隅》認爲由於編纂時間短等原因，《太平廣記》在編纂上存在很多錯誤，嚴寅春總結了重複收錄、改動原文、體力不精、出處不明等幾個方面，並舉例分析了《太平廣記》在編纂方面存在的疏誤。〔註53〕

盛莉《〈太平廣記〉「草木」類的編纂思想——兼與〈太平御覽〉植物類目之比較研究》主要討論了《太平廣記》在類目編排上與《太平御覽》不同的編纂思想。盛莉以《太平廣記》草木類爲例，認爲「草木」類的編纂思想有兩個特色，即「述異」與「神怪」的古代小說文體意識，和崇尚五行感應以及佛道思想的傳統文化信仰。〔註54〕黃桂紅《〈太平廣記〉植物部詞語研究》主要是從《太平廣記》中的植物部分的名稱和描寫植物的特色詞出發，採用比較研究的方法，研究植物的命名緣由、構詞特點、以及對特色詞語的研究。〔註55〕

鄭承志、郭風平《淺析〈太平廣記〉中鳥類吉凶意蘊》對《太平廣記》故事中鳥類意象進行了分析，作者試圖通過這些鳥類意象總結其背後的文化內涵，並討論對傳統文化的影響。〔註56〕盧娜《論〈太平廣記〉中的蛇形象》對《太平廣記》中蛇的記載從蛇本性、蛇的神性、人化爲蛇、蛇化爲人四類進行了分析，認爲從蛇的故事分析中，可以看到唐代志怪小說的發展在大量吸收六朝因素同時體現出唐代的一種新面貌。〔註57〕陸麗麗《論〈太平廣記〉中的狐形象》從狐的自然屬性入手，通過《太平廣記》中眾多狐形象的分析，得出狐形象的本質特徵其實就是狐的人化。〔註58〕李心荷《唐代狐形象內涵闡釋——以〈太平廣記〉爲中心》對《太平廣記》中狐形象的內涵進行了闡釋，側重展示唐代狐形象內涵中與中原社會、文化、道德相一致的部分。李

〔註52〕盛莉《〈太平廣記〉篇目考辨三則——以韓藏〈太平廣記詳節〉爲校勘依據》，《中南大學學報（社會科學版）》2013 年第 6 期，第 207～212 頁。

〔註53〕嚴寅春《〈太平廣記〉編纂疏誤舉隅》，《西藏民族學院學報（哲學社會科學版）》2013 年第 2 期，第 86～90 頁。

〔註54〕盛莉《〈太平廣記〉「草木」類的編纂思想——兼與〈太平御覽〉植物類目之比較研究》，《人文論譚》第 5 輯，武漢：武漢出版社，2013 年，第 56～61 頁。

〔註55〕黃桂紅《〈太平廣記〉植物部詞語研究》，碩士學位論文，溫州大學，2013 年。

〔註56〕鄭承志、郭風平《淺析〈太平廣記〉中鳥類吉凶意蘊》，《農業考古》2013 年第 3 期，第 276～279 頁。

〔註57〕盧娜《論〈太平廣記〉中的蛇形象》，《語文學刊》2013 年第 8 期，第 48～50 頁。

〔註58〕陸麗麗《論〈太平廣記〉中的狐形象》，《太原城市職業技術學院學報》2013 年第 7 期，第 197～198 頁。

心荷認為唐代狐形象具有「異類」和「本土」雙重特徵，唐代狐意象是「異族」特徵與「本土」特徵的結合體，是胡漢融合與佛道融合的反映，狐意象的「異族風情」和「本土特色」正是兼收並蓄大唐氣象的投射。〔註59〕華嚴、宋文靜《〈太平廣記〉中的狐妖故事研究》以《太平廣記》為例，對該作品中所載有關唐代的妖狐故事進行梳理、歸納、闡釋和探析，對唐代妖狐這一文學意象進行了觀照和把握。〔註60〕張曉永《〈太平廣記〉中的龍》以《太平廣記》關於龍的記載為基本依據，從龍之象徵、龍之變化、龍人相通、躍龍門這幾個方面進行了簡要的分析。〔註61〕

曹花傑《〈太平廣記〉精怪故事母題研究》從精怪母題角度研究《太平廣記》精怪故事，通過閱讀文本、數據統計、歸納分類等步驟，擇取十二個母題，進而分析他們的分布情況、形成原因、發展源流、文化意蘊等方面的內容。其中變形母題是精怪故事中最常見、最基礎的母題，精怪作祟故事數量極大，對公案小說的形成頗有影響，精怪爭鬥形式有文鬥、武鬥等，尤值得注意的是智鬥篇目。《太平廣記》精怪故事的母題有兩大特點，一是在分布關係上，既能並存又能獨立，一是在來源上，能兼收並蓄，而後自成一體。〔註62〕周敏《〈太平廣記〉讖言文化新探》主要以《太平廣記》中的讖言故事為主考察讖言在宋代之前社會的表現形式和傳播方式，並通過對讖言故事內容文化內涵的分析，來探討讖言所反映出來的民眾的思想觀念，還通過對現代社會讖言信仰的殘存現象的分析，思考讖言信仰至今衰而不亡的原因。〔註63〕

周靖嫻《南北朝隋唐時期的報應觀研究——基於〈太平廣記〉的考察》以《太平廣記》為切入點，討論南北朝隋唐時代的報應觀念及其演變趨勢。周靖嫻對《太平廣記》報應故事及其所引文獻資料的書名、作者、成書年代和現存情況進行了詳細的統計，以報應方式為切入點，考察南北朝隋唐時期

〔註59〕 李心荷《唐代狐形象內涵闡釋——以〈太平廣記〉為中心》，《學術評論》2013年第4期，第67～73頁。

〔註60〕 華嚴、宋文靜《〈太平廣記〉中的狐妖故事研究》，《青春歲月》2013年第16期，第26～27頁。

〔註61〕 張曉永《〈太平廣記〉中的龍》，《濮陽職業技術學院學報》2013年第6期，第9～11頁、30頁。

〔註62〕 曹花傑《〈太平廣記〉精怪故事母題研究》，碩士學位論文，集美大學，2013年。

〔註63〕 周敏《〈太平廣記〉讖言文化新探》，碩士學位論文，遼寧大學，2013年。

報應觀的內容及其演變。文章以《廣記》報應故事爲主要分析對象，注重挖掘「業」的內容及其背後暗含的時代善惡觀念，即人們漸漸將佛教戒律化和儒家倫理化作爲善惡評判的標準，同時，對於消報方式也做了一定的研究，認爲消報觀念主要受佛教影響，最後得出南北朝隋唐時期報應觀念有著明顯的佛教化趨向。〔註64〕

　　曾禮軍《〈太平廣記〉人怪遇合故事的文化蘊涵》對《太平廣記》中的人怪遇合故事進行了分析，曾禮軍認爲這些故事典型地體現了宋前人怪遇合的文化觀念和內涵，並從文化淵源、文化本質、還有世俗兩性關係三個方面對人怪遇合故事的文化觀念進行了具體討論。〔註65〕曾禮軍《〈太平廣記〉人鬼遇合故事的主題類型與文化蘊涵》將《太平廣記》人鬼遇合故事按其主題分爲婚配型和偶合型兩種亞類型，每種類型又可分爲若干次生類型，將這些故事進行分析，認爲蘊含了冥婚習俗、世俗情愛和陰陽哲學等文化觀念。〔註66〕

　　熊九潤《唐代女性形象與社會訴求──以〈太平廣記〉中的女仙（神）、女鬼、女精怪爲中心》從女仙、女鬼、女精怪等非現實類的女性形象中考察父權封建社會中女性的身份以及社會訴求，著重從文本角度進行剖析，努力做到既能夠共時性地概括出各類女性形象的基本特徵和生存價值，也能夠歷時性地描繪出同一類型女性形象在不同歷史階段的演變及其演變的歷史文化原因，兼顧橫向、縱向兩個方面。〔註67〕

　　韓濤《從〈太平廣記〉看中古民間佛事活動與儒家倫理之關係》討論了佛教傳入中國後佛教信仰逐步深入民間百姓的日常生活，佛經的念誦、傳抄、刻寫以及佛像的建造非常盛行，佛事活動及佛教的世俗化過程與儒家禮法文化從經典文本到士族家法門風再到向全社會的普及這一線索交織進行，二者互相促進，相得益彰，儒家倫理汲取佛教倫理資源，民間佛事活動以儒學爲

〔註64〕周靖嫻《南北朝隋唐時期的報應觀研究──基於〈太平廣記〉的考察》，碩士學位論文，華東師範大學，2013 年。
〔註65〕曾禮軍《〈太平廣記〉人怪遇合故事的文化蘊涵》，《齊齊哈爾大學學報（哲學社會科學版）》2013 年第 3 期，第 67～70 頁。
〔註66〕曾禮軍《〈太平廣記〉人鬼遇合故事的主題類型與文化蘊涵》，《遼東學院學報（社會科學版）》2013 年第 4 期，第 31～35 頁。
〔註67〕熊九潤《唐代女性形象與社會訴求──以〈太平廣記〉中的女仙（神）、女鬼、女精怪爲中心》，碩士學位論文，陝西師範大學，2013 年。

文化底色，體現出「替儒行道」的特點。〔註 68〕于志剛《唐代的僧人、寺院與社會生活——以〈太平廣記〉爲中心》以《太平廣記》中記載的唐代僧人和士人、道士相處交往的材料出發，討論了士僧的交往、僧道在民間的友好往來和相互學習、以及寺院的社會文化職能。于志剛認爲唐代的僧人積極入世，他們用各種方式去弘揚佛法，佛教寺院中的各類世俗性活動也增加了寺院對民眾的吸引程度，提高了佛教寺院在社會生活中的地位。《太平廣記》中所描述的唐代僧人和寺院呈現一定的世俗化特點，這種神聖和世俗共存的特點才使佛教容易被民眾所接受而融入民間社會，使佛教最終成爲民間宗教。〔註 69〕宋華英《從〈太平廣記〉僧侶遊看佛教初傳中國》一文從《太平廣記》「報應」篇中僧侶遊行史蹟論證了佛教在中國早期的傳播情況，反應了佛教與中國的淵源以及北傳佛教在中國的發展，宋華英支持從漢明帝以來佛教具有了眞正的傳播，並在漢末至南北朝時期急速傳播的觀點。〔註 70〕

秦川《試論〈太平廣記〉的空間敘事及其文化內涵》認爲《太平廣記》裏的空間結撰故事包括四個空間層面，即天界（神仙世界）、人界（現實世界）、冥界（鬼蜮世界）、意界（童話世界），總稱之爲「四界」，以「四界」結撰故事的方式，不僅爲以後的小說戲曲創作開闢了視域，而且蘊含了極爲豐富的文化內涵。秦川認爲其中原始宗教文化形態、官方宗教文化形態以及史官文化形態是其本質的和核心的支撐，是中華民族古老文化傳統和民間風尚習俗的歷史見證。〔註 71〕

孫金玲《從〈太平廣記〉看唐代私營旅館業的發展》根據《太平廣記》中的小說故事裏記載的許多非常珍貴的資料看唐代私營旅店業的發展情況，探討了唐代私營旅館業發達的原因。〔註 72〕高蕾《唐代小說服飾描寫初探——以〈太平廣記〉爲研究中心》將《太平廣記》與唐代社會生活相結合，選

〔註 68〕韓濤《從〈太平廣記〉看中古民間佛事活動與儒家倫理之關係》，《濟南大學學報（社會科學版）》2013 年第 6 期，第 24～29 頁。

〔註 69〕于志剛《唐代的僧人、寺院與社會生活——以〈太平廣記〉爲中心》，碩士學位論文，鄭州大學，2013 年。

〔註 70〕宋華英《從〈太平廣記〉僧侶遊看佛教初傳中國》，《旅遊縱覽（下半月）》2013年第 8 期，第 306～308 頁。

〔註 71〕秦川《試論〈太平廣記〉的空間敘事及其文化內涵》，《九江學院學報（社會科學版）》2013 年第 3 期，第 40～45 頁。

〔註 72〕孫金玲《從〈太平廣記〉看唐代私營旅館業的發展》，《學理論》2013 年第 3期，第 81～82 頁。

取首飾、衣著、足衣等帶有時代標誌性的物件爲研究對象，借助史料、考古等文獻資料進行歷史考證，分析了《太平廣記》中唐代小說的服飾世界。〔註73〕

劉瑩《〈太平廣記〉中神仙世界裏的酒》以《太平廣記》中神仙世界裏酒文化的相關內容爲切入點，討論了古代民間信仰的特點及普通大眾對神仙世界的認識。〔註74〕貢樹銘《〈太平廣記〉醫藥情節擷析》將《太平廣記》中有關名醫秩聞、療疾奇蹟、醫林神話的情節進行採擷和分析。〔註75〕

黃燕妮《宋代〈文苑英華〉校勘之研究》以宋代周必大、彭叔夏校勘的《文苑英革》爲基礎，對宋代關於《文苑英華》的校勘情況進行了研究。黃燕妮利用新的材料證明了陳垣提出的四種校勘方法在古籍中的運用情況，宋代對《文苑英華》的校勘在方法上有自己的特點，得出中國傳統的校勘是一種推理的校勘。〔註76〕陳銳《唐代判詞中的法意、邏輯與修辭——以〈文苑英華・刑獄門〉爲中心的考察》以《文苑英華・刑獄門》爲中心進行考察，對於唐代判詞，尤其是對一些學者認爲是「堆垛故事之浮詞」的駢文寫成的判詞進行了討論，認爲他們華麗外表之下有著豐富義理，這和評判唐代判詞的標準有很大關係，故陳銳認爲到唐代我國古代法律思維已經逐漸發展成熟。〔註77〕

賈素玲《〈冊府元龜〉的編纂、版本及對後世類書的影響》主要是對《冊府元龜》在編纂、版本、文獻學、以及對類書的發展方面的意義作了闡述。〔註78〕潘倩《〈冊府元龜〉類序研究》對《冊府元龜》中的類序進行了分類，對相似類目的類序做集中比較研究，整體把握《冊府元龜》類序的功用，研究類序方法的現實意義，潘倩認爲《冊府元龜》類序的分類體現了編纂者論喻勸誡之思想。〔註79〕

〔註73〕高蕾《唐代小說服飾描寫初探——以〈太平廣記〉爲研究中心》，碩士學位論文，西北大學，2013 年。

〔註74〕劉瑩《〈太平廣記〉中神仙世界裏的酒》，《山西師大學報（社會科學版）》2013 年第 S3 期，第 96～97 頁。

〔註75〕貢樹銘《〈太平廣記〉醫藥情節擷析》，《中醫藥文化》2013 年第 4 期，第 21～24 頁。

〔註76〕黃燕妮《宋代〈文苑英華〉校勘之研究》，博士學位論文，武漢大學，2013 年。

〔註77〕陳銳《唐代判詞中的法意、邏輯與修辭——以〈文苑英華・刑獄門〉爲中心的考察》，《現代法學》2013 年第 4 期，第 47～61 頁。

〔註78〕賈素玲《〈冊府元龜〉的編纂、版本及對後世類書的影響》，《河南圖書館學刊》2013 年第 7 期，第 135～137 頁。

〔註79〕潘倩《〈冊府元龜〉類序研究》，碩士學位論文，華中師範大學，2013 年。

　　李致忠《宋刻字苑類編考論》是對宋刻《字苑類編》的考論，該書不見於宋代各書目記載，作者亦不詳，雖然此書流傳不廣，但是這部書具備很大價值。〔註80〕

　　陳林《〈雲笈七籤〉宇宙論思想探析》主要是對於宋代道教類書《雲笈七籤》中對宇宙產生和演化的思想進行了討論，作者認爲《雲笈七籤》的思想有三種，即「道生說」「氣化說」「神創說」，《雲笈七籤》關於宇宙的學說反映了古代道教樸素的宇宙觀。〔註81〕

　　仝建平《宋元民間日用類書文獻價值述略》對宋元日用類書的文獻價值進行了探究，作者認爲宋元民間日用類書具有較高的文獻價值，利用日用類書可以輯補、校勘宋元詩文，還可以研究宋元基層社會、考察類書發展流變。〔註82〕

　　王憂《〈廣群芳譜〉對辭賦語詞的研究價值》主要對《廣群芳譜》中大量解釋植物名詞的辭賦語句進行了考論，認爲這些辭賦具有名物考釋的作用。〔註83〕

　　郭玲麗《〈事林廣記〉中的「詞狀」初探》主要是對元代日用類書《事林廣記》中記載的元代詞狀的考察，探究格式和書寫的特點，這對研究元代法律制度的發展很有價值。〔註84〕

　　張祝平《〈經學隊仗〉與明初科舉及八股文的發展》認爲《經學隊仗》迎合了當時崇奉程朱理學的風氣，與科舉考試的關係比較密切，體現在編排上又與科舉考試經義、論、策等講究隊仗文體相合，都是自成一體的單篇論述文章，《經學隊仗》的產生對八股文的發展起了很大作用。〔註85〕

　　劉沛《〈釋氏要覽〉引書研究》建立語料庫對《釋氏要覽》的引書進行

〔註80〕李致忠《宋刻字苑類編考論》，《收藏家》2013 年第 2 期，第 48～50 頁。
〔註81〕陳林《〈雲笈七籤〉宇宙論思想探析》，《船山學刊》2013 年第 4 期，第 138～142 頁。
〔註82〕仝建平《宋元民間日用類書文獻價值述略》，《山西檔案》2013 年第 1 期，第 89～91 頁。
〔註83〕王憂《〈廣群芳譜〉對辭賦語詞的研究價值》，《貴州師範學院學報》2013 年第 5 期，第 20～23 頁。
〔註84〕郭玲麗《〈事林廣記〉中的「詞狀」初探》，《語文學刊》2013 年第 7 期，第 61～62、94 頁。
〔註85〕張祝平《〈經學隊仗〉與明初科舉及八股文的發展》，《南通大學學報（社會科學版）》2013 年第 6 期，第 80～85 頁。

整理挖掘，歸納其引書的總量、種類、引書書名的表示方法與形式特點，並通過對《釋氏要覽》引書與今傳本內容的逐條比勘，發現異同，揭示這部書在語言學及校勘、輯佚、訓詁等文獻學方面的價值。〔註86〕

五、明清類書

代洪波《1979～2012 年國內〈永樂大典〉研究述略》主要從編纂起因、編製體例、纂修人、資源開發與散佚等 5 個方面對 1979～2012 年間國內研究《永樂大典》的狀況進行了初步總結，指出了不足並提出了對未來研究的意見。〔註87〕尤小平《解縉與〈永樂大典〉》主要論述解縉一生的事蹟以及編纂了中國古代最大的類書《永樂大典》。〔註88〕張昇、李廣超《〈永樂大典〉與清代山東的兩部地方志》〔註89〕將乾隆《東昌府志》和道光《觀城縣志》這兩部清代山東的地方志與《永樂大典》進行比較，得出許多材料源於《永樂大典》，而這些材料都是來源於周永年從四庫館中錄出的《永樂大典》東昌府部分。其中道光《觀城縣志》所引的《永樂大典》材料是先由盛百二摘抄入其所著的《觀錄》一書，然後由孫觀從《觀錄》轉引而來的。乾隆《東昌府志》和道光《觀城縣志》所徵引的《明清類天文分野書》《元一統志》等書的文字，也應是出自《永樂大典》東昌府部分。李文潔《〈永樂大典〉卷 2272 至 2274「模」字韻「湖」字一冊》介紹了 2007 年 11 月 22 日發現的加拿大籍華人袁女士藏有的一冊《永樂大典》，初步鑒定爲《永樂大典》卷 2272 至 2274「模」字韻「湖」字一冊。〔註90〕陳娟娟、張如青《據現存〈永樂大典〉輯校〈肘後備急方〉》利用現存《永樂大典》中收有《肘後備急方》的部分條文，對《肘後備急方》的內容進行了輯校，以圖恢復其通行本明萬曆李栻刊刻本的基本樣貌。〔註91〕史禮心《〈永樂大典索引〉辨誤》對《永樂大典索引》中

〔註86〕劉沛《〈釋氏要覽〉引書研究》，碩士學位論文，華中科技大學，2013 年。

〔註87〕代洪波《1979～2012 年國內〈永樂大典〉研究述略》，《山東圖書館學刊》2013 年第 1 期，第 98～100 頁。

〔註88〕尤小平《解縉與〈永樂大典〉》，《福建師大福清分校學報》2013 年第 1 期，第 101～105 頁。

〔註89〕張昇、李廣超《〈永樂大典〉與清代山東的兩部地方志》，《中國地方志》2013 年第 1 期，第 51～55 頁。

〔註90〕李文潔《〈永樂大典〉卷 2272 至 2274「模」字韻「湖」字一冊》，《光明日報》2013 年 4 月 2 日。

〔註91〕陳娟娟、張如青《據現存〈永樂大典〉輯校〈肘後備急方〉》，《中醫文獻雜誌》

發現若干條目有條目漏輯、可辨認出而未能標出、著錄舛誤等錯誤之處進行了改正。〔註92〕

趙午鴻《〈永樂大典〉：驚世珍品的曠世磨難》敘述了《永樂大典》在2003年入圍第二批中國檔案文獻遺產名錄的故事，雖然《永樂大典》只是抄本，但是他具有極大的價值，《永樂大典》的命運和明清兩朝的歷史息息相關。〔註93〕杜羽《一冊新發現〈永樂大典〉入藏國家圖書館》主要報導了流失海外的一冊卷2272至2274卷「模」字韻「湖」字號的《永樂大典》入藏國圖的經過，其內容為與「湖」相關的詩文。國圖早在1951年和1954年分別入藏了此冊《永樂大典》的前一冊和後一冊，三冊相綴，使《永樂大典》「湖」字號的內容相對完整。〔註94〕陳雁南《探索〈永樂大典〉正本亡佚之謎》通過針對中華文化中的瑰寶《永樂大典》形成及編纂進行簡述，陳燕南認為《永樂大典》的正本很可能在定陵地宮中。〔註95〕張昇《〈永樂大典〉失竊案之謎》一文主要談論了清代記載的幾件關於「永樂大典」的失竊案。〔註96〕

曾華玲《〈永樂大典〉本與京劇本〈張協狀元〉比較》將由林兆華執導的京劇《張協狀元》與《永樂大典》本《張協狀元》相比較，談了現代京劇《張協狀元》在適應現代戲劇的互動方式和人物塑造方面所做的改動，討論了其具有的特色以及存在的不足。〔註97〕張雪丹、張如青《現存〈永樂大典〉醫藥文化內容初探》對《永樂大典》尚存的800餘卷中的醫藥文化資料進行了初步分析，指出這些明代以前的醫藥文化資料很多為傳世文獻所無，或比傳世文獻更佳，其為研究古代醫學衛生、文化風俗提供了可靠的信息，同時

2013年第2期，第34～36頁。

〔註92〕史禮心《〈永樂大典索引〉辨誤》，《北方工業大學學報》2013年第4期，第44～50頁。

〔註93〕趙午鴻《〈永樂大典〉：驚世珍品的曠世磨難》，《東方收藏》2013年第7期，第15～17頁。

〔註94〕杜羽《一冊新發現〈永樂大典〉入藏國家圖書館》，《光明日報》2013年10月9日。

〔註95〕陳雁南《探索〈永樂大典〉正本亡佚之謎》，《河南廣播電視大學學報》2013年第2期，第56～57頁。

〔註96〕張昇《〈永樂大典〉失竊案之謎》，《紫禁城》2013年第9期，第113～130頁。

〔註97〕曾華玲《〈永樂大典〉本與京劇本〈張協狀元〉比較》，《文學教育（上）》2013年第8期，第100～101頁。

又具有輯佚與校勘等重要價值，值得挖掘和研究。〔註 98〕郭萬青《〈永樂大典〉引〈國語〉斠正（上）》發現今存輯本《永樂大典》直接或間接引《國語》23 條，有的轉引自前代類書，有的爲《永樂大典》引自《國語》傳世本。這些引例和今傳《國語》有些異同，今以存世《國語》之宋刻宋元遞修本、金李本、張一鯤本、穆文熙《國語評苑》、閔齊伋《國語裁注》、秦鼎《國語定本》等公序本各本以及黃刊明道本等明道本各本與《永樂大典》引《國語》前 16 例進行對校，對其異文所牽涉到的文字以及語義進行辨析，以有益於《國語》之研究。〔註 99〕

曹鐵娃、劉江峰、曹鐵錚《「以類相從」文獻學視角下有關古代陵墓的信息考略——以〈古今圖書集成〉等類書爲例》主要在文獻學的視角下以《古今圖書集成》中對中國古代陵墓建築的記載爲例進行了探究。〔註 100〕陳長《從文獻學看〈古今圖書集成〉中反映的「重陽節」文化特徵》將《古今圖書集成》中關於「重陽節」的三十二篇文獻用定性與定量的方法進行了分析，試圖觀察其中所記載的「重陽節」的文化現象。〔註 101〕李晗《聖人創物與百姓日用——以〈古今圖書集成·考工典·考工總部〉爲例》重新審視我國的造物傳統，思考和發現其中的設計思想，探尋造物對國計民生的意義。李晗認爲《集成考工典》實際上是一部集合清初以前歷代造物生產記錄的著作，可看作一部古代設計史，而其中的《集成·考工典考工總部》可以說是一部古代設計史著作的總論部分。李晗認爲聖人創物、「製器尚象」反映出的我國古代獨特的「圖式」設計思維方式，以《考工典·考工總部》輯錄的文獻爲依據，我們從諸多記錄中都可看出先民對設計基本問題的認知和把握。〔註 102〕楊虎《乾隆朝〈古今圖書集成〉之銅活字銷毀考》對乾隆九年《古今圖書集成》銅活字被

〔註 98〕張雪丹、張如青《現存〈永樂大典〉醫藥文化內容初探》，《中醫藥文化》2013 年第 6 期，第 28～30 頁。

〔註 99〕郭萬青《〈永樂大典〉引〈國語〉斠正（上）》，《第三屆古籍數字化國際學術研討會論文集》，北京：五洲傳播出版社，2013 年，第 97～101 頁。

〔註 100〕曹鐵娃、劉江峰、曹鐵錚《「以類相從」文獻學視角下有關古代陵墓的信息考略——以〈古今圖書集成〉等類書爲例》，《圖書館工作與研究》2013 年第 4 期，第 88～91 頁。

〔註 101〕陳長《從文獻學看〈古今圖書集成〉中反映的「重陽節」文化特徵》，《長春教育學院學報》2013 年第 8 期，第 38～39 頁。

〔註 102〕李晗《聖人創物與百姓日用——以〈古今圖書集成·考工典·考工總部〉爲例》，碩士學位論文，清華大學，2013 年。

毀的情況進行了探究，認爲是當時隨著雍和宮等處的建設需要銅佛及銅祭器陳設，在不動用國儲銅斤的前提下，大量內廷所存銅器被銷毀，銅活字也受到了波及，究其原因有銅斤缺乏的因素，但也是銅活字所代表的活字印刷未取得皇帝重視的結果。楊虎認爲毀銅鑄錢是後世學者解讀的結果，並不符合歷史實際。〔註103〕

　　高源《清代「抄纂之書」中的科技文獻》認爲「抄纂之書」作爲古代傳統文獻的大宗，其在清代的發展達到了鼎盛，並且出現了質量上乘的佳作。清代「抄纂之書」的發展是與社會政治、經濟、文化、業態因素分不開的，社會政局的穩定、經濟的發展、學術風氣的嬗變和文化政策的變化、鼎盛的書業體系，爲清代「抄纂之書」的發展提供了豐富的土壤，是清代「抄纂之書」繁盛的時代背景。文中所述的清代各類「抄纂之書」，如《四庫全書》《元明類事鈔》《沅湘通藝錄》《古今圖書集成》《格致鏡原》等，都是蘊含有豐富科技文獻的「抄纂之書」的優秀代表，是研究清代科技史的寶貴資料。作者總結了清代「抄纂之書」中的科技文獻的特徵、價值及不足之處，以便於從總體上對清代「抄纂之書」中的科技文獻進行比較詳細的把握，給予客觀的評判。清代「抄纂之書」，在科技史研究中的重要作用不可低估，隨著研究深入，其價值必將不斷地被挖掘利用。〔註104〕

　　張駿傑《淺析〈清稗類鈔・飲食類〉的飲食文獻價值》從《清稗類鈔・飲食類》的文獻記載出發，談論清代人的飲食特點，張駿傑認爲《清稗類鈔》從內容上有地域全、階層全、種類全的特徵。〔註105〕

　　陳學文《從日用類書記載來看明清時期的家庭與婚姻形態》主要從明清日用類書中關於鄉規民約的記載出發，探究明清時期家庭與婚姻出現的種種問題，民間自發制定的鄉規民約以自治自律爲主，保障家庭和婚姻的和睦，日用類書爲歷史研究保存了珍貴的文獻資料。〔註106〕陳學文《明代中葉以

〔註103〕楊虎《乾隆朝〈古今圖書集成〉之銅活字銷毀考》，《歷史檔案》2013年第4期。

〔註104〕高源《清代「抄纂之書」中的科技文獻》，碩士學位論文，遼寧大學，2013年。

〔註105〕張駿傑《淺析〈清稗類鈔・飲食類〉的飲食文獻價值》，《南寧職業技術學院學報》2013年第3期，第6～9頁。

〔註106〕陳學文《從日用類書記載來看明清時期的家庭與婚姻形態》，《江南大學學報（人文社會科學版）》2013年第5期，第33～38頁。

來農村的社會管理——以日用類書的記載來研究》主要以日用類書中的鄉規
民約來研究明代中葉的農村社會，作者認爲類書中的史料具有極大的價値。
〔註 107〕趙益《明代通俗日用類書與庶民社會生活關係的再探討》主要探究
明代日用類書與明代庶民社會生活之間的關係，作者從類書的使用與功用以
及類書的接受性去考慮，認爲明代日用類書只能間接的反映社會生活，並且
在反映社會生活上還具有片面性。〔註 108〕張獻忠《日用類書的出版與晚明
商業社會的呈現》主要寫了明代中後期日用類書的大量興盛與出版，與晚明
商業社會和消費社會的發展有關係，這一時期的日用類書在內容上呈現出專
門性與豐富性，日用類書的許多內容都反映了明中後期商品經濟發達和市民
社會的初步形成。〔註 109〕魏志遠《禮秩與實用：從明代中後期的日用類書
看儒家倫理民間化》主要從明代中後期的日用類書探討儒家學者所倡導的人
倫道德觀念和倫理規範在深入民間社會並與普通民眾的生活習俗和心理訴
求相融合後，如何轉變爲普通民眾的道德觀念和爲人處世之道。通過對日用
類書中的道德教化內容及其在儒家倫理民間化過程中所起實際作用的研
究，宋明儒家學者爲了培養孩童良好的道德品質和行爲習慣而提出的教育思
想經過日用類書的摘錄而在民間社會獲得了廣泛的傳播，成爲當時社會民眾
普遍採用的童蒙教育思想。〔註 110〕

　　周晶晶《張岱〈夜航船〉研究》將《夜航船》與其他綜合型類書進行比
較，並通過對《夜航船》的部類設計、子目命名以及寫作技巧的介紹，來彰
顯《夜航船》的特點。〔註 111〕何春根《「三會本」〈聊齋誌異〉呂注引類書指
瑕》認爲呂湛恩會校會注會評本《聊齋誌異》引用類書的注解存在一些問題，
呂注所用多非原文，在引用時選擇不嚴謹，並且還有改易引文的情況。〔註 112〕

〔註 107〕陳學文《明代中葉以來農村的社會管理——以日用類書的記載來研究》，《中
　　　　　國農史》2013 年第 1 期，第 70～78 頁。
〔註 108〕趙益《明代通俗日用類書與庶民社會生活關係的再探討》，《古典文獻研究》
　　　　　第 16 輯，南京：鳳凰出版社，2013 年，第 41～59 頁。
〔註 109〕張獻忠《日用類書的出版與晚明商業社會的呈現》，《江西社會科學》2013 年
　　　　　第 12 期，第 120～127 頁。
〔註 110〕魏志遠《禮秩與實用：從明代中後期的日用類書看儒家倫理民間化》，博士學
　　　　　位論文，南開大學，2013 年。
〔註 111〕周晶晶《張岱〈夜航船〉研究》，碩士學位論文，廣西師範大學，2013 年。
〔註 112〕何春根《「三會本」〈聊齋誌異〉呂注引類書指瑕》，《蒲松齡研究》2013 年第
　　　　　3 期，第 43～49 頁。

邢慧玲《〈金瓶梅詞話〉與明清通俗類書中的〈別頭巾文〉比勘考》認爲明清通俗類書與《金瓶梅》之間有很大聯繫，通俗類書中所收錄的《別頭巾文》除了在《山中一夕話》之外都沒有署名，而《山中一夕話》中所署「一衲道人」係出版商或增訂者笑笑先生偽託。〔註113〕

六、結　語

　　大類書的研究是本年類書研究的焦點，大型類書的內容豐富，影響亦大，所以成爲諸多學者關注的焦點，故相關論著也多。明清類書研究需要依靠檔案文獻，因爲檔案文獻中有諸多的編纂背景材料，編纂人員的變動等亦有記載，所以考察明清類書需要關注檔案文獻，補充正史記載之不足。傳世的宋元類書極多，故開展研究的第一感覺，就是無從入手，再就是宋元類書本身就有諸多的續編、補編，他們之間的關係也需要考察，筆者認爲宋元類書必然是此後類書研究的重點，因爲資料豐富，但是如何完成宋元類書的橫向縱向比較研究，其實需要的是博觀約取。隋唐五代類書乃至魏晉南北朝類書，其實數量比較少，散佚嚴重，而敦煌文獻、域外文獻就是必要的補充，通過這些材料的補充才可以看清楚當時的類書編纂情況，此外此時期的經典類書頗多，加深對經典類書的研究，肯定也可以做到窺一斑而知全豹。

　　另外，一個需要說明的事情，就是典籍的兩重性或多重性，我們在進行研究的時候，很容易誇大典籍的某一種特性，比如類書性。《兔園策府》無疑是公認的類書，但是此書無疑還具有其他性質，《兔園策府》與科舉必然極有關係，與文學也有關係，與蒙學更有關係，怎能只強調他的類書性。《初學記》也是如此，我們堅信他的類書性，可是他還是「王子教科書」，又具有蒙書性，他裡面的「文」是如此的豐富，或可與總集相比。所以，任何一種典籍，都是具有多重性質的，不能誇大也不能迴避。《太平廣記》無疑是小說性多一點，難道類書性就一點也沒有？《文苑英華》無疑是總集性多一些，難道類書性就一點也沒有？其實，我們必須保持一個相對開放的態度來分析典籍，我們無疑是從事類書研究的，會陷入動輒強調類書性的泥潭，但是我們也在積極的對早已定論的典籍性質增加多重認知。

〔註113〕邢慧玲《〈金瓶梅詞話〉與明清通俗類書中的〈別頭巾文〉比勘考》，《洛陽師範學院學報》2013年第3期，第47～51頁。

第三章　2014 年類書研究綜述

　　類書是一種輯錄各種門類或某一門類的資料，按照一定的方法加以編排，以便於尋檢、徵引的一種知識性資料彙編。一千多年來，類書作為典籍之薈萃，知識之精華，對文獻保存、知識傳播和學術研究都產生了重要作用。近年來，類書研究漸有升溫之趨勢，各種論著層出不窮，為了展現類書研究的新狀況、新進展，筆者計劃以年為單位梳理近年來的類書研究，本章即是針對 2014 年類書研究狀況的梳理。

一、類書通論

　　羅恰《由出土文獻論古代「類書」之起源》一文認為《說苑·談叢》是格言和諺語的材料彙編，類似於後來類書的體例，故作者認為《說苑·談叢》開啟了類書的編纂體例。〔註1〕吳承學、何詩海《類書與文體學研究》一文主要考證了類書對於文體學研究的意義，作者認為類書不專主一門，故能包羅萬有，往往體現了編撰者對於整個知識體系的總結，自然也反映出對文學學術的認識，是文學研究的重要史源。〔註2〕劉芙蓉《雕版印刷與類書漫談》主要論述了宋代雕版印刷的發展情況以及宋代雕版的特點，並且通過北宋四大類書說明了雕版印刷術的應用和貢獻。〔註3〕劉全波《論敦煌類書的分類》一文通過對中古類書發展史的梳理，將類書當然也包括敦煌類書分為類事類

〔註1〕　羅恰《由出土文獻論古代「類書」之起源》，《中國典籍與文化》2014 年第 3
　　　　期，第 4～9 頁。
〔註2〕　吳承學、何詩海《類書與文體學研究》，《古典文學知識》2014 年第 1 期，第
　　　　117～123 頁。
〔註3〕　劉芙蓉《雕版印刷與類書漫談》，《圖書館學刊》2014 年第 11 期，第 108～109 頁。

書、類文類書、類句類書、類語類書、賦體類書與事文並舉類書六種體例，並認爲類事類書是類書發展的主流，其他類書體例是重要組成部分。〔註4〕

　　何躍《從〈四庫全書總目〉看類書的特質》一文從《四庫全書總目・類書類》出發考察了清人對類書的學理認識，其言類書在經史子集中獨關子部、集部而無關經史，經史子集中文學與非文學的類分意識，使得類書的歸類也帶上了文與非文的色彩。〔註5〕何躍《從〈四庫全書總目〉論類書的二元屬性與學理源流》主要是根據《四庫全書總目》對於類書既博又雜的特性進行了探討，作者認爲類書有兩重性使得類書同時要追求博和精，結果使得大部分類書具有冗雜的特點，類書在發展中始終存在著這種學理的二元對立，這是與歷史上文學與經學的發展相關聯的。〔註6〕崔潔《〈四庫全書總目・子部・雜家類〉研究》一文從學術史的角度梳理了清代之前的重要目錄書中雜家類演變發展的情況，隨之重點分析了《四庫全書總目・子部・雜家類》的由來及其中所體現的創新，文章對雜家類下的雜說、雜纂同與之相近的其他類目如史部雜史、小說類、類書等皆做了考證分析，作者認爲類書是將古書分爲一定單位大小的條目，按門類將其編排，雜抄卻是將諸家之說摘取其精要部分彙編成書，《意林》《紺珠集》《類說》屬於雜抄，而《事實類苑》《仕學規範》《自警編》《言行高抬貴手》《說郛》屬於類書。〔註7〕王林飛《略論子部的此消彼長與學術變遷》主要討論了從《漢志》到《隋志》再到《四庫全書總目》子部類目與子部內容的變化，陰陽家、名家、墨家、縱橫家逐漸消亡，增加了藝術、譜錄、類書、釋家四個類別，作者認爲子部類目的增減與子部內容的調整，不只是數目的變化，其實還是中國古代學術發展的一個縮影。〔註8〕

　　楊靖康《論目錄書與類書關照下的先唐時期典籍分類學》認爲先唐時期

〔註4〕劉全波《論敦煌類書的分類》，王三慶、鄭阿財主編《2013 敦煌、吐魯番國際學術研討會論文集》，臺南：成功大學中國文學系出版，2014 年，第 547～579 頁。

〔註5〕何躍《從〈四庫全書總目〉看類書的特質》，《圖書館學刊》2014 年第 1 期，第 126～128 頁。

〔註6〕何躍《從〈四庫全書總目〉論類書的二元屬性與學理源流》，《樂山師範學院學報》2014 年第 6 期，第 136～140 頁。

〔註7〕崔潔《〈四庫全書總目・子部・雜家類〉研究》，碩士學位論文，首都師範大學，2014 年。

〔註8〕王林飛《略論子部的此消彼長與學術變遷》，《西華大學學報（哲學社會科學版）》2014 年第 5 期，第 43～47 頁。

是古代典籍分類學從起源、發展逐漸走向定型的關鍵時期，作者探討了學術分類法與事物分類法，並且認爲目錄書與類書是其兩種載體。〔註 9〕楊靖康《古代典籍分類中之事物分類法探源》主要討論了儒家「六藝」典籍分類法以及他的侷限性，而隨著書籍的不斷增加以及抄撮之學的興起，原來按典籍名稱進行分類的方法就顯得落伍了，受抄撮之學的影響，事物分類法增添了新內容，其表現形式即爲中國古代特有的類書。〔註 10〕王欣妮、崔建利、黃燕《「類書纂輯法」與「別裁法」之辨析》主要討論「類書纂輯法」與「別裁法」的區別與相似之處，作者認爲類書重在「抄」，述而不作，但類書的這種抄錄往往支離破碎，不關注著錄源流的意義，別裁在裁篇別出之後往往在每個篇目之下標有子注，申明所自，能夠達到旨存統要，顯著專篇的功效。〔註 11〕

　　宋一明《〈茶經・七之事〉採摭類書考》主要是對於陸羽《茶經・七之事》編寫來源的考證，作者認爲《茶經・七之事》可能出自某類書。〔註 12〕趙謙《〈四庫全書〉類書中楊柳的多種意象分析》通過搜集類書中關於楊柳的條目，從楊柳的自然屬性、情感寄託和人格指代三個方面進行了分析。〔註 13〕劉張傑《再論八音──從類書出發談八音之外的古代樂器分類方法》以類書爲主探究八音分類法之外的古代樂器分類法，作者認爲民間主要是以演奏方式進行分類。〔註 14〕陳晨《日本辭書〈倭名類聚抄〉研究》主要以《倭名類聚抄》爲研究對象，從性質特點、編撰價值、部類結構、解說體例、引用典籍等方面進行探討，然後以《倭名類聚抄》引用中國典籍《玉篇》和日本典籍《楊氏漢語抄》爲例進行系統對照分析，通過對比揭示《倭名類聚抄》

〔註 9〕楊靖康《論目錄書與類書關照下的先唐時期典籍分類學》，《文教資料》2014年第 15 期，第 19～20 頁。

〔註 10〕楊靖康《古代典籍分類中之事物分類法探源》，《語文學刊》2014 年第 18 期，第 58～59 頁；楊靖康《古代典籍分類中之事物分類法探源》，《黑龍江史志》2014 年第 17 期，第 48～49 頁。

〔註 11〕王欣妮、崔建利、黃燕《「類書纂輯法」與「別裁法」之辨析》，《晉圖學刊》2014 年第 6 期，第 51～53 頁。

〔註 12〕宋一明《〈茶經・七之事〉採摭類書考》，《農業考古》2014 年第 2 期，第 171～176 頁。

〔註 13〕趙謙《〈四庫全書〉類書中楊柳的多種意象分析》，《天水師範學院學報》2014年第 3 期，第 75～78 頁。

〔註 14〕劉張傑《再論八音──從類書出發談八音之外的古代樂器分類方法》，《人民音樂》2014 年第 11 期，第 60～65 頁。

的文獻引用情況以及他在漢語史上的地位。〔註 15〕

二、魏晉南北朝類書

劉全波《〈皇覽〉編纂考》主要對《皇覽》的編纂者、編纂背景、編纂時間等問題進行了考證，作者認爲《皇覽》開創了一個新的圖書編纂模式，並被後世沿襲至今，但是《皇覽》類書之祖的名號卻是後人追封的，《皇覽》編纂的時代還不知道類書爲何物，魏文帝曹丕等人應該是將《皇覽》看作文獻大成、資料彙編的，《皇覽》的流傳歷經千餘年，南北朝時期何承天、徐爰、蕭琛皆有抄合本，而今則有王謨、孫馮翼、黃奭等輯佚本流傳。〔註 16〕劉全波《〈修文殿御覽〉編纂考》一文對《修文殿御覽》的編纂背景、編纂過程、編纂者以及流傳、輯佚等情況做了較爲全面的梳理，旨在展現《修文殿御覽》在傳世文獻中的流傳情況，作者認爲《修文殿御覽》的編纂是在北齊文化繁榮的背景下進行的，由於北齊君臣的主觀目的是沽名釣譽，所以在編纂《修文殿御覽》時以《華林遍略》爲藍本，因襲而成，《修文殿御覽》與《華林遍略》相比增加的主要內容是《十六國春秋》、《魏史》和《六經拾遺錄》等北朝著作，但由於顏之推等學者的存在，一定程度上也保證了《修文殿御覽》的編纂質量。〔註 17〕

本井牧子撰，桂弘譯《東亞的唱導中的〈金藏論〉——以朝鮮版〈釋氏源流〉空白頁上的填寫內容爲端緒》一文認爲中國南北朝末年編纂的《金藏論》是抄錄佛經中各種記事而彙集成的一部古籍，雖然他在形式上被稱作類書，但是與中國傳統意義上的類書是有區別的，因爲他收錄的內容都是以宣揚善惡因果的譬喻因緣譚爲中心的，並且從內容及篇章分布上可知，《金藏論》的著眼點是教化世俗之人從而將其導向向佛之道；文章還認爲寫在日本天理圖書館藏朝鮮版《釋氏源流》一書裏的內容是抄自或引用自《金藏論》，這些夾寫在書中的文字表明，一直到《釋氏源流》刊行的 17 世紀爲止，《金藏論》在朝鮮半島上仍然在得到奉讀，並且很可能是用在法會唱導的時候，這就爲《金藏論》在東亞區域的普及性又增添了一份佐證。〔註 18〕

〔註 15〕陳晨《日本辭書〈倭名類聚抄〉研究》，碩士學位論文，山西大學，2014 年。

〔註 16〕劉全波《〈皇覽〉編纂考》，《中國典籍與文化》2014 年第 1 期，第 57～69 頁。

〔註 17〕劉全波《〈修文殿御覽〉編纂考》，《敦煌學輯刊》2014 年第 1 期，第 31～45 頁。

〔註 18〕本井牧子著，桂弘譯《東亞的唱導中的〈金藏論〉——以朝鮮版〈釋氏源流〉空白頁上的填寫內容爲端緒》，《中國俗文化研究》第 9 輯，成都：巴蜀書社，

敦煌寫本類書《語對》自藏經洞發現以來，便以其文學文獻價值備受學者關注。王祺《敦煌寫本類書〈語對〉詞匯研究》側重《語對》的詞匯考釋，將《語對》中所呈現的複音詞與大型工具書相對照，把失收的複音詞羅列起來儘量給予正確釋義，並分析了《語對》的詞匯特點及意義。〔註 19〕《良吏傳》爲南朝梁鍾岏所撰，今已亡佚，該書內容零星保存在《太平御覽》《職官分紀》等傳世類書中。陳光文《〈良吏傳〉輯考——以敦煌遺書與傳世類書爲中心》對抄寫於唐代的敦煌遺書 P.4022＋P.3636、P.5544、S.2053V 進行了研究，結合敦煌遺書與傳世類書對《良吏傳》內容進行了輯考。〔註 20〕王馳《敦煌寫本類書徵引史籍研究》一文首先對敦煌寫本類書徵引的傳世史籍作以排比、辨析，排除、糾正誤引條目，分析徵引特點，並利用敦煌寫本類書中保留的相關條目對一些亡佚的六朝史籍作進一步的輯佚工作，即利用敦煌類書校勘傳世史籍。〔註 21〕今人劉緯毅的《漢唐方志輯佚》是目前輯錄六朝地志較爲全面的著作，王馳《敦煌類書補擴〈漢唐方志輯佚〉三則》主要是通過對三件敦煌類書寫本的研究考證，新發現三則關於六朝地志的佚文，補充了《漢唐方志輯佚》之漏。〔註 22〕

三、隋唐五代類書

王璐《〈兔園策府〉與唐代類書的編纂》一文認爲《兔園策府》代表了唐初類書編纂的一個趨勢，即文學性與學術性並重，這和唐初修纂類書的目的和方法有關，作者認爲《兔園策府》成書時間在《初學記》前，因而偶句之體例不是自徐堅始，很有可能始自《兔園策府》。〔註 23〕毛陽光《洛陽偃師新出土〈杜嗣儉閤夫人墓誌〉及相關問題研究》主要是對洛陽新出墓誌《杜嗣儉閤夫人墓誌》及相關問題的研究，《杜嗣儉閤夫人墓誌》誌主是唐代類

2014 年，第 12～28 頁。

〔註 19〕王祺《敦煌寫本類書〈語對〉詞匯研究》，碩士學位論文，西北師範大學，2014 年。

〔註 20〕陳光文《〈良吏傳〉輯考——以敦煌遺書與傳世類書爲中心》，《中國典籍與文化》2014 年第 3 期，第 64～71 頁。

〔註 21〕王馳《敦煌寫本類書徵引史籍研究》，碩士學位論文，蘭州大學，2014 年。

〔註 22〕王馳《敦煌類書補擴〈漢唐方志輯佚〉三則》，《黑龍江史志》2014 年第 9 期，第 78 頁。

〔註 23〕王璐《〈兔園策府〉與唐代類書的編纂》，《西安文理學院學報（社會科學版）》2014 年第 5 期，第 24～27 頁。

書《兔園策府》作者杜嗣先的兄長，墓誌內容可以和此前流散臺北的《徐州刺史杜嗣先墓誌》相印證，證實了《杜嗣先墓誌》的眞實性，同時對於瞭解唐代偃師杜氏家族有重要意義。〔註24〕

　　林曉光《論〈藝文類聚〉存錄方式造成的六朝文學變貌》認爲有大量六朝文學文本賴《藝文類聚》得以保存，但其存錄方式卻並非忠實抄錄原文，而是有意識地加以刪略改造，作者通過對六朝作品在《藝文類聚》和其他文獻中所保存文本的對比，可以看到《藝文類聚》基於其「藝文」宗旨及類書功能、體例，而對原作進行了刪節縮略甚至必要的改寫，六朝文學文本因此發生構造性的變異，文體遭到破壞弱化，其中的歷史性內容及與類書條目無關的部分則往往被隱滅捨棄，故在六朝文學研究中，不能直接將這些鏡中影像視同六朝文學本體，而應當充分考慮其存錄方式乃至規律，對「六朝文學」和「六朝文學鏡象」採取二重性的研究模式。〔註25〕韓建立《〈藝文類聚〉中的「互著」與「別裁」》認爲在《藝文類聚》中自覺而有意識地借鑒並大量運用「互著」與「別裁」之法，這從一個側面說明，最晚在唐初，古典目錄運用「互著」和「別裁」已經相當普遍，並且作者認爲在「互著」與「別裁」起源諸說中，只有起源於《七略》一說較爲合理。〔註26〕韓建立、黃春華《〈藝文類聚〉領修人考辨》認爲歐陽詢是當然的領修人，但不是唯一的，另外三位領修人是陳叔達、裴矩和袁朗。〔註27〕韓建立《〈藝文類聚〉編撰人員考辨》認爲《藝文類聚》是多人分工主導編撰而成，目前可知的編撰人員有歐陽詢、令狐德棻、陳叔達、裴矩、趙弘智、袁朗六人，且其中四位留下了主導編撰的痕跡，即歐陽詢、陳叔達、裴矩和袁朗是《藝文類聚》實際上的領修人。〔註28〕黃婷、許建平《〈藝文類聚〉所引〈詩經〉的學術價值》認爲《藝文類聚》保存了珍貴的古本《詩經》的面貌，文章將《藝文類聚》

〔註24〕毛陽光《洛陽偃師新出土〈杜嗣儉閤夫人墓誌〉及相關問題研究》，《敦煌學輯刊》2014 年第 1 期，第 71～75 頁。

〔註25〕林曉光《論〈藝文類聚〉存錄方式造成的六朝文學變貌》，《文學遺產》2014 年第 3 期，第 34～44 頁。

〔註26〕韓建立《〈藝文類聚〉中的「互著」與「別裁」》，《圖書館學刊》2014 年第 4 期，第 117～119 頁。

〔註27〕韓建立、黃春華《〈藝文類聚〉領修人考辨》，《社會科學戰線》2014 年第 8 期，第 275～276 頁。

〔註28〕韓建立《〈藝文類聚〉編撰人員考辨》，《南京郵電大學學報（社會科學版）》2014 年第 4 期，第 96～101 頁。

所引《詩經》與宋刻本對照，並從保存《詩經》之本字、佐證先賢之成說、據知傳本之誤改、提供失傳之文句、保存《韓詩》之佚文五個方面論述《藝文類聚》所引《詩經》的學術價值。〔註29〕

　　王樂《〈初學記〉與初唐文學研究》認爲《初學記》引選了不少本朝人的作品，可謂是一手材料，故其文字可信程度較高，故可以以現存的宋本及排印本《初學記》來校勘《全唐詩》和《全唐文》。再者，《初學記》的選文特色和文藝傾向可以反映出初唐文學的流行情況，可以看出某些作家在當時的文學地位和作品的接受程度，從而總結出在《初學記》視角下所映像的初唐百年間不同時期主流文學的發展走向。最後，作者通過《文苑英華》的十卷科舉應試詩的題目來比對《初學記》的內容，論證以《初學記》爲代表的類書與唐代科舉文學及國家選官制度的密切聯繫，進而延伸討論官修類書與當時文學和政治精神實質的一致性，及對其促進和制約作用。〔註30〕李玲玲《〈初學記〉徵引文獻體例探討——以經部文獻爲中心》對《初學記》所引經部文獻的體例進行了歸納，得出其引文有意引、合引、選引、補足省略成分等方式，引文標識上，往往採用小字加注、「又曰」、句末總結等方式。〔註31〕蘇國偉、智延娜《〈初學記〉引〈論衡〉考略》一文主要是對於《初學記》中引自《論衡》的內容作了考訂，一一與原文對正，並探究《初學記》在編纂中的體例與取捨原則。〔註32〕郜同麟《類書專書研究的新範式——讀李玲玲〈《初學記》引經考〉》一文先對於類書的專書研究做了一個學術史回顧，從校勘學和異文研究兩方面敘述了當下的研究，然後談到李著的優點和缺點，作者認爲李玲玲《〈初學記〉引經考》是一部類書專書研究的佳作。〔註33〕張小豔《類書引經研究的典範之作——讀〈《初學記》引經考〉》對李玲玲《〈初學記〉引經考》進行了評論，認爲《〈初學記〉引經考》是一部類書引書研究的典範之作，作者主要從語言文字、內容考辨、發現謬誤、研究

〔註29〕黃婷、許建平《〈藝文類聚〉所引〈詩經〉的學術價值》，《中國典籍與文化》2014 年第 4 期，第 11～16 頁。

〔註30〕王樂《〈初學記〉與初唐文學研究》，博士學位論文，復旦大學，2014 年。

〔註31〕李玲玲《〈初學記〉徵引文獻體例探討——以經部文獻爲中心》《浙江師範大學學報（社會科學版）》2014 年第 3 期，第 80～84 頁。

〔註32〕蘇國偉、智延娜《〈初學記〉引〈論衡〉考略》，《河北大學學報（哲學社會科學版）》2014 年第 4 期，第 57～61 頁。

〔註33〕郜同麟《類書專書研究的新範式——讀李玲玲〈《初學記》引經考〉》，《參花（下）》2014 年第 7 期，第 93～94 頁。

價值等幾個方面進行探討，認為李玲玲這部書內容詳實考證精當，是一部很有價值的書。〔註34〕

李文瀾《〈白孔六帖〉校補箚記》一文認為陸心源藏宋刻本《白氏六帖事類集》不避宋仁宗諱，而避宋眞宗諱，斷定該本是宋眞宗時刊本，其刊刻時間當在眞宗即位（997）以後，大中祥符五年（1012）之前，無疑是存世最早的善本。再者，《孔氏六帖》成書於南宋高宗紹興初年，版刻於孝宗即位之後，目前可知海內僅存一部《孔氏六帖》，分藏臺北「故宮博物院」和北京國家圖書館，文章認為《白孔六帖》對其祖本之一的《孔氏六帖》刪節閹割之多，在存世古籍中尚不多見，作為私人編纂的類書，《孔氏六帖》不僅具有一般類書特殊的輯佚和校勘作用，而且還充滿了時代精神，蘊涵編書人孔傳的價值取向，他被併入《白孔六帖》後的省佚，又體現了時代的變遷，諸如此類為歷史學提供了研究的空間。〔註35〕

李華偉《〈法苑珠林〉研究——晉唐佛教的文化整合》一文認為《法苑珠林》之《輪王篇》《君臣篇》《納諫篇》意在體現佛教對王者責任與福德的多種規範，以及其至高之德與至善之治相統一的政治理想，其《審察篇》《思愼篇》《儉約篇》《懲過篇》《和順篇》等篇重在把握佛教與儒家君子人格相契的內容，並以佛教精神與之作互釋溝通，《法苑珠林》所把握的這幾點也是後來理學於君子心性修養方面尤為重視的。作者認為《法苑珠林》相關篇章的編撰，一方面介紹佛教業報因果論的本來面貌，一方面表露了以因果來理解中土社會現象的意圖，以及強調因果懲戒對社會秩序的規範作用。〔註36〕韓海振《宋版〈法苑珠林〉隨函音義字形研究》一文對宋元時期的《磧砂藏》載《法苑珠林》隨函音義的版刻字形存在的——書寫變易現象進行探索，為漢字俗寫字形研究提供更多樣式的實際材料，有助於推動漢字構形研究的細緻化、多元化。〔註37〕張龍飛、周志鋒《〈漢語大字典〉失收俗字字形補遺——以〈法苑珠林〉俗字為例》以《法苑珠林》語料為例，為《漢語大字典》補

〔註34〕張小豔《類書引經研究的典範之作——讀〈《初學記》引經考〉》，《寧波大學學報（教育科學版）》2014 年第 6 期，第 124～128 頁。

〔註35〕李文瀾《〈白孔六帖〉校補箚記》，《魏晉南北朝隋唐史資料》第 30 輯，上海：上海古籍出版社，2014 年，第 246～263 頁。

〔註36〕李華偉《〈法苑珠林〉研究——晉唐佛教的文化整合》，博士學位論文，南開大學，2014 年。

〔註37〕韓海振《宋版〈法苑珠林〉隨函音義字形研究》，碩士學位論文，河北大學，2014 年。

充若干失收俗字字形。〔註38〕

　　宋軍朋《論佛教類書的博物學特色》主要從從博物學的角度對四部佛教類書《經律異相》《諸經集要》《法苑珠林》《釋氏六帖》進行了討論，論述佛教類書博物學特色的演變過程，力求豐富中國古代科技史研究的內容，拓展其研究領域。〔註39〕宋軍朋《〈釋氏六帖〉在古代科技方面的主要貢獻》一文從現代科學的角度，即天文曆法、地理、數學和物理、生物、醫藥衛生、紡織、工藝製造七個方面，分類總結《釋氏六帖》在古代科技方面的主要成就和貢獻，以豐富和深化中國古代科技史的研究。〔註40〕趙玉琦、劉同軍《〈釋氏六帖〉引〈古今注〉的文獻價值》認為《釋氏六帖》引用了許多《古今注》釋義，與今通行本《古今注》多有出入，故作者從辨偽、版本、輯佚、校勘四個方面入手，分析了其徵引情況。〔註41〕

　　王龍睿《〈小名錄〉研究》認為《小名錄》是以小名為對象，通過摘抄史傳書籍中的小名及其相關故事編撰而成一部類書，文章分析了《小名錄》的內容、作者、著錄、版本、流傳與影響，通過對其校勘，分析了其文獻價值，文章認為晚唐至宋時詩文創作追求典故的風氣和晚唐知識分子對博物和知識的極致追求是其產生的主要背景。〔註42〕

四、宋元類書

　　申慧青《皇權觀念在類書編纂中的映像——以〈太平御覽‧皇王部〉的編纂為例》認為宋代類書的編修目的從唐代應對科舉的「場屋」之書轉變為皇帝御用的「資政」之作，這就使得宋代類書中關於君主和君臣關係的內容成為重點，《太平御覽》中《帝王部》的編寫和前代類書中的《帝王部》有很大不同，在《太平御覽》中對唐代部分特別重視，內容也比較多，並且材料的記錄與編排，都反映了編纂者的正統意識。〔註43〕吳娛《試論宋初諫諍的

〔註38〕張龍飛、周志鋒《〈漢語大字典〉失收俗字字形補遺——以〈法苑珠林〉俗字為例》，《現代語文（語言研究版）》2014 年第 6 期，第 96～97 頁。

〔註39〕宋軍朋《論佛教類書的博物學特色》，《科學技術哲學研究》2014 年第 2 期，第 73～77 頁。

〔註40〕宋軍朋《〈釋氏六帖〉在古代科技方面的主要貢獻》，《華北水利水電大學學報（社會科學版）》2014 年第 1 期，第 139～142 頁。

〔註41〕趙玉琦、劉同軍《〈釋氏六帖〉引〈古今注〉的文獻價值》，《北方工業大學學報》2014 年第 2 期，第 78～82 頁。

〔註42〕王龍睿《〈小名錄〉研究》，碩士學位論文，西南交通大學，2014 年。

〔註43〕申慧青《皇權觀念在類書編纂中的映像——以〈太平御覽‧皇王部〉的編纂為

修己觀——以〈太平御覽〉的「諫諍」門爲例》認爲「諫諍」門的設置，可看出宋初統治者對「諫諍」的重視和開國時推崇儒教、施行仁政的統治策略，儘管在宋代後來的政治中，諫諍的政治功能日益衰微，然而「諫諍」事例中體現的修己、內省的思想，能發現宋初文臣對統治者提高個人修養的刻意要求。〔註44〕

李文娟《〈太平御覽〉引〈論語〉考》對《太平御覽》所引《論語》與皇侃《論語集解義疏》、定州竹簡《論語》、正平本《論語》、漢熹平石經所刻《論語》、唐寫本《論語鄭氏注》等文本對比，並於不同或有疑異處詳加校勘。〔註45〕段偉、孫越《〈太平御覽・工藝部・畫類〉文獻揭引》認爲《太平御覽・工藝部・畫類》是一部重要的美術文獻，通過考察《太平御覽》的文獻結構及其美術史料的表現形式，指出《太平御覽・工藝部・畫類》對人們校勘宋代以前的美術典籍有著重要的文獻參考價值。〔註46〕韓志遠《淺談北宋時期的「揚杜抑李」思想——以〈太平御覽〉對李杜的記載爲例》通過《太平御覽》對李杜的記載與詩作的選錄情況加以分析，爲北宋人的「揚杜抑李」思想尋找依據。〔註47〕高文智《〈太平御覽〉中與「冬」相關人事活動解析》通過對《太平御覽》的研究分析，考察了「冬」的本身含義及涉及的意象，並對與「冬」相關的人事活動進行分析研究，考察了古人活動與「冬」的關係和冬季對人們生產生活的影響。〔註48〕李沛雷《試析〈太平御覽〉中的「秋」》通過對《太平御覽》中時序部卷二四和二五的分析來瞭解「秋」在古代文章典籍中的記錄情況，從而知曉「秋」的含義及其所蘊含的文化意蘊。〔註49〕

例》，《宋史研究論叢》第 15 輯，保定：河北大學出版社，2014 年，第 498～509 頁。

〔註44〕吳娛《試論宋初諫諍的修己觀——以〈太平御覽〉的「諫諍」門爲例》，《山西大同大學學報（社會科學版）》2014 年第 4 期，第 30～33 頁。

〔註45〕李文娟《〈太平御覽〉引〈論語〉考》，碩士學位論文，曲阜師範大學，2014 年。

〔註46〕段偉、孫越《〈太平御覽・工藝部・畫類〉文獻揭引》，《遼寧工業大學學報（社會科學版）》2014 年第 6 期，第 82～84 頁。

〔註47〕韓志遠《淺談北宋時期的「揚杜抑李」思想——以〈太平御覽〉對李杜的記載爲例》，《菏澤學院學報》2014 年第 4 期，第 44～47 頁。

〔註48〕高文智《〈太平御覽〉中與「冬」相關人事活動解析》，《齊齊哈爾師範高等專科學校學報》2014 年第 1 期，第 93～95 頁。

〔註49〕李沛雷《試析〈太平御覽〉中的「秋」》，《青年文學家》2014 年第 21 期，第 54 頁。

　　楊欣華《〈文苑英華〉賦卷研究》考察了《文苑英華》的編纂情況，通過《文苑英華》和其他賦集比較分析其特色，《文苑英華》收賦一共分爲四十二類，文章對主要類目做了大致的闡述，分析這些類目背後隱藏的文化關照，探尋宋人對待唐賦重視的原因，並將《文苑英華》的應試賦以列表的形式進行分類，結合唐代科舉制度去分析所收應試賦的特色，又將《文苑英華》和《文選》進行比較，從選錄標準、作品分類和文體分類三個方面分析《文苑英華》對《文選》的繼承和革新，還將《文苑英華》和《歷代賦匯》從編纂理念、作品分類和作品文本三個方面進行比較，分析《文苑英華》對於《歷代賦匯》編纂的影響。〔註50〕楊栩生、沈曙東《〈文苑英華〉之李白詩題目異文辨讀》認爲《文苑英華》所錄李白詩有諸多異文，作者擇出《將進酒》等七首詩題目頗爲重要的異文加以辨析。〔註51〕張培《〈文苑英華〉與〈唐百家詩選〉的宗唐風尚比較研究》認爲《文苑英華》和《唐百家詩選》分別代表著北宋不同時期士人的唐詩觀，通過比較其審美風尚的變遷，可以揭示北宋初期到中期唐詩觀演變的過程和宋人崇尚唐詩的文化心態。〔註52〕羅昭君、李倩冉《論〈文苑英華〉中對歌行的編選》認爲《文苑英華》中對歌行的編錄，繼承了中唐元稹、白居易的「歌行」觀念，其中收錄白居易、杜甫、韋應物等人的歌行作品較多，之所以將「歌行」獨立成類，是編錄官參考唐人文集而來，因爲在中晚唐詩人的觀念中，歌行已逐漸發展成爲一種文體，作者認爲《文苑英華》在編錄歌行的過程中也出現了一些失誤，主要原因在於編書時間倉促、唐宋人文體觀念模糊及受政治影響等因素。〔註53〕

　　何水英《從選本批評看宋初唐詩學的演進——基於〈文苑英華〉與〈唐人選唐詩〉的比較》對《文苑英華》與「唐人選唐詩」十三種選本所選錄唐詩進行比較，發現宋初選唐詩更突出題材意識，題材有日常生活化傾向，宋人對唐詩選錄態度更具包容性，更強調詩歌的教化功能。〔註54〕何水英《論

〔註50〕楊欣華《〈文苑英華〉賦卷研究》，碩士學位論文，南京師範大學，2014年。
〔註51〕楊栩生、沈曙東《〈文苑英華〉之李白詩題目異文辨讀》，《綿陽師範學院學報》2014年第1期，第6～11頁。
〔註52〕張培《〈文苑英華〉與〈唐百家詩選〉的宗唐風尚比較研究》，《鄭州牧業工程高等專科學校學報》2014年第4期，第52～55頁。
〔註53〕羅昭君、李倩冉《論〈文苑英華〉中對歌行的編選》，《廣東廣播電視大學學報》2014年第4期，第75～78頁。
〔註54〕何水英《從選本批評看宋初唐詩學的演進——基於〈文苑英華〉與〈唐人選唐詩〉的比較》，《中南大學學報（社會科學版）》2014年第1期，第181～185頁。

〈文苑英華〉詩學批評特徵及成因》認為《文苑英華》主要詩學批評特徵有三，詩歌尊君意識進一步強化，傾向崇尚文采的「風雅」追求，以及詩用以教化，但人的德行不入批評標準，其成因與宋初儒學復興、文化主體心態都有關係，官方雖在文學上未強調作者德行，但要求以政治上的德行來確保士人文德兼修。〔註55〕何水英《〈文苑英華〉對南朝豔詩的收錄：態度、特徵及影響》認為《文苑英華》收錄了不少南朝豔詩，這說明宋初從官方層面接受了豔詩，但《文苑英華》並未旗幟鮮明地肯定豔詩地位，而是通過篩選宮體詩、改變詩歌類型等方式淡化豔詩色彩。〔註56〕何水英《〈文苑英華〉誤作「網羅放佚」性總集考辨》認為《文苑英華》不是「網羅放佚」的非選本總集。〔註57〕宋紅霞《何焯手批本〈文苑英華〉考述》對臺灣「國圖」藏何焯手批本《文苑英華》進行了實地考察與書目查閱，對其版本、遞藏、文獻價值及批校背景等進行了較為全面的梳理與考證，認為何焯對《文苑英華》的評校與《全唐詩》的編修刊刻有關係。〔註58〕

林耀琳《〈太平廣記〉成書時間考》通過對宋太宗、宋真宗時期各種因素和資料的考證，證明《太平廣記》是從宋太宗太平興國年間開始編撰，最終成書於宋真宗時期。〔註59〕呼嘯《淺談〈太平廣記〉中的仙棗》認為《太平廣記》中許多關於棗的神奇傳說反映了棗在民俗文化中的重要地位。〔註60〕趙伯陶《〈聊齋誌異〉借鑒〈太平廣記〉三題》從詞語借鑒、情境借鑒以及注釋校勘出發考察《聊齋誌異》與《太平廣記》的關係。〔註61〕宋冠華、王虎《〈太平廣記〉與〈唐摭言〉異文比較研究》認為《太平廣記》引用《唐摭言》共132條，有異文存在需要探討，辨明這些異文，不僅對《太平廣記》和《唐

〔註55〕 何水英《論〈文苑英華〉詩學批評特徵及成因》，《江蘇科技大學學報（社會科學版）》2014年第2期，第39～44頁。

〔註56〕 何水英《〈文苑英華〉對南朝豔詩的收錄：態度、特徵及影響》，《石河子大學學報（哲學社會科學版）》2014年第4期，第102～106頁。

〔註57〕 何水英《〈文苑英華〉誤作「網羅放佚」性總集考辨》，《凱里學院學報》2014年第4期，第73～77頁。

〔註58〕 宋紅霞《何焯手批本〈文苑英華〉考述》，《圖書館雜誌》2014年第11期，第93～98頁。

〔註59〕 林耀琳《〈太平廣記〉成書時間考》，《長江論壇》2014年第5期，第84～86頁。

〔註60〕 呼嘯《淺談〈太平廣記〉中的仙棗》，《榆林學院學報》2014年第1期，第67～70頁。

〔註61〕 趙伯陶《〈聊齋誌異〉借鑒〈太平廣記〉三題》，《聊城大學學報（社會科學版）》2014年第6期，第24～29頁。

摭言》的校勘有重大作用，而且有利於史實眞相的探明。〔註 62〕趙素忍、劉靜、宋菲《〈豔異編〉與〈太平廣記〉關係探討》以「王敬伯」篇爲例，查找故事源流，得知《豔異編》中此篇看似與《太平廣記》相關，實際上並非編選自《太平廣記》。〔註 63〕王曉蕾《接受美學視域下的中國志怪小說英譯——以〈太平廣記〉中小說標題英譯爲例》通過對《太平廣記》中志怪小說篇名翻譯的比較可知，丁譯（丁往道）策略爲異化譯法，而張譯（張光前）爲歸化譯法，而作者認爲評價志怪小說英譯的優劣應以讀者的接受爲標準。〔註 64〕

　　曾禮軍《〈太平廣記〉異僧小說的「三重」敘事》認爲《太平廣記》異僧小說有著宗教性、史傳性和審美性三位一體的敘事特徵，其神異敘事善於融通佛教哲思和啓悟佛性體認，史傳敘事注重烘托神異觀念和突出宗教眞實，審美敘事重視刻畫僧人形象和描繪宗教神奇。〔註 65〕曾禮軍《〈太平廣記〉符命小說的文學敘事與文化意義》認爲《太平廣記》符命小說基本上是唐五代時期的文學作品，是探討唐五代天命觀念的重要文獻資料，符命小說宣揚命數天定觀念，屬於民間世俗文化的小傳統，雖然與儒家文化大傳統有一定差異，甚至悖離，卻是精英文化不可或缺的有益補充和必要存在。〔註 66〕曾禮軍《〈太平廣記〉人神遇合故事的文化生成及觀念新變》認爲《太平廣記》人神遇合故事的文化生成當源於農耕生產的人牲祭祀文化，是焚巫和沉人的祭祀儀式世俗化發展的結果，後來這種娛神觀念逐漸脫離宗教祭祀的原始內涵而演變爲世俗化的人神遇合故事。〔註 67〕曾禮軍《〈太平廣記〉中胡僧形象的群體特徵與宗教意義》認爲胡僧形象既具有鮮明的種族特性，又具有突出的佛教文化指向，折射著外來文化與本土文化的交流、佛教文化與儒家文化的

〔註 62〕宋冠華、王虎《〈太平廣記〉與〈唐摭言〉異文比較研究》，《九江學院學報（社會科學版）》2014 年第 2 期，第 36～39 頁。

〔註 63〕趙素忍、劉靜、宋菲《〈豔異編〉與〈太平廣記〉關係探討》，《河北經貿大學學報（綜合版）》2014 年第 4 期，第 29～32 頁。

〔註 64〕王曉蕾《接受美學視域下的中國志怪小說英譯——以〈太平廣記〉中小說標題英譯爲例》，《洛陽師範學院學報》2014 年第 3 期，第 97～99 頁。

〔註 65〕曾禮軍《〈太平廣記〉異僧小說的「三重」敘事》，《遼東學院學報（社會科學版）》2014 年第 1 期，第 50～54 頁。

〔註 66〕曾禮軍《〈太平廣記〉符命小說的文學敘事與文化意義》，《安康學院學報》2014 年第 2 期，第 52～56 頁。

〔註 67〕曾禮軍《〈太平廣記〉人神遇合故事的文化生成及觀念新變》，《五邑大學學報（社會科學版）》2014 年第 2 期，第 50～54 頁。

碰撞，不僅具有文學審美作用，也具有宗教文化意義。〔註68〕

馬小方《西方淨土信仰影響下的唐人小說研究——以〈太平廣記〉爲中心》分析了唐人小說中的西方淨土信仰情況，歸納了三種西方淨土信仰故事類型，僧人靈驗故事、佛像靈驗故事以及佛典靈驗故事，並從念佛思想、佛號變化、念佛主體、蓮花化生四個方面分析了滲透在唐人小說中的西方淨土信仰，認爲唐代西方淨土信仰的盛行在思想內容及情節構造上對唐人小說的創作影響深遠。〔註69〕蘇振富《〈太平廣記〉所見唐代民間女性修道情況研究》立足於《太平廣記》輯錄志怪小說的性質，通過《太平廣記》對唐代民間婦女的修道及其相關情況進行了一些研究。〔註70〕闍婷《論傳奇小說在唐代佛教世俗化過程的作用——以〈太平廣記〉爲研究中心》主要以《太平廣記》所收錄的唐傳奇小說爲研究材料，主要是研究唐傳奇小說在唐代佛教世俗化過程中所起的作用，作者認爲唐傳奇小說所涉及到描述佛教思想和寺院文化的故事，反映了佛教日益世俗化，推進了民眾對佛教的信仰，而民眾對佛教的信仰又進一步希望佛教進一步的世俗化，在這個互動的過程中，小說在其中起到了不可忽視的重要作用。〔註71〕李秋源《〈太平廣記〉中佛教造像題材小說研究》通過對佛教造像小說進行文學特點方面的探討，分析《太平廣記》中佛教造像在小說中所起到的作用，以及他所蘊含的思想精神。〔註72〕李秋源《〈太平廣記〉中的佛教造像研究的現狀及意義》主要對《太平廣記》中對於佛教造像內容的研究及其意義做了一個探討。〔註73〕

盛莉《論〈太平廣記〉類目的動物分類思想》主要討論了《太平廣記》類目的動物分類思想，作者通過對許多例子的分析，闡述了「同類相存同聲

〔註68〕曾禮軍《〈太平廣記〉中胡僧形象的群體特徵與宗教意義》，《赤峰學院學報（漢文哲學社會科學版）》2014年第4期，第150～152頁。

〔註69〕馬小方《西方淨土信仰影響下的唐人小說研究——以〈太平廣記〉爲中心》，《社會科學論壇》2014年第8期，第160～172頁。

〔註70〕蘇振富《〈太平廣記〉所見唐代民間女性修道情況研究》，《牡丹江大學學報》2014年第12期，第56～59頁。

〔註71〕闍婷《論傳奇小說在唐代佛教世俗化過程的作用——以〈太平廣記〉爲研究中心》，碩士學位論文，山西大學，2014年。

〔註72〕李秋源《〈太平廣記〉中佛教造像題材小說研究》，碩士學位論文，內蒙古師範大學，2014年。

〔註73〕李秋源《〈太平廣記〉中的佛教造像研究的現狀及意義》，《語文學刊》2014年第7期，第58～59頁。

相應」和「類必立長」原則在動物分類中的具體應用。〔註74〕張媛《〈太平廣記〉龍形象淺析》對《太平廣記》中龍的基本形象進行了分析，並按照中國傳統的龍形象、佛教中的龍形象、佛教中龍形象的中國化三種不同的類型進行討論。〔註75〕尚曉雲《〈太平廣記〉中虎類精怪故事的文化內涵》主要對《太平廣記》中的虎類故事進行解讀，並分析此類故事中蘊含的文化內涵。〔註76〕季魯軍《〈太平廣記〉中水族故事研究》研究的是《太平廣記》中的水族故事，文章從禁錮與自由、感恩與復仇、魅惑與渴望、夢境與現實、異變與親情和信仰與救贖六個方面來探討水族故事所呈現的當時社會的風貌和人們的價值追求，並分析作者想要表達的思想感情。〔註77〕

　　范晶晶《唐代宦胡的文化政治生活——主要以〈太平廣記〉爲參考文本》一文以《太平廣記》爲主探討來華胡人的文化認同、政治命運以及漢族士人對他們的態度，以理解唐宋之交的文化心態、外交政策。〔註78〕陳洪英《〈太平廣記〉中唐五代商賈小說發展演變》認爲唐代以商賈爲題材的小說大量出現，作者人數多、作品數量多、時間跨越長，作者即從以上三個層面探討《太平廣記》中商賈小說的演變歷程。〔註79〕楊宗紅《生態視閾下古代小說中男神—凡女母題研究——以〈太平廣記〉〈夷堅志〉爲中心》認爲人類與男神的矛盾是對資源佔有的矛盾，這種矛盾導致人際衝突，進而導致人與自然的衝突。〔註80〕李露《〈太平廣記〉中的「人神戀」故事研究》從《太平廣記》中「人神戀」故事的情節功能、基本故事類型、文化內涵等幾個方面對《太平廣記》中的「人神戀」故事作全面系統而又深入的研究，作者從中抽出四

〔註74〕盛莉《論〈太平廣記〉類目的動物分類思想》，鄧正兵主編《人文論譚》第6輯，武漢：武漢出版社，2014年，第47～57頁。
〔註75〕張媛《〈太平廣記〉龍形象淺析》，《濮陽職業技術學院學報》2014年第1期，第5～8頁。
〔註76〕尚曉雲《〈太平廣記〉中虎類精怪故事的文化內涵》，《現代語文（學術綜合版）》2014年第9期，第26～28頁。
〔註77〕季魯軍《〈太平廣記〉中水族故事研究》，碩士學位論文，遼寧大學，2014年。
〔註78〕范晶晶《唐代宦胡的文化政治生活——主要以〈太平廣記〉爲參考文本》，《西南大學學報（社會科學版）》2014年第3期，第162～168頁。
〔註79〕陳洪英《〈太平廣記〉中唐五代商賈小說發展演變》，《文藝評論》2014年第12期，第89～90頁。
〔註80〕楊宗紅《生態視閾下古代小說中男神—凡女母題研究——以〈太平廣記〉〈夷堅志〉爲中心》，《貴州師範大學學報（社會科學版）》2014年第1期，第94～98頁。

個基本的故事類型,並對其故事背後的文化內涵做了深入分析。〔註81〕

張學成《〈太平廣記〉研究的新開拓和新成果——評曾禮軍〈宗教文化視閾下的《太平廣記》研究〉》一文認爲曾書在研究上的創新點在於以宗教文化的視角對《太平廣記》進行了研究,曾書具有廣泛的學術視野和深厚的文獻基礎,這一切都反映在書中對於《太平廣記》的研究中。〔註82〕金建鋒《獨闢蹊徑立論精解——評曾禮軍《宗教文化視域下的〈太平廣記〉研究》》一文認爲曾著是在對《太平廣記》文獻作了認眞梳理之後做出的研究,具有立論精解的特點,而且曾書注意到了《太平廣記》在宗教文化方面的極高價值。〔註83〕

葉秋冶《〈雲笈七籤〉初探》一文闡述了張君房編纂《雲笈七籤》的主客觀原因,論述了《雲笈七籤》的編纂體例與道藏編纂傳統「三洞四輔」體系的異同,重點研究了《雲笈七籤》與上清經的關係,認爲《雲笈七籤》重點是對上清派經典的彙集和歸納,分析了《雲笈七籤》中的「宇宙論」,並進一步展示道教的宇宙論,細辨了《雲笈七籤》記載的各路神仙,深入剖析了《雲笈七籤》中所載北宋前的道教修煉方法。〔註84〕王治偉《〈雲笈七籤〉中的善惡思想》通過對《雲笈七籤》中的道教精神觀念和修行的研究,探究其中所蘊含的善惡思想,文章認爲對善惡之源頭的探討可以追溯到元神之陽、三魂七魄、三尸九蟲等方面,並且善惡可以從得道之人、修煉丹藥以及禍福壽夭等方面得到表現,而修善則要從修心、積善、去惡等角度去完成。〔註85〕

北宋刊《重廣會史》一百卷在國內久已失傳,此帙曾入藏朝鮮,後又流入日本,昭和三年(1928)由育德財團影印出版,是書鈐有二印,卷首鈐「經筵」印,卷末鈐「高麗國十四葉辛巳歲藏書大宋建中靖國元年大遼乾統元年(1101)」印。牟宗傑《〈重廣會史〉鈐「經筵」印考辨》認爲「經筵」印係一

〔註81〕李露《〈太平廣記〉中的「人神戀」故事研究》,碩士學位論文,湖北大學,2014年。

〔註82〕張學成《〈太平廣記〉研究的新開拓和新成果——評曾禮軍〈宗教文化視閾下的《太平廣記》研究〉》,《遼東學院學報(社會科學版)》2014年第4期,第3頁。

〔註83〕金建鋒《獨闢蹊徑立論精解——評曾禮軍〈宗教文化視域下的《太平廣記》研究〉》,《曲靖師範學院學報》2014年第5期,第127~128頁。

〔註84〕葉秋冶《〈雲笈七籤〉初探》,博士學位論文,中國社會科學院研究生院,2014年。

〔註85〕王治偉《〈雲笈七籤〉中的善惡思想》,《無錫商業職業技術學院學報》2014年第2期,第99~104頁。

枚朝鮮印，是朝鮮李朝世宗爲其所藏書冊刻製的專印。〔註86〕施建才《和刻本〈重廣會史〉引書研究》一文在前人學術成果的基礎上以正史文獻爲主要對象展開引書研究，通過引文的校勘，引文的爬梳歸類，引文特點的分析和引文版本的討論，進而總結出和刻本《重廣會史》的文獻學思想及其價值。〔註87〕

金菊園《萬曆刻本〈記纂淵海‧郡縣部〉初探》主要是對類書《記纂淵海》萬曆本中郡縣部的考察，萬曆本《記纂淵海‧郡縣部》卷帙達到了二十八卷，超出了宋慈序中所載的卷數，證明他曾經過後人的增改，在內容上他主要來源於《歷代郡縣地理沿革表》和《輿地紀勝》，但是萬曆本在引用時，很多都沒有注明出處。〔註88〕

何春根《小說類書〈姬侍類偶〉考述》認爲《姬侍類偶》是宋人周守忠纂輯的一本小型小說類書，專輯自古至宋姬妾侍婢的事狀，在諸多以女性爲專題的小說集中頗有特色，作者從版本、思想價值、文獻價值和編撰體例等方面對此書作了一一考述，認爲《姬侍類偶》是在整合傳統類書形式的基礎上形成了自己的編纂特點。〔註89〕

柳建鈺《國圖藏孤本文獻〈婚禮新編〉初探》主要是對國圖所藏孤本類書《婚禮新編》的一個簡易研究，《婚禮新編》是南宋武夷人丁昇之所編寫的我國第一部專門輯錄婚俗資料而形成的日用生活型通俗類書，該書流傳很少，前十卷收錄了很多書儀作品，卷十一到卷二十是與婚禮相關典故的彙編。〔註90〕柳建鈺《國圖藏孤本文獻〈婚禮新編〉文獻價值簡論》認爲《婚禮新編》裏面的婚俗資料具有很高價值，並且由於這部書主要是用駢體文寫成的，故還有助於駢體文的研究。〔註91〕

〔註86〕年宗傑《〈重廣會史〉鈐「經筵」印考辨》，《文獻》2014 年第 1 期，第 11～13 頁。

〔註87〕施建才《和刻本〈重廣會史〉引書研究》，碩士學位論文，東北師範大學，2014年。

〔註88〕金菊園《萬曆刻本〈記纂淵海‧郡縣部〉初探》，《歷史地理》第 30 輯，上海：上海人民出版社，2014 年，第 380～387 頁。

〔註89〕何春根《小說類書〈姬侍類偶〉考述》，《文獻》2014 年第 1 期，第 129～135 頁。

〔註90〕柳建鈺《國圖藏孤本文獻〈婚禮新編〉初探》，《蘭臺世界》2014 年第 11 期，第 98～99 頁。

〔註91〕柳建鈺《國圖藏孤本文獻〈婚禮新編〉文獻價值簡論》，《蘭臺世界》2014 年第 28 期，第 147～148 頁。

　　仝建平《略談〈翰墨全書〉利用的幾個問題》認爲《翰墨全書》是一部元代前期編纂成書、後來經過兩次改編的民間日常交際應用類書，分類輯錄民間交際應酬相關的詞語、典故、詩詞文章及活套、圖式，對宋元文學、歷史研究具有較高的文獻價值。傳世的《翰墨全書》有大德本、泰定本、明初本三種系統，大德本編纂時間最早、內容最多，泰定本內容主要係壓縮大德本而成，明初本內容基本承用泰定本，利用時應優先使用大德本，明初本《翰墨全書》存在編纂或抄錄錯誤、內容編排存在不嚴密之處、翻刻致誤等不足。〔註92〕

　　任曉彤《藝林之珍品，大輅之椎輪——簡述〈韻府群玉〉的性質、體例及價值》主要介紹了《韻府群玉》的體例和價值，《韻府群玉》是爲了讀書人學習用韻而出現的，後代的《佩文韻府》也是以他爲藍本編纂的，在《佩文韻府》誕生之前，這部書具有極大的價值，《佩文韻府》刊行後，《韻府群玉》逐漸湮沒，以致後人很少提到他，文章從性質、內容、編纂體例、價值等方面簡述了該書在辭書史上的重要影響及地位。〔註93〕

　　祝昊冉《〈事林廣記〉俗字實例與正字理念研究——以和刻本與至順本爲例》從宏觀的角度去研究俗字的使用狀況，提供了校勘和考訂的材料，該研究認爲《事林廣記》明確提出了正字主張，這在漢字發展史上是首次。〔註94〕鄭偉《〈事林廣記〉音譜類〈辨字差殊〉若干音韻條例再分析》結合漢語語音史和吳、閩北、山西等南北方言的資料，對《事林廣記》音譜類所錄《辨字差殊》中的若干音韻材料作了分析，文章指出有的條例需要參考現代方言之間的比較，並且結合「詞匯擴散理論」才能得出比較完整的解釋。〔註95〕王建霞《〈事林廣記〉之婚俗淺談》對《事林廣記》所記載的婚禮儀式等做了簡單的介紹。〔註96〕王建霞《〈事林廣記〉部分校勘淺談》找到了《事林廣記》的五個版本並進了初步的對校工作。〔註97〕閆豔、祝昊冉《〈事林廣

〔註92〕　仝建平《略談〈翰墨全書〉利用的幾個問題》，《史學集刊》2014年第2期，第58～65頁。

〔註93〕　任曉彤《藝林之珍品，大輅之椎輪——簡述〈韻府群玉〉的性質、體例及價值》，《辭書研究》2014年第1期，第75～78頁。

〔註94〕　祝昊冉《〈事林廣記〉俗字實例與正字理念研究——以和刻本與至順本爲例》，碩士學位論文，內蒙古師範大學，2014年。

〔註95〕　鄭偉《〈事林廣記〉音譜類〈辨字差殊〉若干音韻條例再分析》，《漢語史學報》第14輯，上海：上海教育出版社，2014年，第105～116頁。

〔註96〕　王建霞《〈事林廣記〉之婚俗淺談》，《金田》2014年第12期，第50頁。

〔註97〕　王建霞《〈事林廣記〉部分校勘淺談》，《金田》2014年第12期，第60頁。

記〉俗字探微》認爲《事林廣記》中收錄的俗字類型代表了元明時期俗字的使用狀況，反映了漢字系統發展的趨勢，故以《事林廣記》爲中心分析了改換意符、採用古體、簡省、增繁、異音替代五種俗字類型。〔註 98〕

　　劉禮堂、李文寧《宋代筆記及類書中的歲時民俗研究》認爲宋代類書中有許多關於歲時民俗的內容，並且對幾部主要類書的相關內容作了研究，作者認爲宋代類書中關於歲時民俗的記敘，具有注重考辨歷史源流的特點，這與筆記注重現實的特點不同，同時宋代類書在敘述歲時民俗時，在體例上多有創新。〔註 99〕

五、明清類書

　　康保成《〈永樂大典戲文三種〉的再發現與海峽兩岸學術交流》介紹了近代以來嘉靖本《永樂大典戲文三種》的流傳經過，1920 年被葉恭綽從倫敦攜回中土後，曾以徐世昌的名義存放在天津一家銀行的保險櫃裏，徐氏去世後重歸葉。1941 年葉氏在香港參與搶救民族文獻，將此書歸入中央圖書館寄存在港的大批善本古籍中。香港淪陷，此書被劫往日本，抗戰勝利後重回南京。1948 年此書隨「央圖」遷往臺灣，1957 年即在臺北「央圖」的善本書目中著錄，1962 年收入楊家駱主持影印的《永樂大典》。此書直到 2009 年方才被「再發現」，其主要原因是兩岸分治，其次也和學術界搜求不廣有關。〔註 100〕馬泰來《美國普林斯頓大學東亞圖書館藏〈永樂大典〉影印本前言》是對普林斯頓大學東亞圖書館葛思德文庫所藏兩冊《永樂大典》影印出版的序言說明。〔註 101〕

　　張昇《抄本〈永樂大典目錄〉的文獻價值》認爲與目前通行的中華書局影印本《永樂大典目錄》相較，姚氏抄本《永樂大典目錄》在內容的完整性、準確性與體例的規範性方面均要更勝一籌。姚氏抄本《大典目錄》不但可以補影印本《大典目錄》的缺漏，校正其訛誤，而且可以補現存八十韻本《洪

〔註 98〕閆豔、祝昊冉《〈事林廣記〉俗字探微》《內蒙古師範大學學報（哲學社會科學版）》2014 年第 6 期，第 102～104 頁。

〔註 99〕劉禮堂、李文寧《宋代筆記及類書中的歲時民俗研究》，《江漢論壇》2014 年第 11 期，第 117～123 頁。

〔註 100〕康保成《〈永樂大典戲文三種〉的再發現與海峽兩岸學術交流》，《文藝研究》2014 年第 1 期，第 90～102 頁。

〔註 101〕馬泰來《美國普林斯頓大學東亞圖書館藏〈永樂大典〉影印本前言》，《版本目錄學研究》第 5 輯，北京：北京大學出版社，2014 年，第 143～145 頁。

武正韻》的缺失。尤其值得注意的是，姚氏抄本《大典目錄》收有影印本《大典目錄》失收的《永樂大典韻總歌括》及《韻總》，而這兩部分內容是以往重印、整理、介紹與研究《永樂大典》者從來不曾提及的，可以說是《永樂大典》的重大新發現。因此，姚氏抄本《大典目錄》具有很高的文獻價值。〔註102〕項旋《〈永樂大典〉副本署名頁之價值考論》一文較為全面地整理了218冊《大典》署名頁所載錄副人員（總校官、分校官）相關信息，並結合相關史料，對《大典》副本冊末署名頁的價值進行探討，發現《大典》錄副人員是動態流動的，署名頁改裝補寫後多有訛誤，署名頁所揭示的錄副人員更替、銜名變化，可藉以探究《大典》錄副的具體分工和錄副進度。〔註103〕鍾仕倫《〈永樂大典〉錄〈世說新語〉考辨舉隅》認為大典本《世說新語》在內容上與今通行本《世說新語》時有互異，除了可以用來校勘、考證有批語的元刻本、明代凌蒙初刻本、今趙西陸批校本、朱鑄禹集注本和劉強會評本外，還可以用來校勘、考證無批語的余嘉錫《世說新語箋疏》、徐震諤《世說新語校箋》、楊勇《世說新語校箋》、龔斌《世說新語校釋》等通行本，具有很高的文獻價值。尤其是在版本來源上，大典本至少可以說是我們今天能夠見到的現存元刻本之一，可與現存元刻本進行比勘，以進一步明確元刻本中「劉辰翁批語」作者的真偽，這對加深《世說新語》及其批語的研究有很大的用處。〔註104〕趙愛學《國圖藏嘉靖本〈永樂大典〉來源考》對國圖藏嘉靖本224冊《永樂大典》的來源及遞藏情況逐一進行梳理，並按入藏時間順序排列清楚。〔註105〕王繼宗《〈永樂大典〉十九卷內容之失而復得——〔洪武〕〈常州府志〉來源考》認為《中國地方志聯合目錄》著錄為〔洪武〕常州府志十九卷，《江蘇舊方志提要》定名為「〔永樂〕常州府志」的抄本，其實是《永樂大典》卷6400至6418「常州府一至十九」的抄本。〔註106〕陳

〔註102〕張昇《抄本〈永樂大典目錄〉的文獻價值》，《歷史文獻研究》2014年第1期，第33輯，上海：華東師範大學出版社，2014年，第228～236頁。

〔註103〕項旋《〈永樂大典〉副本署名頁之價值考論》，《中國典籍與文化》2014年第2期，第91～105頁。

〔註104〕鍾仕倫《〈永樂大典〉錄〈世說新語〉考辨舉隅》，《文獻》2014年第2期，第136～146頁。

〔註105〕趙愛學《國圖藏嘉靖本〈永樂大典〉來源考》，《文獻》2014年第3期，第37～64頁。

〔註106〕王繼宗《〈永樂大典〉十九卷內容之失而復得——〔洪武〕〈常州府志〉來源考》，《文獻》2014年第3期，第65～77頁。

豔軍《大連圖書館藏抄本〈永樂大典〉僞書考》對藏於大連圖書館收入《中國古籍善本書目》的兩冊《永樂大典》進行了辨僞，認爲他是抄錄《汪氏輯列女傳》又假毛晉之名而成的一部僞《永樂大典》。〔註107〕

寧亞平《〈永樂大典·諸家詩目〉（唐詩）研究》對《永樂大典·諸家詩目》唐詩部分的體例與詩集方面進行了分析，闡述《永樂大典·諸家詩目》中的唐詩觀，通過分析發現唐詩的觀點是歷代相承的，唐代的唐詩觀追求注重唐詩的句法、章法，宋代的唐詩觀追求平淡的意境，元代的唐詩觀宗唐，並且追求新變，《永樂大典·諸家詩目》唐詩部分很有價值，他可以讓我們看到唐代詩風的流變過程，他有史學與詩學的二重性質，既是我們瞭解唐代社會歷史文化現象的重要文獻的載體，又是我們研究唐代詩歌藝術發展規律的重要對象。〔註108〕

張明明《〈永樂大典〉所存〈通鑒源委〉的注釋體例》認爲《永樂大典》所存《通鑒源委》的注釋體例是摘取《資治通鑒》中的字句進行作注，單集成本，和《資治通鑒釋文》相比，《通鑒源委》更加詳細，和《資治通鑒音注》相比，他又顯精簡，所以對一般讀者來說，《通鑒源委》的注釋是最合適的閱讀參考。〔註109〕史廣超《三禮館輯〈永樂大典〉佚書考》認爲三禮館爲突破《三禮》文獻闕如的困境，接受李紱建議，從《永樂大典》輯出大量佚書，這是第一次由國家力量組織並實施的輯錄《永樂大典》佚書的實踐，對四庫館的設立有直接影響。〔註110〕崔偉《〈永樂大典〉本〈金陵志〉編修時間及其佚文考》認爲有賴於《永樂大典》的收錄，我們才得以見到元代《金陵志》的一些佚文，略窺此志的風貌。〔註111〕

趙金文《〈永樂大典〉同一種辭書間單字的排列原則》認爲在同一種辭書內部，《永樂大典》所引《洪武正韻》與八十韻本《洪武正韻》的韻序、

〔註107〕陳豔軍《大連圖書館藏抄本〈永樂大典〉僞書考》，《文獻》2014 年第 3 期，第 78～80 頁。

〔註108〕寧亞平《永樂大典·諸家詩目》（唐詩）研究》，碩士學位論文，雲南師範大學，2014 年。

〔註109〕張明明《〈永樂大典〉所存〈通鑒源委〉的注釋體例》，《鄭州航空工業管理學院學報（社會科學版）》2014 年第 6 期，第 89～92 頁。

〔註110〕史廣超《三禮館輯〈永樂大典〉佚書考》，《蘭臺世界》2014 年第 29 期，第 158～159 頁。

〔註111〕崔偉《〈永樂大典〉本〈金陵志〉編修時間及其佚文考》，《江蘇地方志》2014 年第 1 期，第 34～37 頁。

字序完全相同，《永樂大典》在引用《說文》《集韻》《龍龕手鑒》《五音類聚》時，單字的排列並非是按照所引辭書的前後次序加以排列。〔註112〕劉倩《論〈四庫全書〉中「永樂大典本」的誤輯問題》以文淵閣本《四庫全書》為底本，對四庫館臣所輯佚的「永樂大典本」文獻的質量進行考量。〔註113〕潘晨靜、余雁舟《〈永樂大典戲文三種校注〉商補》對《永樂大典戲文三種校注》失當的校注內容進行了進一步補校。〔註114〕向定傑《中國書籍史上最大疑案：〈永樂大典〉流失何方》對《永樂大典》的流散做了通俗版的介紹。〔註115〕毛華松《西湖文化的演進歷程及其歷史意義——《永樂大典·六模湖》中的西湖文獻統計分析》以《永樂大典》西湖文獻為主線，綜合相關案例在方志、城市筆記及文記中的歷史記載，提出西湖文化始於魏晉，風景化於唐代，興盛於宋代的演進歷程。〔註116〕

　　項旋《古今圖書集成館纂修人員考實》認為康熙五十五年（1716），詔開古今圖書集成館，任命誠親王允祉為監修，陳夢雷為總裁，物色人員進館纂修《古今圖書集成》。集成館開館前後採取舉薦、詔試等方式選拔人員入館纂修，並設立了監修、總裁、副總裁等職，由專人分修《古今圖書集成》各典部，也有專人負責謄錄、校閱、繪圖和刷印工作。雍正帝即位後，清洗原集成館部分纂修人員，纂修工作短暫停頓後二次開館，至雍正三年（1725）十二月閉館，雍正四年六月初一日吏部尚書孫柱請准議敘纂校人員。值得注意的是，集成館纂修人員多為身份低微的舉貢生員，集成館興廢也直接影響到了纂修人員的個人命運，此一特殊性與康熙末年的皇位繼承關係甚大。〔註117〕李開升《〈古今圖書集成〉銅活字校樣本考述》認為天一閣藏銅活字本《古今圖書集成》是一部校樣本和排印工的工作底本，並進一步探討了編

〔註112〕趙金文《〈永樂大典〉同一種辭書間單字的排列原則》，《內蒙古民族大學學報（社會科學版）》2014年第6期，第37～40頁。

〔註113〕劉倩《論〈四庫全書〉中「永樂大典本」的誤輯問題》，《宿州學院學報》2014年第1期，第54～57頁。

〔註114〕潘晨靜、余雁舟《〈永樂大典戲文三種校注〉商補》，《常熟理工學院學報》2014年第3期，第113～117頁。

〔註115〕向定傑《中國書籍史上最大疑案：〈永樂大典〉流失何方》，《文史博覽》2014年第7期，第62～63頁。

〔註116〕毛華松《西湖文化的演進歷程及其歷史意義——〈永樂大典·六模湖〉中的西湖文獻統計分析》，《中國園林》2014年第11期，第117～120頁。

〔註117〕項旋《古今圖書集成館纂修人員考實》，《文史》2014年第4期，第143～162頁。

校人員的分工、校對工作的基本流程、校對工作的質量、挖補的方法和重新排印等細節方面的問題，並由此聯繫到傳統活字印刷的技術問題及其對傳統活字印刷發展的影響問題。〔註 118〕

李善強《〈古今圖書集成〉石印本與銅活字本考異》將《古今圖書集成》不同的兩個版本進行了對比，作者認爲光緒石印本並非與雍正銅活字本一模一樣，而是有了許多變化，光緒石印本增加了考證 24 卷，並且在版式和印刷方面都有不同，在避諱上，他比雍正本避諱的地方要多。〔註 119〕李善強《華東師範大學圖書館光緒御賜〈古今圖書集成〉遞藏源流考述》詳細介紹了華東師範大學圖書館所藏《古今圖書集成》的遞藏源流。〔註 120〕李善強《一部光緒御賜〈古今圖書集成〉的遞藏始末》一文介紹了華東師範大學圖書館所藏石印本《古今圖書集成》，此書本是光緒皇帝賞賜給上海交通大學的前身郵傳部上海高等實業學堂的，院校合併時進入華東師範大學。〔註 121〕李善強《光緒石印本〈古今圖書集成〉諸說辨誤》對於石印本《古今圖書集成》長期以來的一些錯誤說法做了辨誤。〔註 122〕

段偉、趙連朋《〈古今圖書集成・字學典・書畫部〉文獻揭引》主要是對《古今圖書集成・字學典・書畫部》內容的一個梳理，作者認爲他是文獻專家比勘書畫異文的重要依據，然後作者按照內容六個方面進行了敘述，描述了每個方面的內容及其價值。〔註 123〕呂莎、孫剛、陳貴海《〈古今圖書集成醫部全錄・咳嗽門方〉的統計分析研究》通過對《古今圖書集成醫部全錄・咳嗽門方》書中 224 首方劑統計分析，重點對排序前 67 位的出現頻次大於 5 次的藥物進行分析，得出治療咳嗽的主要方法特點，認爲古代中醫主要採用了歸肺經的食療之品，對病位在肺的咳嗽病以止咳化痰平喘輔以補虛的方法治

〔註 118〕李開升《〈古今圖書集成〉銅活字校樣本考述》，《中國典籍與文化》2014 年第 4 期，第 76～87 頁。

〔註 119〕李善強《〈古今圖書集成〉石印本與銅活字本考異》，《圖書館界》2014 年第 1 期，第 8～9 頁。

〔註 120〕李善強《華東師範大學圖書館光緒御賜〈古今圖書集成〉遞藏源流考述》，《科技情報開發與經濟》2014 年第 10 期，第 38～39 頁。

〔註 121〕李善強《一部光緒御賜〈古今圖書集成〉的遞藏始末》，《湖北廣播電視大學學報》2014 年第 6 期，第 156 頁。

〔註 122〕李善強《光緒石印本〈古今圖書集成〉諸說辨誤》，《湖北廣播電視大學學報》2014 年第 7 期，第 158 頁。

〔註 123〕段偉、趙連朋《〈古今圖書集成・字學典・書畫部〉文獻揭引》，《渤海大學學報（哲學社會科學版）》2014 年第 3 期，第 150～151 頁。

療。〔註124〕

　　何立民《王圻父子〈三才圖會〉的特點與價值》認爲《三才圖會》的主
要編纂者是王思義，此書當爲一〇七卷，非以往常見一〇六卷，此書共有插圖
表格六一二五幅，數量巨大，形式多樣，內容繁複，堪稱圖海，作者認爲從
文獻學、版畫史、藝術史、科技史、出版史、民俗學、中日文化交流、江戶
漢學等角度進行比較研究，當爲未來《三才圖會》研究主要方向。〔註125〕臧
運鋒《〈三才圖會〉域外知識文獻來源考——以〈地理卷〉和〈人物卷〉爲考
察中心》對《地理卷》和《人物卷》記載的域外知識進行詳細的文獻來源考
證，並對某些域外國家作了比較深入的地理辨析，通過考證發現《地理卷》
對域外國家的圖說記載與《明一統志》等官方文獻一致，其內容比較眞實、
客觀，《人物卷》對域外國家的圖說記載與《異域志》等私人著述一致，其內
容帶有偏見和想像色彩。〔註126〕李瑩石《〈三才圖會〉中明代名臣像研究》認
爲明代名臣像是王圻心中理想化名臣的集中展示，畫像中的服飾既彰顯了政
治身份又凸顯了等級的尊卑，主要目的是對後世起到瞻仰、緬懷、引導和勸
誡的作用。作者認爲王圻歷仕嘉靖、隆慶、萬曆三朝，其對名臣的選擇，不
僅體現了王圻名臣觀，也體現了其政治立場，對品行和道德的注重，也側面
反映了明中後期政治的現實。〔註127〕

　　明代嘉靖年間至明末是類書體文言小說集編刊的繁盛期。劉天振《明代
類書體小說集研究》是一部關於中國明代通俗類書研究的理論專著，內容包
括總論、明代日用類書研究、道德故事類書研究、娛樂性通俗類書研究、通
俗類書與古代小說研究等，作者認爲借用類書體例編纂文言小說集，方便了
讀者檢索，促進了小說的傳播，類書的分類體系助成小說文體與正統價值系
統的巧妙鏈接，類書的分類方式客觀上推動時人對小說文體分類的探索與嘗
試。〔註128〕

〔註124〕呂莎、孫剛、陳貴海《〈古今圖書集成醫部全錄·咳嗽門方〉的統計分析研究》，
　　　　《中國民族民間醫藥》2014年第8期，第42～44頁。
〔註125〕何立民《王圻父子〈三才圖會〉的特點與價值》，《史林》2014年第3期，第
　　　　54～59頁。
〔註126〕臧運鋒《〈三才圖會〉域外知識文獻來源考——以〈地理卷〉和〈人物卷〉爲
　　　　考察中心》，碩士學位論文，浙江大學，2014年。
〔註127〕李瑩石《〈三才圖會〉中明代名臣像研究》，碩士學位論文，東北師範大學，
　　　　2014年。
〔註128〕劉天振《明代類書體小說集研究》，北京：中國社會科學出版社，2014年。

　　徽州文書是指在皖南舊徽州府一域發現、由徽州人手寫的文獻。王振忠《徽、臨商幫與清水江的木材貿易及其相關問題——清代佚名商編路程抄本之整理與研究》主要是利用清代佚名商編路程抄本對於徽、臨商幫與清水江的木材貿易進行了一個研究。〔註 129〕《指南尺牘生理要訣》是近代名人丁拱辰總結閩南社會生活經驗所編纂的民間日用類書。王振忠《閩南貿易背景下的民間日用類書——〈指南尺牘生理要訣〉研究》認為該書向廣眾庶民傳授養身瞻家的應世技巧，從一個側面反映出社會流動頻繁、高移民輸出地區的日用常行和商販流俗，並且《指南尺牘生理要訣》流傳各地，翻刻頗多，有著較為廣泛的影響，不僅是在閩南，許多人皆以該書為範本酬答進退，而且在海外，也成了不少移民的酬世錦囊。〔註 130〕《祭文精選》是甘肅武威的一種非公開出版物，作者魏可諍係當地的儀式專家，書中收錄的諸多祭文，其年代有的可以上溯至民國時期（甚至更早），極為生動地反映了現、當代河西走廊民眾的社會生活。王振忠《區域文化視野中的民間日用類書——從〈祭文精選〉看二十世紀河西走廊的社會生活》即以此為例，對河西走廊的民間日用類書及其所反映的歷史背景作了探討，以期在累積文本史料的基礎上，對南北民間日用類書的類型以及區域文化之差異有進一步的瞭解。〔註 131〕

　　劉全波《論明代日用類書的出版》主要對明代日用類書的出版情況作了考證，作者認為日用類書的版本繁多，且同一版本還有不同的裝幀冊數，一版之外還有再版、新版、三版等，說明了日用類書的市場需求量十分的大，作者還考證了日用類書的價格以及營銷編輯理念等問題。〔註 132〕劉捷《明末通俗類書與西方早期中國志的書寫》認為明末來華的早期西方傳教士為了瞭解中國的歷史和文化，購求中國的書籍，在他們所獲得的書籍中，此類民用通俗類書佔了很大比例，這些書籍傳入西方，遂成為西方學術界瞭解和想像中國的重要依據，西方人編寫的第一本全面介紹中國歷史、文化和風俗《中

〔註 129〕王振忠《徽、臨商幫與清水江的木材貿易及其相關問題——清代佚名商編路程抄本之整理與研究》，《歷史地理》第 29 輯，上海：上海人民出版社，2014年，第 177～206 頁。

〔註 130〕王振忠《閩南貿易背景下的民間日用類書——〈指南尺牘生理要訣〉研究》，《安徽史學》2014 年第 5 期，第 5～12 頁。

〔註 131〕王振忠《區域文化視野中的民間日用類書——從〈祭文精選〉看二十世紀河西走廊的社會生活》，《地方文化研究》2014 年第 1 期，第 19～32 頁。

〔註 132〕劉全波《論明代日用類書的出版》，《山東圖書館學刊》2014 年第 5 期，第 67～71 頁。

華大帝國史》，所依據的材料就是源於明末民用類書。〔註 133〕張勝儀《明代日用類書中的詞狀文書探究》認爲到了萬曆中後期，日用類書中開始出現獨立的詞狀門類，如詞狀門，其目錄關鍵詞多爲作狀規格、蕭曹遺筆、告訴眞稿等，不同版本日用類書中的詞狀內容之間相互影響，不僅體現在因直接抄襲而導致的結構與內容上的雷同，還表現在部分內容上的刪減、編排順序的調整，以及新增內容的出現，文章認爲雖然該文本在日常生活中的實際作用無法考證，但圍繞詞狀的編纂者、讀者及審閱者仍有跡可尋。〔註 134〕

苑磊《明代故事彙編類書籍研究》一文將明代故事彙編類書籍作爲研究對象，並從出版史的角度，對此類書籍的編輯與出版特徵進行分析，文章認爲明代故事彙編類書籍作爲蒙童讀物發揮了重要的作用，其中側重人物事蹟彙編的書籍充分發揮教化的功能，以辭藻典故匯輯爲主的書籍除用於日常查考資料之外，也傳播各種知識，發揮寓教於樂的作用。〔註 135〕苑磊《明代故事彙編類通俗日用類書的編輯藝術——以〈日記故事〉爲例》以專門輯錄歷史人物故事的《日記故事》爲例，從來源、版本、具體表現、繼承發展以及多方促進因素等方面對明代故事彙編類日用類書的編輯藝術進行了探析。〔註 136〕

董裕雯《〈多能鄙事〉研究》認爲《多能鄙事》是元末明初時的一部日用類書，文章先宏觀介紹《多能鄙事》一書，分析該書的成書背景、版本源流和編纂體例，並明確概述確有顯著的實用類書的特點，爾後在解讀的基礎上，根據該類書所收條目和分類方法對其選定條目標準作大致歸納，並針對其中涉獵當時烹飪法、染色手工業、老年食療養生法價值進行研究，特別著重於挖掘該書對前代的承襲和對後世類書的影響價值以及其本身實用性在類書編纂史上的地位。〔註 137〕

王雙《史夢蘭〈異號類編〉綜論》認爲《異號類編》係史夢蘭編纂的一部記錄古人異名別號的類書，文章認爲這部著作首創以類相從的體例，將美

〔註 133〕劉捷《明末通俗類書與西方早期中國志的書寫》，《民俗研究》2014 年第 3 期，第 35～42 頁。

〔註 134〕張勝儀《明代日用類書中的詞狀文書探究》，碩士學位論文，廈門大學，2014 年。

〔註 135〕苑磊《明代故事彙編類書籍研究》，碩士學位論文，山東大學，2014 年。

〔註 136〕苑磊《明代故事彙編類通俗日用類書的編輯藝術——以〈日記故事〉爲例》，《山東圖書館學刊》2014 年第 1 期，第 90～94 頁

〔註 137〕董裕雯《〈多能鄙事〉研究》，碩士學位論文，上海師範大學，2014 年。

刺勸懲之意涵蘊其中，引用書目數多達五百餘種，爲後人提供了不少成語典故、民間俗語、風俗習尙的釋義和源流，生動地展現了古人的行爲風尙、意趣追求。〔註138〕陳穩根《翁藻〈醫鈔類編〉文獻研究》認爲《醫鈔類編》是由清代道光年間江西武寧人翁藻編撰而成的一部綜合性的醫學類書，內容包含了中醫基礎理論、臨證各科、方藥、本草、養生等內容，作爲一部類書，其引用的歷代醫學文獻上自秦漢下自作者生活時期，爲我們研究其他中醫文獻提供了參考。〔註139〕

陳長寧《滴水藏海：法律文字與社會的關聯——〈法律知識的文字傳播：明清日用類書與社會日常生活〉評介》認爲尤陳俊著《法律知識的文字傳播：明清日用類書與社會日常生活》一書充分利用了尙未引起法史學界足夠重視的明清日用類書，可謂在「客觀資料之整理」方面具有相當之貢獻，並且作者在對史料的細緻梳理中，又融入了獨特的問題意識，嘗試回答了諸多基礎性、前提性的問題，故也在「主觀的觀念」上有所革新。不僅如此，作者在研究過程中始終將研究對象置於明清社會變遷的歷史背景中，不拘泥於法史學以及史學的界限，而以更廣闊的社會科學視野展開研究，因此，從「新史料」與「新問題」以及「社會科學與史學之間的融合」這三方面來看，《法律知識的文字傳播：明清日用類書與社會日常生活》都算得上是一本具有重要學術進步意義的力作。〔註140〕

六、結 語

從魏晉到明清，直至今天，皆有類書在編纂，這是一個綿延不絕的中國類書發展史，是一個整體，不容忽略其中任何一部分，而由於類書之龐雜，我們在做研究時往往只能集中力量攻堅其中一點，往往會忽略其他，而這樣就會得出片面甚至武斷的結論，所以我們強調類書研究的整體性。縱觀 2014 年的類書研究，論著多達 140 餘種（篇），百萬字不止，其中有專著，有精闢的研究論文，有簡短的介紹性論文，更有不少博碩士研究生學位論文，絕

〔註138〕王雙《史夢蘭〈異號類編〉綜論》，《唐山師範學院學報》2014 年第 1 期，第 17～20 頁。

〔註139〕陳穩根《翁藻〈醫鈔類編〉文獻研究》，碩士學位論文，長春中醫藥大學，2014 年。

〔註140〕陳長寧《滴水藏海：法律文字與社會的關聯——〈法律知識的文字傳播：明清日用類書與社會日常生活〉評介》，《雲南大學學報（法學版）》2014 年第 2 期，第 137～142 頁。

對可謂是豐富，遠遠超出我們的想像，對比 2000 年以前之類書研究，進步巨大。通論部分的研究已經將類書研究提升到新的高度，不再是簡單的類書介紹、類書漫談，而是研究類書的發展史、學術史；魏晉南北朝時期的類書研究由於資料的嚴重散佚，研究成果相對較少，但是此時期是類書發展的第一個高潮期，也引來了不少的關注，而對殘存的類書文獻的校勘輯佚亦是重要任務；隋唐時期是類書的重要發展階段，《北堂書鈔》《藝文類聚》《初學記》的研究還是在如火如荼的進行，方興未艾，而《兔園策府》《法苑珠林》的研究亦是不甘落後，新論迭出，並且某些研究已經深入到類書的內部，這是用類書資料在研究新問題，是值得提倡的研究方法；宋元時期、明清時期的類書研究思路與隋唐五代時期基本相同，知名重要類書仍然是大家關注的中心，論著頗多，博碩士學位論文也多由此選題，更可見類書研究之漸受重視，而這些博碩士研究生就是類書研究的生力軍；關於日用類書的研究亦是一個新的研究熱點，發展趨勢不容小覷，並且日用類書研究絕不僅僅是單純的類書研究，早已經和社會史、經濟史、文化史相融合。

第四章 2015 年類書研究綜述

　　類書是文獻的淵藪，作爲典籍之薈萃、知識之精華的類書，在古代中國擁有眾多的編纂者、使用者、收藏者，且不斷被刊刻、補編、續編、新編，類書與中國古代政治、文學、科舉、教育乃至日常生活都緊密相連。近年來，類書研究漸有升溫之趨勢，各種論著層出不窮，爲了展現類書研究的新狀況、新進展，筆者計劃以年爲單位，梳理 21 世紀以來的類書研究，本文即是針對 2015 年類書研究狀況的梳理。

一、類書通論

　　張慕華《敦煌寫本〈齋琬文〉的文體實質及編纂體例》一文認爲《齋琬文》是編述型的文獻，以類目條例來進行區分，有類書的特點，同時又收錄了齋文篇章或文段，具有文章總集的特徵，其性質介於類書與文章總集之間，他的體例類似於《文苑英華》，但是在類目條例安排上更接近於類書。〔註 1〕高偉《〈山海經〉巫之類書辨析考》主要論述了《山海經》是一部關於巫的各種傳說的彙編，認爲可以把他稱之爲關於巫的類書。〔註 2〕李蘭、張孝霞《〈針灸甲乙經〉爲中國現存最早類書初探》認爲《針灸甲乙經》具有類書廣採群書、述而不作和隨類相從的特性，無論從內容還是編排體例來看，都可稱得上是以針灸理論與臨床爲主要內容的類書，並且隋代以前的古類書，包括《皇

〔註 1〕　張慕華《敦煌寫本〈齋琬文〉的文體實質及編纂體例》，《暨南學報（哲學社會科學版）》2015 年第 12 期，第 30～37 頁。
〔註 2〕　高偉《〈山海經〉：巫之類書辨析考》，《文藝評論》2015 年第 2 期，第 114～116頁。

覽》和南北朝時期的類書都已亡佚，只存少量佚文，而同時代的《針灸甲乙經》作爲一部比較成熟的類書，在現存類書中是時代最早的，所以作者認爲《針灸甲乙經》是現存中國最早的類書。〔註3〕朱梅馨《試論中國古代類書發展史》一文對於中國古代類書的發展軌跡進行了一個小的梳理。〔註4〕

　　劉全波《論類書與史部書的關係》一文主要分析了魏晉南北朝時期類書與史部書的關係，作者認爲魏晉南北朝時期類書多以類事類書的形式爲主，類事類書編纂的主要材料來源無疑是史實、典故，大量史實、典故經過以類相從的排列組合之後就形成了一部部新的著作，這是類書編纂方法與史料整理相結合的一種產物，是特定時代的特殊現象，透過這種現象可以發現早期類書的發展有借殼史書的現象，或者早期類書的存在形式就是歷史資料彙編，這種借殼現象無論是有意的還是無意的，都說明早期類事類書與史部書之間有著十分親密的關係。〔註5〕趙繼寧《試論〈史記·天官書〉對正史、類書編纂的影響》主要討論了《史記·天官書》對歷代類書「天部」編纂產生的深遠影響，《天官書》深刻影響了類書的體例，他的內容在以後編修類書時被不斷的吸收，被歷代類書編纂者高度重視，最爲深遠的就是《天官書》對《古今圖書集成》「乾象典」的編纂影響至深。〔註6〕

　　劉志揚《中國古籍子部分類嬗變研究》一文通過對歷代書目子部分類情況的回顧，對子部分類嬗變過程進行了勾勒，並結合子部下典型類目的嬗變研究，探討了子部分類嬗變的原因，作者重點對類書類和雜家類在書目中的嬗變過程進行了研究，認爲類書爲後世新出其在書目中的隸屬多有變遷，雜家爲先秦諸子之一，其在子部分類嬗變的過程中也在不斷雜糅化。〔註7〕王雪琳《我國古代事始類類書的編輯與出版》主要論述了事始類類書的編輯特點和出版情況，事始類類書始於南北朝，盛行於宋、明，終結於清，這類書籍

〔註3〕 李蘭、張孝霞《〈針灸甲乙經〉爲中國現存最早類書初探》，《中國中醫藥圖書情報雜誌》2015年第3期，第41～42頁。

〔註4〕 朱梅馨《試論中國古代類書發展史》，《未來世界》2015年第10期，第386～387頁。

〔註5〕 劉全波《論類書與史部書的關係》，《典籍·社會與文化國際學術研討會暨中國歷史文獻研究會第34屆年會論文選集》，上海：華東師範大學出版社，2015年，第34～45頁。

〔註6〕 趙繼寧《試論〈史記·天官書〉對正史、類書編纂的影響》，《渭南師範學院學報》2015年第19期，第13～46頁。

〔註7〕 劉志揚《中國古籍子部分類嬗變研究》，碩士學位論文，西北大學，2015年，第27～36頁。

主要由私人編輯，以單冊印行和匯刻入叢書兩種方式出版流通，目的在於增廣見聞，普及知識。〔註 8〕孫曉輝、田甜《論中國古代類書中音樂部分的立類思想與編纂特徵》認爲我國古代類書是在「三才」思維的框架下按「天、地、人、事、物」五個層次展開分類立目的，「三才」思想直接影響了其中「樂」與「律」兩類資料的分屬，綜合性類書多將「律」資料編於「天部歲時」，而將「樂」編入「人」「事」之中，後也採用樂、律合典的方式平行合編，如《古今圖書集成・樂律典》。〔註 9〕

　　蔣永福《中國古代國家修書活動控制史論》主要討論了中國古代王朝修書的理念，其中提到了宋代修《冊府元龜》和清代修《古今圖書集成》的原則，作者認爲中國古代對國家修書活動的控制，包括組織控制和內容控制兩大方面，既有良性控制表現，也有惡性控制表現，無論是良性控制表現還是惡性控制表現，都對現今社會的文獻控制活動具有不可忽視的以史爲鏡的借鑒意義。〔註 10〕徐時儀《科舉干祿與語文辭書編纂》一文認爲《干祿字書》和匯輯辭藻典故的類書的產生、發展和流傳都與當時的社會制度和學術發展有直接關係，而士人干祿和科舉入仕的需求也促進了語文辭書的發展與變革。〔註 11〕

二、魏晉南北朝類書

　　鄭玉娟《魏晉南北朝時期官府藏書特點及其流通利用》一文論述了南北朝政府藏書和類書編纂之間的關係，南北朝政府豐富的藏書給類書的編纂提供了有利條件。曹魏時期魏文帝曹丕詔命編輯《皇覽》，梁開國初年梁武帝詔修類書《壽光書苑》，梁武帝詔徐勉、何思澄等編纂《華林遍略》，北齊後主高緯時官修《修文殿御覽》，都和當時官府藏書的利用有很大關係。〔註 12〕魏萌、魏宏燦《曹魏時期的文化典籍整理》一文認爲曹丕愛好文學，曹魏時期

〔註 8〕　王雪琳《我國古代事始類類書的編輯與出版》，《出版科學》2015 年第 6 期，第 104〜109 頁。
〔註 9〕　孫曉輝、田甜《論中國古代類書中音樂部分的立類思想與編纂特徵》，《中國音樂學》2015 年第 2 期，第 19〜34 頁。
〔註 10〕蔣永福《中國古代國家修書活動控制史論》，《圖書情報知識》2015 年第 4 期，第 26〜34 頁。
〔註 11〕徐時儀《科舉干祿與語文辭書編纂》，《閩江學刊》2015 年第 5 期，第 103〜107 頁。
〔註 12〕鄭玉娟《魏晉南北朝時期官府藏書特點及其流通利用》，《晉圖學刊》2015 年第 4 期，第 58〜62 頁。

的文化政策促進了文化的繁榮，《皇覽》是其中重要的成果，曹魏開我國文化
史上由政府主持文化典籍整理之先。〔註13〕

周作明《〈無上秘要〉與早期道教經書》一文主要討論現存最早的道教
類書《無上秘要》與早期道教經書之間的關係，作者從同經異名、同名異經、
異名異經、經書類名等七個方面分析了統計時易致歧誤之處，認爲全書徵
引經書122種，其中上清經71種，靈寶經34種，三皇經5種，天師道2種，
其他各類經書10種。其中，79種經書的經名及主要內容尚見於今《道藏》，
另43種在今《道藏》中總體不存，但殘缺程度不一，其中有10種經書的主
要內容見於今《道藏》某經或《敦煌道藏》中，另33種則總體亡佚。〔註14〕

《眾經要攬》自20世紀初敦煌文獻發現以來，學界一直以「眾經要攬」
名之，相關的研究也多集中在編目、定名、錄文等方面，有關其內容的完整
錄文及深入考探尚付闕如。張小豔《敦煌本〈眾經要攬〉研究》認爲敦煌本
《眾經要攬》的三個寫本中，S.514 及羽 635＋羽 727 皆爲唐代抄寫，而
BD3000＋BD3159 爲南北朝時所抄，根據《眾經要攬》中出典可靠及可以考
知其譯著年代的源經來看，其源經時代較早的爲後漢靈帝時所譯，較晚者爲
南朝梁時的譯經，並且由引經頻率較高的13種源經都集中在南北朝時期來
看，《眾經要攬》很有可能成書於南北朝時，再據《眾經要攬》引有南齊竟
陵文宣王蕭子良撰《淨住子集》來看，他更可能是撰著於南朝梁時的一部佛
教類書。〔註15〕

三、隋唐五代類書

孫少華《抄本時代的文本抄寫、流傳與文學寫作觀念》一文認爲《北堂
書鈔》《藝文類聚》與《初學記》等隋唐類書，他們都是抄本時代的重要類書，
受到抄本時代典籍編纂屬性的影響，這些類書在編纂的過程中，編選者不同
的文學觀念和思想都會影響到每部類書的格局，所以這幾部類書在各自涉及
到同一內容的編排上，會有完全不同的特點。〔註16〕

〔註13〕魏萌、魏宏燦《曹魏時期的文化典籍整理》，《淮北師範大學學報（哲學社會
　　　科學版）》2015年第3期，第31～35頁。

〔註14〕周作明《〈無上秘要〉與早期道教經書》，《西南民族大學學報（人文社會科學
　　　版）》2015年第3期，第82～86頁。

〔註15〕張小豔《敦煌本〈眾經要攬〉研究》，《敦煌吐魯番研究》2015年第2期，總
　　　第15卷，上海：上海古籍出版社，第279～320頁。

〔註16〕孫少華《抄本時代的文本抄寫、流傳與文學寫作觀念》，《華東師範大學學報》

　　孟詳娟《虞世南與〈北堂書鈔〉》主要介紹了虞世南的生平以及他纂修《北堂書鈔》的起因和經過，虞世南之所以纂修這麼一部類書，既和他出身南朝重視文化熱愛駢體詩賦有關，也受到了自魏晉以來盛行編纂類書的影響。《北堂書鈔》按類編排，類之下有標題，標題下就是所引用的材料，《北堂書鈔》保存了許多魏晉南北朝時期的詩文，對於古代文學的發展和研究，有著很重要的意義。〔註 17〕蔣靜《〈北堂書鈔〉引史部文獻考略》以《隋書・經籍志》爲依據，從古籍整理的角度對《北堂書鈔》中所錄史部資料進行了統計與整理，最後以南海孔廣陶校注本《書鈔》爲工作底本，參考已有輯佚本，對《書鈔》所存部分史部文獻內容進行補輯。〔註 18〕曹珍、段曉春《〈北堂書鈔〉所引〈傅子〉小考》認爲晉人傅玄所作《傅子》到宋已亡佚大半，作者依據《北堂書鈔》中對於《傅子》的引文對《傅子》進行了輯佚與考證。〔註 19〕曹珍《〈北堂書鈔〉卷帙存佚考》主要對《北堂書鈔》的卷數做了一個簡單的考略。〔註 20〕

　　吳忠耘《〈琱玉集〉引〈春秋〉考》主要對《琱玉集》中關於《春秋》的六則材料與《春秋》原文進行對比研究，認爲《琱玉集》對原始文獻進行了刪改、潤色，更注重情節，使之故事化，追求一種民間敘事，傳達出《琱玉集》明顯不同的寫作性格和寫作訴求，也彰顯出早期類書的編寫特點，即引述文獻的方式不固定，對於原始文獻數據有改動。〔註 21〕孫麗婷《〈編珠〉殘卷研究》認爲《編珠》體現了「天、地、人」三位合一的思想觀念，而這種排列順序是和中國古代社會意識形態及其系統化的思維方式相關的，作者對《編珠》所引的詩賦類作品和地記作品分別進行了考證，從中梳理出了《編珠》獨有的引文條目以及前人失輯的文字若干。〔註 22〕

　　韓建立《唐初權力話語與〈藝文類聚〉的編撰》一文認爲編纂《藝文類

2015 年第 5 期，第 107～116 頁。
〔註 17〕孟詳娟《虞世南與〈北堂書鈔〉》，《天中學刊》2015 年第 1 期，第 87～89 頁。
〔註 18〕蔣靜《〈北堂書鈔〉引史部文獻考略》，碩士學位論文，西南科技大學，2015年。
〔註 19〕曹珍、段曉春《〈北堂書鈔〉所引〈傅子〉小考》，《綿陽師範學院學報》2015年第 10 期，第 121～124 頁。
〔註 20〕曹珍《〈北堂書鈔〉卷帙存佚考》，《青年文學家》2015 年第 21 期，第 50 頁。
〔註 21〕吳忠耘《〈琱玉集〉引〈春秋〉考》，《綿陽師範學院學報》2015 年第 10 期，第 107～111 頁。
〔註 22〕孫麗婷《〈編珠〉殘卷研究》，碩士學位論文，河北師範大學，2015 年。

聚》是唐高祖建立唐朝之後，奪取話語權力體系的一個重大舉措，編纂大型類書，是那個時代重要的文化事業，通過類書的編纂，不僅可以起到教化的作用，而且也網羅了士人，使得知識分子爲唐朝廷所用。〔註23〕孫麒《王元貞本〈藝文類聚〉校勘考》認爲王元貞本《藝文類聚》刊印於明萬曆年間，學界歷來頗存非議，認爲其妄刪臆改之處甚多，作者研究發現其底本爲胡序本，刊印時曾參校過該書其他早期版本，又利用四部常見典籍及唐宋類書進行校勘，且自問世後屢經翻刻，故作者認爲其底本可考，校勘有據，流傳有序，在《藝文類聚》版本研究中具有一定價值。〔註24〕曲莎薇《〈藝文類聚〉類目體系中的知識秩序建構邏輯研究》以唐初官修類書《藝文類聚》爲樣本，力求通過分析《藝文類聚》的類目體系，揭示中國古代文獻整理活動中所蘊含的知識秩序建構邏輯，即通過統治階級所推崇的儒學思想來建構知識秩序，再通過這種知識秩序來響應、支撐統治階級的合法性地位。〔註25〕韓志遠《試論〈藝文類聚〉雜文部錄「七」的意義》一文通過《藝文類聚》雜文部收錄七體賦的狀況（以漢代爲主），從類書的角度進一步解讀七體賦作，探究其收錄特點、態度、觀念，及其收錄七體賦的影響與意義，挖掘《藝文類聚》本身所具有的文學文獻價值。〔註26〕韓志遠《〈藝文類聚〉人部「行旅賦」類文獻研究》認爲《藝文類聚》所選行旅賦類文獻在歷史典故、楚辭體語言形式的保存利用和促進唐詩創作等方面發揮了重要的價值，但也存在著摘句收錄、篇幅不全等缺憾。〔註27〕

　　李賀、佟楊《〈藝文類聚〉徵引神仙傳記類小說考證》主要對於《藝文類聚》中徵引神仙傳記類小說進行了考證，分別對其中徵引《列仙傳》《神仙傳》《穆天子傳》《漢武故事》《漢武帝內傳》進行了考證，得出了《藝文類聚》在保存文獻典籍方面有很大的功勞。〔註28〕智延娜、蘇國偉《〈藝文類聚〉引

〔註23〕韓建立《唐初權力話語與〈藝文類聚〉的編撰》，《渭南師範學院學報》2015年第9期，第84～88頁。

〔註24〕孫麒《王元貞本〈藝文類聚〉校勘考》，《圖書館雜誌》2015年第2期，第101～107頁。

〔註25〕曲莎薇《〈藝文類聚〉類目體系中的知識秩序建構邏輯研究》，《圖書館理論與實踐》2015年第9期，第57～60頁。

〔註26〕韓志遠《試論〈藝文類聚〉雜文部錄「七」的意義》，《遼東學院學報》2015年第6期，第95～99頁。

〔註27〕韓志遠《〈藝文類聚〉人部「行旅賦」類文獻研究》，《河北科技師範學院學報（社會科學版）》2015年第3期，第57～62頁。

〔註28〕李賀、佟楊《〈藝文類聚〉徵引神仙傳記類小說考證》，《鄖陽師範高等專科學

〈論衡〉考略》用《藝文類聚》所引《論衡》和現今流傳的《論衡》進行了
對比考證，發現《藝文類聚》中有許多引自《論衡》的內容是誤引，也有抄
錄《論衡》段落或者文句而又有所省簡者，也存在不少異文。〔註29〕李小成
《〈藝文類聚〉引〈詩〉堪比》認爲《藝文類聚》從風、雅、頌各個部分廣泛
徵引了《詩經》，由於《藝文類聚》編纂、成書年代較早，與宋代及其後世版
本比起來有著一定的文獻價值，對人們校勘《詩經》有著參考作用。〔註30〕

　　桂羅敏《武則天與〈玄覽〉研究》認爲武則天時代編修了豐贍可觀的典
籍，尤其是較多的巨帙類書，卷帙達 100 卷的類書《玄覽》是武則天執政期
間的重要文化產物之一。關於《玄覽》的編纂時間，作者認爲在垂拱元年（685）
至垂拱四年（688）間，尤其在垂拱二年（686）至垂拱三年（687）間可能性
更大，根據《玄覽》逸文來看，《玄覽》所收錄皆是類似《山海經》之各地各
國奇聞軼事，作者經過考察，共得《玄覽》佚文 55 條。〔註31〕

　　王碩《〈翰苑〉作者張楚金著述、生平辨疑》一文主要對類書《翰苑》的
作者張楚金的生平進行了考證，張楚金主要活動於高宗、武周時期，張楚金
的著述，目前可以確定的唯有 7 卷本類書《翰苑》和 3 卷本《紳誡》，其餘唐
代典籍中記載的署名張楚金的作品，皆非其作品，而是主要活動於玄、肅時
期的同名異人所作，張楚金是張道源的族孫而非族子，在被周興構陷流放嶺
南後，於武后天授元年（690）被武則天所殺。〔註32〕

　　夏榮林《〈初學記〉文部資料探微》認爲《初學記》文部主要包括 9 個子
目，各子目間前後照應，且有邏輯性，文部徵引的資料經史子集都有所涉及，
作者主要從文部資料簡況、文部編纂特點、徵引典籍情況以及文部的價值等
四個方面來研究，以對《初學記》文部有個整體性瞭解。〔註33〕李雲飛《〈初
學記〉引〈左傳〉考校》通過對《初學記》稱引《左傳》資料與《左傳》之

　　　　校學報》2015 年第 5 期，第 47～50 頁。
〔註29〕智延娜、蘇國偉《〈藝文類聚〉引〈論衡〉考略》，《圖書館工作與研究》2015
　　　　年第 5 期，第 73～85 頁。
〔註30〕李小成《〈藝文類聚〉引〈詩〉堪比》，《詩經研究叢刊》2015 年第 2 期，第
　　　　306～331 頁。
〔註31〕桂羅敏《武則天與〈玄覽〉研究》，《乾陵文化研究》第 9 輯，西安：三秦出
　　　　版社，2015 年，第 123～129 頁。
〔註32〕王碩《〈翰苑〉作者張楚金著述、生平辨疑》，《古籍研究整理學刊》2015 年第
　　　　6 期，第 147～150 頁。
〔註33〕夏榮林《〈初學記〉文部資料探微》，《哈爾濱學院學報》2015 年第 8 期，第
　　　　100～102 頁。

比對研究，指出《初學記》之訛誤，並進行考證、校勘。〔註 34〕杜麗榮《隋唐四大類書引〈說文〉研究》主要通過宋以前文獻典籍所引古本《說文》來研究《說文》，旨在輯錄古本《說文》，研究《說文》在流傳過程中出現的各種情況及產生的版本問題，從而校勘和補繕今本《說文》，使之更近許慎《說文》原貌，並進而完善宋以前之《說文》學史。〔註 35〕

張雯《〈白氏六帖事類集〉研究》通過對《白氏六帖事類集》文本的研究，關注此書對中古文人知識結構的重要影響以及與白居易詩文作品之間的關係，重新定位類書在中古時期的地位以及對文人的知識構成所產生的重大影響，作者還梳理了《白氏六帖事類集》在我國和域外的流傳情況和影響，並分析了《白氏六帖事類集》在不同時代所產生不同影響的原因。〔註 36〕

李柳情《〈韻海鏡源〉的編纂體例與流傳》認為《韻海鏡源》是唐代顏真卿編纂的三百六十卷的類書，同時也是韻書，《韻海鏡源》的編纂時間跨度很大，早在顏真卿任平原太守時即著手編纂，編纂了兩百卷，遺失五十卷，存一百五十卷，二十年後，任湖州刺史時繼續完成此書的編纂，編定為三百六十卷，《韻海鏡源》的編纂思想沿襲了《切韻》，每個韻字下都有徵引的書證，這種編排方式也開創了類書按韻編排的體例，後世的類書《永樂大典》《經籍纂詁》等也按韻編排、以韻隸事，而與韻相關的韻府類書則更加忠實地傳承了此書的編排體例。〔註 37〕

四、宋元類書

陳爽《〈太平御覽〉所引〈宋書〉考》認為《太平御覽》成書於北宋初年，早於南北朝諸家正史在北宋的首次刊刻年代，書中所大量引用的《宋書》內容，保存了《宋書》早期寫本的原始狀態，因而具有獨特的版本價值，作者認為長期以來，學界大多從輯佚的角度利用《太平御覽》，而對其中保存的前代諸家正史的版本與史料價值估計不足，故作者將《太平御覽》所引的近千條《宋書》文字與今本《宋書》逐一比勘，校出多條今本《校勘記》因失檢

〔註 34〕李雲飛《〈初學記〉引〈左傳〉考校》，《齊齊哈爾大學學報（哲學社會科學版）》2015 年第 6 期，第 143～146 頁。
〔註 35〕杜麗榮《隋唐四大類書引〈說文〉研究》，博士學位論文，山東大學，2015年。
〔註 36〕張雯《〈白氏六帖事類集〉研究》，碩士學位論文，上海社會科學院，2015 年。
〔註 37〕李柳情《〈韻海鏡源〉的編纂體例與流傳》，《晉圖學刊》2015 年第 4 期，第47～49 頁。

《御覽》而未能校出的訛誤，檢出多條涉及名物、史實等具有校勘價值的異文，並輯出多條若干溢出今本《宋書》內容的佚文。〔註38〕

　　劉永連、劉家興《從漂流人故事看唐代中外海上交通和海外認知——以〈太平廣記〉資料爲中心》認爲《太平廣記》中所輯之漂流人故事生動翔實，涉及地區廣泛，通過對漂流人故事的分析考證，可見唐與新羅、日本、蝦夷國、琉球群島等的交通情況，並且隨著唐與域外海上交通往來的頻繁，唐代國人對海外也有了進一步認識。〔註39〕林耀琳《〈太平廣記〉流傳考》認爲《太平廣記》的傳播始於朝廷貴族，逐步流傳到士人階層，而在民間的流傳導致《太平廣記》版本增多，且彼此存在差異。〔註40〕林耀琳《〈太平廣記〉成書時間及流傳考》認爲《太平廣記》成書時間應是太平興國八年（983）十二月，而不是太平興國三年（978）八月。〔註41〕林耀琳《〈太平廣記〉定數類編撰研究初探》認《太平廣記》定數類15卷得以編撰是爲了迎合《太平廣記》的編撰思想、定位和宋初奉佛尊道文化的環境。〔註42〕秦川《〈太平廣記〉與〈夷堅志〉比較研究述略》一文主要是對《太平廣記》和《夷堅志》在編纂動因、各類信仰、小說觀念、文化應用價值、文學影響等方面進行了比較研究，重點探討了兩部書思想內容的異同。〔註43〕

　　張瑋《〈太平廣記〉中所見唐代上層女性生活研究》一文對《太平廣記》中唐代上層女性的社會生活狀況進行了研究，並主要從社會交往和經濟生活兩方面做了探究。〔註44〕鄭婷婷《〈太平廣記〉商賈題材小說研究》認爲《太平廣記》中出現了官商、女性商人、胡商、神鬼怪異化商人等身份特殊的商人形象，並從道教文化、佛教文化、儒家文化、巫文化四個方面來探析商賈

〔註38〕　陳爽《〈太平御覽〉所引〈宋書〉考》，《文史》2015年第4期，第79～98頁。

〔註39〕　劉永連、劉家興《從漂流人故事看唐代中外海上交通和海外認知——以〈太平廣記〉資料爲中心》，《陝西師範大學學報（哲學社會科學版）》2015年第5期，第42～52頁。

〔註40〕　林耀琳《〈太平廣記〉流傳考》，《河北北方學院學報（社會科學版）》2015年第1期，第9～11頁。

〔註41〕　林耀琳《〈太平廣記〉成書時間及流傳考》，《昆明學院學報》2015年第4期，第117～120頁。

〔註42〕　林耀琳《〈太平廣記〉定數類編撰研究初探》，《棗莊學院學報》2015年第1期，第38～41頁。

〔註43〕　秦川《〈太平廣記〉與〈夷堅志〉比較研究述略》，《九江學院學報》2015年第4期，第27～32頁。

〔註44〕　張瑋《〈太平廣記〉中所見唐代上層女性生活研究》，碩士學位論文，西北師範大學，2015年。

題材小說背後所蘊含的文化意蘊。〔註45〕趙麗婷《太平廣記》科舉故事研究》通過對科舉故事內容的梳理，從而進一步探討《太平廣記》科舉故事中體現的唐代科舉制度及舉子們的眞實生活。〔註46〕包小驀《〈太平廣記〉涉夢小說研究》認爲《太平廣記》所有的涉夢小說，幾乎沒有哪一篇不涉及到佛道二教，這表明中國傳統宗教對古代小說的發展有著巨大影響。〔註47〕

李婷《〈太平廣記〉中龍宮取寶故事及其文化內涵》認爲龍宮在《太平廣記》中被塑造成遍地珠寶、氣勢恢宏的聖地，引發人們進入龍宮獲取寶物的無盡遐想。究其緣由，主要是與印度佛教的傳入和人們對未知世界的好奇及文人對現實生活不滿而產生的遐想密不可分。〔註48〕洪樹華《從〈太平廣記〉看隋唐小說中的人神之戀》認爲人神之戀是《太平廣記》隋唐志怪傳奇小說中反覆出現的題材和審美意象，他潛藏著審美意識、性文化等文化意蘊。〔註49〕馬夢瑩《「爲虎作倀」微探——以〈太平廣記〉虎類母題展開》認爲《太平廣記》對「虎倀」故事的記載說明唐中葉時已有虎倀觀念，晚唐五代時趨於成熟，爲虎作倀觀念的形成不僅是出於民間信仰的教化功能，而且也有民間信仰範式因循模仿的原因，同時也與虎害現場詭異現象有關。〔註50〕黃赤《〈太平廣記〉幼敏故事初探》主要對《太平廣記》所記錄的幼敏故事進行了簡單的介紹。〔註51〕

陳國學、董智《「舊瓶裝新酒」:〈聊齋誌異〉對傳統冥遊題材小說的繼承與創新——與〈太平廣記〉比較》認爲《聊齋誌異》「冥遊」小說在題材上對《太平廣記》而言有很明顯的傳承之跡，但是《聊齋誌異》對相同題材的處理方式卻大不相同，並且還創造了新的題材類型，豐富了「冥遊」小說反映

〔註45〕鄭婷婷《〈太平廣記〉商賈題材小說研究》，碩士學位論文，重慶師範大學，2015 年。

〔註46〕趙麗婷《〈太平廣記〉科舉故事研究》，碩士學位論文，東北師範大學，2015 年。

〔註47〕包小驀《〈太平廣記〉涉夢小說研究》，碩士學位論文，福建師範大學，2015 年。

〔註48〕李婷《〈太平廣記〉中龍宮取寶故事及其文化內涵》，《濮陽職業技術學院學報》2015 年第 6 期，第 4～8 頁。

〔註49〕洪樹華《從〈太平廣記〉看隋唐小說中的人神之戀》，《魯東大學學報（哲學社會科學版）》2015 年第 4 期，第 44～49 頁。

〔註50〕馬夢瑩《「爲虎作倀」微探——以〈太平廣記〉虎類母題展開》，《西安文理學院學報（社會科學版）》2015 年第 2 期，第 50～52 頁。

〔註51〕黃赤《〈太平廣記〉幼敏故事初探》，《赤子（上中旬）》2015 年第 23 期，第 95 頁。

的內容與範圍。〔註52〕王曉蕾《中國志怪小說的跨文化英譯──以〈太平廣記〉爲例》從跨文化交際的視角，以《太平廣記》的小說英譯爲例，剖析了小說中標題及文化負載詞語的英譯方法，從而找出應對志怪小說英譯的翻譯策略，並爲跨文化交際理論提供實踐支持。〔註53〕

趙亮亮《古代文學氣候物候意象例論──〈太平廣記〉中的「雷」》認爲在《太平廣記》中關於雷的記載比較多，主要從雷的形象、雷與人關係角度來進行簡要分析。〔註54〕曾穎昕《從《山海經》到《太平廣記鈔》──淺論雷神形象的改變與原因》一文主要介紹了諸文獻中的雷神形象變化與原因。〔註55〕陳慧、楊麟《《太平廣記〉中的巫》認爲《太平廣記》中收錄大量巫的事情及咒語，作者對《太平廣記》中的巫做了細緻分析以增進對巫的瞭解。〔註56〕包玲小《唐代巫文化的地位下沉──以〈太平廣記〉爲例》通過對史料的分析研究，發現隨著社會的發展，巫術由爲公眾服務逐漸轉變爲個人服務，在這個過程中，巫術在政治、生產生活、文化傳播中的道德價值逐漸改變，其性質由白巫術變爲黑巫術，由此我們看到巫文化的地位在唐代發生了下沉。〔註57〕

何水英《論〈文苑英華〉編纂體例對〈文選〉的創新及其意義──以〈文苑英華〉詩體爲考察中心》主要在編纂體例方面探討了《文苑英華》相比較於《文選》的創新，《文選》把「補亡」列爲詩的首位，《文苑英華》以「天」爲首位，中間明顯突出君王位置，這是一個重大改變，在觀念上尊君代替了尊經。〔註58〕何水英《從〈文苑英華〉看宋初館閣文臣對白居易的接受》認

〔註52〕陳國學、董智《「舊瓶裝新酒」：〈聊齋誌異〉對傳統冥遊題材小說的繼承與創新──與〈太平廣記〉比較》，《蒲松齡研究》2015年第1期，第56～64頁。

〔註53〕王曉蕾《中國志怪小說的跨文化英譯──以〈太平廣記〉爲例》，《安順學院學報》2015年第4期，第32～34頁。

〔註54〕趙亮亮《古代文學氣候物候意象例論──〈太平廣記〉中的「雷」》，《雪蓮》2015年第6期，第32～34頁。

〔註55〕曾穎昕《從〈山海經〉到〈太平廣記鈔〉──淺論雷神形象的改變與原因》，《牡丹》2015年第2期，第7～9頁。

〔註56〕陳慧、楊麟《〈太平廣記〉中的巫》，《讀與寫（教育教學刊）》2015年第6期，第30～31頁。

〔註57〕包玲小《唐代巫文化的地位下沉──以〈太平廣記〉爲例》，《語文學刊》2015年第5期，第61～62頁。

〔註58〕何水英《論〈文苑英華〉編纂體例對〈文選〉的創新及其意義──以〈文苑英華〉詩體爲考察中心》，《廣西師範大學學報（哲學社會科學版）》2015年第1期，第122～127頁。

爲《文苑英華》錄選白居易的詩歌數量爲所錄詩人之最,選錄最多的是他的雜律詩,這顯示出館閣文臣對詩歌創作的規範意圖,由此也看出館閣文臣弱化詩之諷喻功能、題材傾向日常生活以及追求典雅秀麗詩風的詩學意識,《文苑英華》對白詩的選錄可以說是白體詩派的一次詩學改良,在一定程度上促進了宋初詩學的發展。〔註59〕何水英《從宋初詩歌創作看〈文苑英華〉的批評效能》認爲宋初官修總集《文苑英華》有指導創作的目的,其詩類目重視詩題與題材的契合,先定類後選詩,體現出編纂者對詩歌創作引導的意識。〔註60〕

鞏本棟《〈文苑英華〉的文體分類及意義》認爲《文苑英華》所收錄的作品雖多出自隋唐五代作家之手,但他的編纂,卻透露出宋代文體和文學發展的若干消息。《文苑英華》選錄作品又按題材內容分類,這往往能見出文體演變的痕跡,按題材分類的方法還充分地展現了自然和人類社會的結構和秩序,反映出時人對事物的普遍認識水平。〔註61〕陳瑞娟《〈文苑英華〉編輯樂府詩的特點及其價值》認爲《文苑英華》將樂府詩作爲詩之一類予以編選,主要收錄古題樂府,唐人新題樂府多歸入「歌行」類,不重視樂府辭與音樂的關係;《文苑英華》整理與保留了大量樂府詩,體現了北宋初期文人的樂府觀,對於研究樂府詩有重要價值。〔註62〕劉永成《從〈文苑英華〉看王維詩歌成就》認爲《文苑英華》反映了宋人的文學觀念及宋人對唐代眾多詩人的接受情況,《文苑英華》所錄王維詩歌大多爲奉和應制詩,而最能代表其詩歌特色的山水田園詩所收甚少,特別是爲後世廣爲稱讚的《輞川集》一首未收。〔註63〕馮淑靜《〈文苑英華〉所錄杜甫詩歌研究》認爲《文苑英華》收錄了246首杜詩,與李白詩歌的收錄數量相同,屈居白居易之後,從《文苑英華》對杜甫詩歌的收錄情況可以看出杜甫詩歌在宋初的接受情況,填補杜甫詩歌在

〔註59〕 何水英《從〈文苑英華〉看宋初館閣文臣對白居易的接受》,《重慶郵電大學學報(社會科學版)》2015 第 1 期,第 76~80 頁。

〔註60〕 何水英《從宋初詩歌創作看〈文苑英華〉的批評效能》,《山西師大學報(社會科學版)》2015 年第 4 期,第 98~103 頁。

〔註61〕 鞏本棟《〈文苑英華〉的文體分類及意義》,《中山大學學報(社會科學版)》2015 年第 6 期,第 1~10 頁。

〔註62〕 陳瑞娟《〈文苑英華〉編輯樂府詩的特點及其價值》,《科學經濟社會》2015 年第 2 期,第 170~173 頁。

〔註63〕 劉永成《從〈文苑英華〉看王維詩歌成就》,《山西高等學校社會科學學報》2015 年第 4 期,第 127~130 頁。

宋初接受史上的空白，也可以看出杜甫詩歌由唐至宋的接受狀況。〔註64〕

　　林耀琳《〈冊府元龜〉編撰考》認爲《冊府元龜》與《太平御覽》《太平廣記》和《文苑英華》三部書均成書於宋初，但他們並非一脈相承，《冊府元龜》的編撰是獨樹一幟的，整個成書過程有其獨特的編撰文化、主旨思想和背景，與宋初其他三部書的成書過程有諸多差異。〔註65〕林耀琳《〈冊府元龜〉的成書源起》認爲《冊府元龜》能成書不只是從文化角度上繼承「崇文抑武」政策，還有是從政治手段和宗教目的上維護宋真宗政治統治和社會穩定的因素。〔註66〕張晟欽、鍾羅慶《淺析〈冊府元龜・幕府部〉的當代借鑒價值》主要探討了《冊府元龜・幕府部》對於當代社會秘書工作的啓示。〔註67〕尹承《國圖藏〈國朝冊府畫一元龜〉考》認爲國家圖書館藏明抄本佚名纂《國朝冊府畫一元龜》（殘存 32 卷），是海內外僅見的孤本文獻，是書成書於南宋後期，是一部卷帙超過二百卷的大型類書，其命名與體例皆仿照《冊府元龜》，主要徵引宋代史籍，來記載北宋九朝的君臣事蹟，今存殘本所引諸書中，多有他書未見的新史料，在宋代史籍的校勘、輯佚、史事補正，以及佚書性質與體例認識等方面都有所裨益。〔註68〕

　　汪卉、龔延明《〈職官分紀〉版本源流考述》認爲《職官分紀》是一部關於北宋元祐以前歷代職官制度及職官典故的類書，其所選錄的歷代官制文獻資料，具有較高的版本價值，其所記載的關於北宋元祐前的官制，爲研究宋代官制提供了珍貴的史料。作者以《職官分紀》各本問世年代爲序，參考宋以後史料特別是各家藏書目錄、題跋，試圖釐清《職官分紀》諸本的產生年代，及其在藏書家、藏書單位間的輾轉遞藏，同時介紹各本特別是現存諸本的版本特徵。〔註69〕

　　程傑《〈全芳備祖〉編者陳景沂姓名、籍貫考》認爲清中葉以來《全芳

〔註64〕馮淑靜《〈文苑英華〉所錄杜甫詩歌研究》，碩士學位論文，廣西師範大學，2015 年。

〔註65〕林耀琳《〈冊府元龜〉編撰考》，《欽州學院學報》2015 年第 1 期，第 92～95 頁。

〔註66〕林耀琳《〈冊府元龜〉的成書源起》，《紅河學院學報》2015 年第 4 期，第 82～84 頁。

〔註67〕張晟欽、鍾羅慶《淺析〈冊府元龜・幕府部〉的當代借鑒價值》，《辦公室業務》2015 年第 6 期，第 91～92 頁。

〔註68〕尹承《國圖藏〈國朝冊府畫一元龜〉考》，《文獻》2015 年第 2 期，第 131～141 頁。

〔註69〕汪卉、龔延明《〈職官分紀〉版本源流考述》，《文史》2015 年第 4 期，第 99～109 頁。

備祖》漸受關注，但對其編者姓名、籍貫等基本情況說法都較混亂，故作者認爲有必要認眞對待，經過考察，作者認爲《全芳備祖》編者爲宋人陳景沂。〔註70〕

　　施建才、黃雲鶴《和刻本〈重廣會史〉研究述論》認爲宋槧《重廣會史》僅載於《宋志》中，自宋以後及至晚清的公私書目均未著錄，更不見其書，今存中華書局版本係日藏和刻孤本《重廣會史》縮版重印，作者針對目前學界關於《重廣會史》的研究，如成書年代、版本、門類、引書以及《重廣會史》與《會史》及《廣會史》的關係等展開學術史梳理，旨在爲學術界提供一個清晰的《重廣會史》研究史。〔註71〕

　　《韻府群玉》是宋元之際江西文人陰時夫兄弟輯錄並注釋的一部以平水韻編排的中國古代百科式類書，全書共二十卷，按一百零六部韻編排，明代大型官修類書《永樂大典》和清代《佩文韻府》等在內容和體例方面均借鑒了《韻府群玉》一書。郭星宏《〈韻府群玉〉研究》一文通過研究《韻府群玉》作者及其成書背景、版本、體例及其內容、價值與不足共四個方面對該書進行較爲全面的梳理，目的在於初步探討《韻府群玉》的學術價值及其他在中國古代類書中的地位。〔註72〕

　　張麗《〈分門古今類事〉引書研究》從文獻學的角度，以點校本爲底本，參校《四庫全書》本、《十萬卷樓叢書》本以及其他相關書籍，對《分門古今類事》引書情況進行研究，對於《分門古今類事》所引存世之書，找出具體引書出處，並對不同版本之間引書異文以及部分引文進行考校糾謬，對於《分門古今類事》所引亡佚之書，研究亡佚引書情況，引證分析引文，列出他書所引異文，並進行比勘，其他不能確定引書出處者，則存疑待考。〔註73〕

　　李更《〈古今合璧事類備要〉管窺——以「民事門」爲例》認爲《古今合璧事類備要》始刊於於南宋寶祐丁巳（1257），今可見前集六十九卷、後集八十一卷、續集五十六卷、別集九十四卷、外集六十六卷，可謂卷帙浩瀚。在

〔註70〕程傑《〈全芳備祖〉編者陳景沂姓名、籍貫考》，《南京師大學報（社會科學版）》2015 年第 6 期，第 117～130 頁。

〔註71〕施建才、黃雲鶴《和刻本〈重廣會史〉研究述論》，《典籍・社會與文化國際學術研討會暨中國歷史文獻研究會第 34 屆年會論文選集》，上海：華東師範大學出版社，2015 年，第 81～90 頁。

〔註72〕郭星宏《〈韻府群玉〉研究》，碩士學位論文，內蒙古師範大學，2015 年。

〔註73〕張麗《〈分門古今類事〉引書研究》，碩士學位論文，東北師範大學，2015 年。

明人眼中，《古今合璧事類備要》不僅堪與《太平御覽》《冊府元龜》比肩而爲斯世之所謂三大類書，且以舊多宋刻獨擅勝場，內容豐贍，實用性強，保存了大量早已散佚的文獻資料。〔註74〕

　　吳瓊《〈事林廣記〉的民俗價值》認爲《事林廣記》主要記載百姓日常生活中所需的基本常識及行爲規範，這些內容全面地展現了宋元時期的社會生活面貌，故《事林廣記》有民俗文獻價值、民俗傳承價值，此外《事林廣記》還具有常識性、知識性和科學性的特點，這些特點有一定的民俗傳播意義，並且《事林廣記》首創隨書附載插圖的體例，爲後世民間日用通俗類書在編排上提供了範本。〔註75〕劉興亮《〈事林廣記〉載元代西南地區政區資料探析》認爲《事林廣記》郡邑類部分爲元代人所增補，羅列元代政區名號，但無沿革等內容，是現今僅存的幾部記載當朝政區的史籍，有較高的史料價值，並且該書記載元代在西南少數民族地區的政區地名比較豐富，通過考證這些地名，可大致推斷出郡邑類所反映的是至元二十年至大德初年的政區概況，其中雲南行省政區，以及湖廣行省八番羅甸宣慰司、播州軍民宣撫司、思州安撫司、左右兩江溪洞地區政區名號與《大元混一方輿勝覽》《元史·地理志》等書所記不盡相同，爲研究元代西南幾省政區地理提供了有益參考。〔註76〕郭麗榮《〈事林廣記〉對漢語文化教學的啓示》認爲《事林廣記》作爲古代一本生活百科類全書，給我們全面介紹了中國傳統節日文化，在傳統節日文化教學中穿插《事林廣記》中對節日文化的介紹，有助於漢語學習者在快速掌握漢文化知識的同時體會中國傳統節日文化的內涵。〔註77〕劉崇德、許超傑《〈詞源〉卷上是僞託之書——元起善齋抄本〈詞源〉卷上眞僞考》一文通過傳元起善齋抄本《詞源》與《事林廣記》等類書進行對比，認爲元起善齋抄本《詞源》卷上是僞託之書。〔註78〕

〔註74〕李更《〈古今合璧事類備要〉管窺——以「民事門」爲例》，《版本目錄學研究》第 6 輯，北京：北京大學出版社，2015 年，第 63〜84 頁。

〔註75〕吳瓊《〈事林廣記〉的民俗價值》，碩士學位論文，上海師範大學，2015 年。

〔註76〕劉興亮《〈事林廣記〉載元代西南地區政區資料探析》，《三峽論壇（三峽文學·理論版）》2015 年第 6 期，第 8〜12 頁。

〔註77〕郭麗榮《〈事林廣記〉對漢語文化教學的啓示》，《語文學刊》2015 年第 16 期，第 141 頁。

〔註78〕劉崇德、許超傑《〈詞源〉卷上是僞託之書——元起善齋抄本〈詞源〉卷上眞僞考》，《河北大學學報（哲學社會科學版）》2015 年第 1 期，第 1〜6 頁。

五、明清類書

　　李之勤《校釋〈永樂大典〉中〈天下站名〉之半張》認為明代《永樂大典》中收錄的元代《天下站名》，是我國古代驛站交通制度建立以來，現存最早能反映一代驛站交通網絡結構全貌的珍貴歷史文獻，他以八千餘字記錄了全國百餘段站道、上千處驛站，半張書影三百餘字，顯示了元代江浙行省北部（相當於今上海市、浙江省和長江以南的江蘇、安徽兩省及江西省東部）十四段站道和驛站六十餘處。〔註79〕滑紅彬《〈永樂大典〉輯本〈江州志〉的目錄學價值》認為《永樂大典》所錄南宋《江州志》雖然有所殘缺，但他所含內容豐富，具有重要的文獻價值，特別是其中《文籍》部分，具有獨特的目錄學價值，對於官府藏書的研究和地方文獻的研究均有幫助。〔註80〕

　　鍾仕倫《〈永樂大典〉所錄〈文選〉考釋》認為今存《永樂大典》實際所錄《文選》共47則，除少數作品為全部收錄外，大多數都是與《永樂大典》的韻目相關的《文選》作品的摘錄，《永樂大典》所錄《文選》的版本似源於贛州學刊本，為六臣注本中的「李善－五臣注」系統，從考釋的情況看，《永樂大典》所錄《文選》不僅為《文選》版本學提供了一個可資研究的對象，而且有用於唐鈔《文選》集注本、敦煌寫本、胡刻本、明州本和景宋本的校勘，具有一定的文獻價值。〔註81〕王麗敏《〈永樂大典〉所收小說作品意象群探討》認為《永樂大典》所收小說意象群主要表現在三個方面，一是人類自身的精神及身體，即人生意象，二是人類所處的特殊的自然世界，即自然意象，三是詭譎奇異的神鬼精怪世界，即神話意象，這些小說意象群，包含著人類對自身以及自身所處環境的關切和認知，蘊含著人類最普遍的情感意趣。〔註82〕

　　關永禮《〈永樂大典〉足千秋》一文敘述了《永樂大典》在保存古籍方面的價值，《永樂大典》保存了我國十四世紀以前的典籍文獻，其中多宋元及明初之書，極具版本價值，且多後世佚文秘典，可見《永樂大典》對保存

〔註79〕李之勤《校釋〈永樂大典〉中〈天下站名〉之半張》，《中國歷史地理論叢》2015 年第 2 期，第 105～109 頁。

〔註80〕滑紅彬《〈永樂大典〉輯本〈江州志〉的目錄學價值》，《蘭臺世界》2015 年第 36 期，第 68～69 頁。

〔註81〕鍾仕倫《〈永樂大典〉所錄〈文選〉考釋》，《銅仁學院學報》2015 年第 5 期，第 4～18 頁。

〔註82〕王麗敏《〈永樂大典〉所收小說作品意象群探討》，《九江學院學報（社會科學版）》2015 年第 1 期，第 45～51 頁。

佚書的獨一無二之功。〔註 83〕楊琳《新發現的一冊「永樂大典」述略》對亨廷頓圖書館所藏《永樂大典》的收藏、流散情況作了考察，並對新聞報導中的錯誤作了申明。〔註 84〕蘇冬華《論〈永樂大典〉與〈四庫全書〉之異同》一文對《永樂大典》和《四庫全書》進行了對比，作者認爲作爲明清兩代最大的政府文化工程，這兩部書有許多相同之處和不同之處。〔註 85〕

項旋《康雍朝古今圖書集成館考析》借助第一手檔案、文集、方志、家譜等數據，力圖對古今圖書集成館的相關情況做闡釋，包括開館時間、開館地點等一直困惑學界的問題，一一予以考實，從而勾勒出古今圖書集成館的整體面貌，作者認爲古今圖書集成館對於《古今圖書集成》的纂修乃至最後的成稿、刻印都起了至關重要的作用，值得學界加以重視和研究。〔註 86〕李智海、楊春曉《〈古今圖書集成〉體例探析》主要對《古今圖書集成》的體例進行了討論，作者認爲其體例編排規模宏大徵引豐富，結構嚴謹體例完備，按語注釋初成系統，收錄廣泛圖文並茂，是查檢我國清代康熙以前任何一個學科門類的資料或解決任何一個典故出處的重要工具書。〔註 87〕唐述壯、魏剛《〈古今圖書集成妖怪部〉引書考證分析》一文主要考證了《古今圖書集成》中的《妖怪部》，整理出《妖怪部》所引共有 88 種古籍，大多是錄自志怪小說，編者注重事件完整，以《紀事》爲最多，對於引書中的問題也有談及，但是主要集中在引用形式和內容缺漏，對於編纂時的取捨思想沒有涉及。〔註 88〕

歐七斤、張愛華《三部同文版〈古今圖書集成〉的收藏與流傳》一文主要是對上海交大所藏的三部極爲珍稀的同文版《古今圖書集成》的介紹，作者梳理校史檔案、私家書信、出版史料等文獻，可以再現交大三部珍本鮮爲人知的

〔註 83〕關永禮《〈永樂大典〉足千秋》，《書屋》2015 年第 3 期，第 4～12 頁。

〔註 84〕楊琳《新發現的一冊「永樂大典」述略》，《尋根》2015 年第 3 期，第 99～102 頁。

〔註 85〕蘇冬華《論〈永樂大典〉與〈四庫全書〉之異同》，《科技創新導報》2015 年第 23 期，第 227～228 頁。

〔註 86〕項旋《康雍朝古今圖書集成館考析》，《歷史文獻研究》2015 年第 2 期，總第 36 輯，上海：華東師範大學出版社，2015 年，第 294～306 頁。

〔註 87〕汪慶雲、晏雪平《淺析清〈稗類鈔·技勇類〉體育文獻價值》，《南昌航空大學學報（社會科學版）》2015 年第 4 期，第 117～120 頁。

〔註 88〕唐述壯、魏剛《〈古今圖書集成妖怪部〉引書考證分析》，《昆明學院學報》2015 年第 1 期，第 94～99 頁。

來源、珍藏與流傳等史實。〔註89〕洪閏華、劉雲《唐山路礦學堂受藏〈古今圖書集成〉考略》認爲唐山路礦學堂於 1907 年始建圖書館，建館伊始即得慈禧太后、光緒皇帝御賜同文版《古今圖書集成》一部，該書保存完好，至今藏於西南交通大學，通過唐山路礦學堂受賜《古今圖書集成》的史事鉤沉，可以管窺這一時期清廷上層精英在推動學堂圖書館建設方面的觀念嬗變。〔註90〕何玲《光緒朝石印〈古今圖書集成〉的流傳與分布》認爲 1890 年清廷採用石印技術印製《古今圖書集成》，歷經四年終於印製完成 100 部及黃綾本一部，此 100 部石印圖書集成學術界多認爲遭遇火厄，存世不多，但通過對史料的梳理，發現這 100 部石印圖書集成不僅沒被火焚，且散佈國內各省，甚至走出國門，傳播到世界各地。〔註91〕吳限《印製〈古今圖書集成〉的 100 多萬個銅活字哪去了》介紹了《古今圖書集成》的編纂、銅活字印刷以及目前的存佚狀況，據作者介紹印製《古今圖書集成》的 100 多萬個銅活字在乾隆年間被鎔鑄佛像。〔註92〕

　　王金壽《清張英輯〈淵鑒類函〉》主要是對蘭州文理學院所藏入選第一批《甘肅省珍貴古籍名錄》的類書《淵鑒類函》的一個介紹。〔註93〕汪慶雲、晏雪平《淺析〈清稗類鈔·技勇類〉體育文獻價值》一文認爲《清稗類鈔·技勇類》彙集了 200 多篇體育數據，相比較前代的類書尤其是唐宋類書，他對於體育材料的收錄是一個重要進步，除了本書，只有《古今圖書集成》裏面收錄了體育方面的材料。〔註94〕趙彥輝、李少鵬《〈佩文齋書畫譜〉編纂問題初探》本文考證了幾位纂修人得生平和纂修緣起，並且推斷《佩文齋書畫譜》在纂修過程中，應該參考了《古今圖書集成》相關章節，所以《佩文齋書畫譜》和《古今圖書集成》具有很強的對比校勘價值。〔註95〕

〔註89〕歐七斤、張愛華《三部同文版〈古今圖書集成〉的收藏與流傳》，《圖書館理論與實踐》2015 年第 2 期，第 67～78 頁。

〔註90〕洪閏華、劉雲《唐山路礦學堂受藏〈古今圖書集成〉考略》，《大學圖書館學報》2015 年第 4 期，第 122～127 頁。

〔註91〕何玲《光緒朝石印〈古今圖書集成〉的流傳與分布》，《中國典籍與文化》2015年第 4 期，第 75～84 頁。

〔註92〕吳限《印製〈古今圖書集成〉的 100 多萬個銅活字哪去了》，《遼寧日報》2015年 10 月 23 日，第 12 版。

〔註93〕王金壽《清張英輯〈淵鑒類函〉》，《蘭州文理學院學報》2015 年第 6 期。

〔註94〕汪慶雲、晏雪平《淺析〈清稗類鈔·技勇類〉體育文獻價值》，《南昌航空大學學報（社會科學版）》2015 年第 4 期，第 117～120 頁。

〔註95〕趙彥輝、李少鵬《〈佩文齋書畫譜〉編纂問題初探》，《文藝爭鳴》2015 年第 7期，第 203～208 頁。

　　李明、郭瑞華《論中醫類書〈醫部全錄〉》一文認爲《醫部全錄》爲《古今圖書集成》的一部分，是我國歷代以來最大的一部醫學類書，本文主要從醫學方面對於《醫部全錄》的價值進行了探討。〔註 96〕張如安《新見明抄本〈分門瑣碎錄〉「醫藥類」述略》認爲新發現的明抄本《分門瑣碎錄》「醫藥類」爲嘉靖二十六年俞弁所抄，內容爲《攝養》《醫藥》《諸疾》三門，此書的發現有助於進一步認識其編纂體例，釐清某些中醫藥文獻的早期來源，比起日輯本來，明抄本《分門瑣碎錄》基本完整地呈現了該書「醫藥類」的早期面貌。〔註 97〕

　　仝建平《宋元民間交際應用類書探微》主要對現在完整傳世的四種宋元民間交際應用類書《新編通用啓札截江網》《新編事文類聚啓札雲錦》《新編事文類要啓札青錢》《新編事文類聚翰墨全書》進行了文獻梳理，作者還對上述四種書的成書先後及相互關係進行了探討，對尚存於《永樂大典》中的宋元民間交際應用類書《啓札雲錦裳》《啓札錦語》《啓札淵海》三種亦做了研究。〔註 98〕仝建平《大德本〈翰墨全書〉文獻利用價值探微》一文對於是對元代的一部民間日用類書《翰墨全書》大德本的文獻價值的一個討論，大德本爲《翰墨全書》的初編本、祖本，收錄內容最多、最全，相比於其他本子，具有最大的文獻利用價值。〔註 99〕

　　陳學文《明清時期鄉村的社會治安和社會秩序整治——以日用類書爲中心》通過對保存在日用類書中的鄉約民契等材料的研究，對明清鄉村基層社會的管理狀況進行了研究。〔註 100〕魏志遠《明代日用類書與童蒙研究》認爲明代後期刊刻的日用類書成爲儒家童蒙教育思想的一個新載體，作者認爲日用類書摘引了大量宋明儒者用以教導孩童在日常生活中遵守儒家倫理規範的篇章，這其中引用最多的當屬朱熹編訂的《童蒙須知》。〔註 101〕龍曉添

〔註 96〕李明、郭瑞華《論中醫類書〈醫部全錄〉》，《長春中醫藥大學學報》2015 年第 2 期，第 420～421 頁。

〔註 97〕張如安《新見明抄本〈分門瑣碎錄〉「醫藥類」述略》，《寧波大學學報（人文科學版）》2015 年第 3 期，第 43～46 頁。

〔註 98〕仝建平《宋元民間交際應用類書探微》，北京：中國社會科學出版社，2015 年。

〔註 99〕仝建平《大德本〈翰墨全書〉文獻利用價值探微》，《圖書館雜誌》2015 年第 3 期，第 108～112 頁。

〔註 100〕陳學文《明清時期鄉村的社會治安和社會秩序整治——以日用類書爲中心》，《浙江社會科學》2015 年第 3 期，第 137～160 頁。

〔註 101〕魏志遠《明代日用類書與童蒙研究》，《安徽師範大學學報（哲學社會科學版）》2015 年第 2 期，第 178～184 頁。

《日用類書喪禮知識書寫的特點與變遷》一文是關於自南宋以來出現的日用類書喪禮類知識的一個研究，作者比較了五種不同年代的喪禮類書，認爲隨著時代的變化，日用喪禮類書朝著逐漸通俗化的方向發展，同時他們的功能性也更加明顯。〔註102〕劉全波《明代中後期普通民眾的琉球認知——以日用類書爲中心》認爲日用類書「諸夷門」詳細記錄了明代中後期普通民眾對世界的認知程度，其中就有關於琉球的眾多記載，這些記載與《明史》《使琉球錄》中的記載相互補充、相互印證，並以圖畫的形式對明代中後期的琉球人形象做了描繪，是我們瞭解明代中後期琉球歷史、文化、風俗的珍貴資料。〔註103〕

王豔雯《〈原始秘書〉研究》從《原始秘書》的成書背景、版本流傳、體例、內容與價值等方面進行分析研究，作者考訂了改封南昌以前的朱權以及「靖難」對《原始秘書》創作的影響，介紹了《原始秘書》成書背景與版本，分析了《原始秘書》的體例，對其類書性質進行辨析，作者還從日用類書的角度，討論了《原始秘書》存在的缺點，對明代類書編撰的特點與通病進行了探討，最後作者還探究了《原始秘書》與宋刻本《事物紀原》、明刻本《事物紀原》之間的關係。〔註104〕潘建國《明弘治單刻本〈新刊鍾情麗集〉考》主要對明代刻本《新刊鍾情麗集》和明代通俗類書《燕居筆記》《國色天香》《萬錦情林》等書所收之選輯本，進行了文字比勘，以探究明代通俗類書在編纂中與原材料的關係。〔註105〕蘇振富《〈奩史·仙佛門〉整理與研究》認爲王初桐所作《奩史》是一部專門記錄古代女性人物及事蹟的類書，其中《仙佛門》又以豐富的資料和眾多的引書保存了大量女性神話人物及事蹟，這對研究資料本就極爲稀少的女性神話有相當重要的作用。〔註106〕

〔註102〕龍曉添《日用類書喪禮知識書寫的特點與變遷》，《四川民族學院學報》2015年第4期，第69～75頁。

〔註103〕劉全波《明代中後期普通民眾的琉球認知——以日用類書爲中心》，中國社會科學院臺灣史研究中心主編《清代臺灣史研究的新進展——紀念康熙統一臺灣330週年國際學術討論會論文集》，北京：九州出版社，2015年，第413～424頁。

〔註104〕王豔雯《〈原始秘書〉研究》，碩士學位論文，上海師範大學，2015年。

〔註105〕潘建國《明弘治單刻本〈新刊鍾情麗集〉考》，《中國典籍與文化》2015年第3期，第80～87頁。

〔註106〕蘇振富《〈奩史·仙佛門〉整理與研究》，碩士學位論文，陝西師範大學，2015年。

六、結　語

縱觀 2015 年的類書研究，論著多達百餘種（篇），百萬字不止。通論部分的研究已經將類書研究提升到新的高度，不再是簡單的類書介紹與漫談。魏晉南北朝時期的類書研究由於資料的嚴重散佚，研究成果相對較少，但是此時期是類書發展的第一個高潮期，十分需要深入研究與考察，尤其是此時期的宗教類書，精華尚存，如《無上秘要》《眾經要攬》等，而部分學者對這些問題的研究，對於我們認清此時期的類書發展史是很有價值的。隋唐時期是類書的重要發展階段，《北堂書鈔》《藝文類聚》《初學記》等的研究還是在如火如荼的進行，方興未艾，而《琱玉集》《翰苑》《白氏六帖事類集》的研究亦是不甘落後，新論迭出。宋元時期、明清時期的類書研究思路與隋唐五代時期基本相同，知名重要類書《太平御覽》《冊府元龜》《永樂大典》《古今圖書集成》等仍然是大家關注的中心，論著頗多，博碩士學位論文也多由此選題。此外，《事林廣記》《職官分紀》《全芳備祖》《重廣會史》《韻府群玉》《分門古今類事》《古今合璧事類備要》《翰墨全書》等私纂類書也受到越來越多的關注，是類書研究的新增長點。誠然，專書、專題研究是類書研究的大趨勢，這是把握一本類書乃至一個專題的金鑰匙，類書內容之豐富，眾所周知，類書內容之駁雜，亦是眾所周知，而只有專書、專題研究才是最好的把握類書研究的鑰匙，從當今的研究狀況來看，學界同仁正是按照這樣的思路在進行研究，無論是知名類書，抑或是不知名類書，都得到了學界的關注，研究進展神速。

最後，近年來的類書研究多被博物學、知識史等新概念裹挾，是好現象，也不能代表所有，類書與博物學、知識史或有關聯，但筆者認爲傳統中國類書更應該從傳統中國學中尋找理論，單純的考證固然有問題，嫁接來的理論也會水土不服，如何在傳統中尋找到合理的解釋，將一千八百年的類書發展史搞清楚弄明白，的確是任重而路遠。

官修類書的此起彼伏，經久不絕，歷久彌新，是眾所周知的，《中華大典》就是新時代的類書代表，而對從《皇覽》到《中華大典》的整理分析研究，明顯不夠，並且如何研究都有點令人疑惑，其實，我們最應該借鑒的是從《史記》到《清史》的正史編纂與研究脈絡，類書的編纂與正史的撰修是相表裡的，並且有些朝代，他們是一群人，既在編類書，又在修正史，這是需要我們注意的現象。私纂類書的功能是與時俱進的，各個時代有各種類書，而類

書所展現的時代特色就是最應該關注的。各個學科的人們都在類書寶庫中尋找適合自己需要的材料，尤其是資料散佚嚴重、傳承不足的學科，但是對於類書中的材料是不可全信的，拾芝麻以爲珠璣的故事很多，關鍵在度，這其實是一個如何看待類書的理論問題，而理論研究不足的情況下，無法給相關學科利用類書文獻提供指導和借鑒。

下　編

一、《皇覽》 [註1]

孫馮翼輯《皇覽》,《叢書集成初編》,北京:中華書局,1985 年。

郜明《〈皇覽〉之編撰與曹魏之士》,《大學圖書館學報》1989 年第 6 期。

王雪梅《〈皇覽〉探微》,《貴州大學學報(社會科學版)》1993 年第 4 期。

張天俊《論類書之祖——〈皇覽〉》,《南通師專學報(社會科學版)》1995 年第 4 期。

津田資久《漢魏交替期における〈皇覽〉の編纂》,《東方學》108,2004 年;中文翻譯版見津田資久《漢魏之際的〈皇覽〉編纂》,《魏晉南北朝史論文集——中國魏晉南北朝史學會第八屆年會暨繆鉞先生百年誕辰國際學術研討會論文集》,成都:巴蜀書社,2006 年。

吳小洪《〈皇覽〉之撰集及其學術成就考論》,《蘭臺世界》2012 年第 9 期。

郭寶軍《〈皇覽〉小考》,《古典文學知識》2012 年第 3 期。

戴建國《四庫館臣對〈皇覽〉的考辨得失》,《圖書情報工作網刊》2012 年第 8 期。

桂羅敏《〈皇覽〉考辨》,《焦作師範高等專科學校學報》2013 年第 1 期。

[註1] 本目錄的製作本是方便筆者自己查閱資料之用的,不揣淺陋,共享於天下同道。本目錄的編纂原則首先是依據《四庫全書總目》所收錄之《類書類》書目,其中明顯非類書者,棄之不論,至今尚無人研究者,亦暫時不錄其名號。其次將敦煌文獻所保存之敦煌類書,尤其是較受關注者,亦加以羅列。再就是根據域外文獻以及相關研究成果,做了增補。目錄之編纂,看似簡單,又多有問題,就是不能保證「全」,所未見者有之,其次是最新研究之追蹤,亦有滯後之嫌疑,故疏漏之處在所難免。換一思路,目錄之為用,要在索引,提供線索,使有心人可以按圖索驥。本目錄定有不善之處,請博雅君子見諒,以之為索引工具,或可有省力之功效,則其價值也。再者,本目錄收錄了《文館詞林》《文苑英華》等多被當今學界定義為總集之論著目錄,或有學者認為其絕非類書,筆者亦認為他們不是純正類書,但是筆者卻對他們的純正總集之性質稍有保留,以今日今人之眼光來論述千年前古籍之性質,定有問題,故我們應該以唐人之眼光看《文館詞林》,以宋人之眼光看《文苑英華》,或許才能看的更加清晰,而筆者認為此等《文館詞林》《文苑英華》的編纂有類書編纂之方法在裏面,有類書之部分性質在裏面。

劉全波《〈皇覽〉編纂考》，《中國典籍與文化》2014 年第 1 期；收入劉全波《魏晉南北朝類書編纂研究》，北京：民族出版社，2018 年。

邢培順《論〈水經〉爲〈皇覽〉的一部分》，《古籍整理研究學刊》2016 年第 3 期。

大平幸代《〈皇覽〉的流傳與劉宋「冢墓」之學》，《古典文獻研究》2017 年第 2 輯，總第 20 輯下卷，南京：鳳凰出版社，2017 年。

二、《纂要》

劉全波《論魏晉南北朝時期〈纂要〉的編纂》，《東方論壇》2016 年第 5 期；收入劉全波《魏晉南北朝類書編纂研究》，北京：民族出版社，2018 年。

三、《類苑》

桂羅敏《〈類苑〉考辨》，《圖書情報工作》2012 年第 S2 期。

牛潤珍《敦煌本 2526 號類書殘卷新證》，《歷史研究》2017 年第 3 期。

四、《華林遍略》

劉寶春《〈華林遍略〉對中國古代類書編纂的影響》，《圖書情報工作》2010 年第 11 期。

力之《〈文選〉事類編錄受〈華林遍略〉重要影響說駁議》，《河南師範大學學報（哲學社會科學版）》2012 年第 2 期。

劉全波《〈華林遍略〉編纂考》，《敦煌學輯刊》2013 年第 1 期；收入劉全波《魏晉南北朝類書編纂研究》，北京：民族出版社，2018 年。

桂羅敏《〈華林遍略〉考辨》，《新世紀圖書館》2013 年第 3 期。

梁蓉《〈華林遍略〉小考》，《絲綢之路》2013 年第 22 期。

力之《〈文選〉編撰非源於〈華林遍略〉推動辨——兼論「余監撫」云云一段非記述「成書過程」》，《銅仁學院學報》2017 年第 8 期。

五、《修文殿御覽》

孫人和《修文殿御覽考》，《中大季刊》1927 年第 4 期。

洪業《所謂修文殿御覽者》，《燕京學報》1932 年第 12 期。

森鹿三《修文殿御覽について》，《東方學報》36，1964 年。

尾崎康《北斉の文林館と修文殿御覽》，《史學（松元信廣先生古稀記念）》40（2 / 3），1967 年。

勝村哲也《修文殿御覽卷第三百一香部の復元——森鹿三氏〈修文殿御覽について〉を手掛りとして》，《日本仏教學會年報》38，1972 年。

勝村哲也《〈修文殿御覽〉新考》，《鷹陵史學》3 / 4，1977 年。

黃維忠、鄭炳林《郭煌本〈修文殿御覽殘卷〉考釋》，《敦煌學輯刊》1995 年第 1 期。

水口干記《延喜治部省式祥瑞條における〈修文殿御覽〉の利用について——延喜治部省式祥瑞條の構成（2）》，《延喜式研究》15，1998 年。

桂羅敏《〈修文殿御覽〉考辨》，《圖書情報工作》2009 年第 1 期。

許建平《敦煌本〈修文殿御覽〉錄校補正》，《敦煌研究》2010 年第 1 期。

劉安志《〈華林遍略〉乎？〈修文殿御覽〉乎？——敦煌寫本 P.2526 號新探》，高田時雄主編《敦煌寫本研究年報》第 7 號，京都：京都大學人文科學研究所，2013 年，收入劉安志《新資料與中古文史論稿》，上海：上海古籍出版社，2014 年。

劉安志《〈修文殿御覽〉佚文輯校》，《魏晉南北朝隋唐史資料》總第 28 期，武漢：武漢大學人文社會科學學報編輯部編輯出版，2012 年；收入劉安志《新資料與中古文史論稿》，上海：上海古籍出版社，2014 年。

劉全波《〈修文殿御覽〉編纂考》，《敦煌學輯刊》2014 年第 1 期；收入劉全波《魏晉南北朝類書編纂研究》，北京：民族出版社，2018 年。

楊學娟《〈修文殿御覽〉載傅咸贈楊駿〈詩〉之序新校》，《中國民族博覽》2017 年第 10 期。

六、《語對》

王三慶《古類書伯二五二四號及其複抄寫卷之研究》，《敦煌學》第 9 輯，1985 年。此文題名又作《敦煌本古類書——〈語對〉伯二五二四號及其

複本寫卷研究》。

王三慶《敦煌古類書〈語對〉研究》，臺北：文史哲出版社，1985 年。

成田守《敦煌類書殘卷の考察》，《東洋研究》第 75 號，1985 年。

福田俊昭《敦煌出土の〈籯金〉と〈無名類書〉》，《東洋研究》第 77 號，1986 年。

王祺《敦煌寫本類書〈語對〉詞匯研究》，碩士學位論文，西北師範大學，2014 年。指導教師：秦丙坤。

七、《玉府新書》

秦樺林《〈玉府新書〉的作者》，《文學遺產》2010 年第 6 期。

八、《玉燭寶典》

崔富章、朱新林《〈古逸叢書〉本〈玉燭寶典〉底本辨析》，《文獻》2009 年第 3 期。

黃麗明《〈玉燭寶典〉研究》，碩士學位論文，上海師範大學，2010 年。指導教師：儲玲玲。

任勇勝《〈古逸叢書〉本〈玉燭寶典〉底本辨析》獻疑》，《清華大學學報（哲學社會科學版）》2010 年第 S2 期。

郭萬青《古逸業書本〈玉燭寶典〉引〈國語〉校證》，《中國俗文化研究》總第 8 輯，成都：巴蜀書社，2013 年。

張東舒《〈玉燭寶典〉的文獻學研究》，碩士學位論文，雲南大學，2014 年。指導教師：李道和。

張重豔《〈玉燭寶典〉中的民間習俗》，《文史雜誌》2015 年第 2 期。

張重豔《從〈玉燭寶典〉看杜臺卿的宗教思想》，《河北青年管理幹部學院學報》2016 年第 1 期。

石傑《〈玉燭寶典〉與北朝歲時節日研究》，碩士學位論文，青島大學，2016 年。

郝蕊《〈玉燭寶典〉的省略符號研究——以文庫本、叢書本、考證本、石川本爲例》，《日語學習與研究》2016 年第 4 期。

郝蕊《〈玉燭寶典〉的再度整理》,《國際中國文學研究叢刊》總第 4 輯,
上海:上海古籍出版社,2016 年。指導教師:李傳軍。

張曉蕾、寇志強《日本依田利用〈玉燭寶典考證〉價值研究》,《閱江學
刊》2017 年第 2 期。

寇志強《〈玉燭寶典〉所引〈隋書·經籍志〉未著錄書考》,《古籍整理
研究學刊》2017 年第 4 期。

九、《經律異相》

陳士強《〈經律異相〉大意》,《五臺山研究》1988 年第 4 期。

王桂秋《經律異相》,《讀書》1990 年第 2 期。

蔣述卓《〈經律異相〉對梁陳隋唐小說的影響》,《中國比較文學》1996
年第 4 期。

劉守華《從〈經律異相〉看佛經故事對中國民間故事的滲透》,《佛學研
究》總第 7 期,北京:中國佛教文化研究所,1998 年。

夏廣興、吳海勇《〈經律異相〉管窺》,《古籍整理研究學刊》1999 年第
4 期。

金素芳《〈經律異相〉詞語選釋》,《湖州師範學院學報》2001 年第 4 期。

陳洪《〈經律異相〉所錄譬喻類佚經考論》,《淮陰師範學院學報(哲學
社會科學版)》2003 年第 3 期。

張煜《佛教故事群中的女性——以〈經律異相〉之記載爲中心》,《新疆
大學學報(哲學社會科學版)》2004 年第 1 期。

卜紅豔《〈經律異相〉注音研究》,碩士學位論文,首都師範大學,2004
年。指導教師:馮蒸。

陳祥明《〈經律異相〉所見中古新興單音節副詞考察》,《泰山學院學報》
2006 年第 1 期。

何小宛《〈經律異相〉詞匯專題研究》,碩士學位論文,安徽師範大學,
2006 年。指導教師:詹緒左。

馬麗《〈經律異相〉稱謂詞研究》,《浙江教育學院學報》2007 年第 1 期。

洪帥〈經律異相〉詞語箚記》,《宗教學研究》2009 年第 1 期。

董志翹、趙家棟、張春雷《〈經律異相〉的校理與異文語料價值》,《江蘇大學學報（社會科學版）》2009 年第 3 期。

李博《〈經律異相〉校讀箚記》,《文教資料》2009 年第 18 期。

吳福秀《〈經律異相〉與〈法苑珠林〉分類之比較研究——兼論唐初知識體系發展特徵（二）》,《邊疆經濟與文化》2011 年第 3 期。

張春雷《〈經律異相〉異文研究》,博士學位論文,南京師範大學,2011年。指導教師：董志翹。

高振超《西夏文〈經律異相〉（卷十五）考釋》,碩士學位論文,陝西師範大學,2012 年。指導教師：韓小忙。

張春雷《論〈經律異相〉異文的研究價值及其類型》,《南陽師範學院學報》2012 年第 7 期。

趙家棟、董志翹《〈經律異相〉（5～11 卷）校讀箚記》,《南京師範大學文學院學報》2012 年第 3 期。

逯靜《以佛經異文校訂〈經律異相〉芻議》,《西昌學院學報（社會科學版）》2013 年第 1 期。

喻瑾《佛教因果業報思想對六朝志怪小說的影響——以〈經律異相〉為中心》,碩士學位論文,四川師範大學,2013 年。指導教師：哈磊。

張春雷《論〈經律異相〉異文研究的價值和意義》,《湖北社會科學》2013年第 6 期。

楊志高《西夏文〈經律異相〉卷十五「優波離為佛剃髮得入第四禪一」譯考》,《圖書館理論與實踐》2013 年第 12 期。

董志翹、趙家棟《〈經律異相〉（22～28 卷）校讀箚記》,王雲路主編《漢語史學報》總第 13 輯,上海：上海教育出版社,2013 年。

姜媛媛《〈經律異相〉譬喻文學之研究》,碩士學位論文,蘭州大學,2013年。指導教師：樊得生。

楊志高《〈經律異相〉的經錄入藏和西夏文本的翻譯雕印》,《西夏學》總第 10 輯,上海：上海古籍出版社,2014 年。

陳志遠《〈經律異相〉引書體例小識》,《中國史研究》2015 年第 1 期。

曹嫄、張美蘭《〈經律異相〉中的「匵惜」與「遺惜」》,《漢語史研究集刊》2016 年第 1 期,總第 21 輯,成都:巴蜀書社,2016 年。

王顯勇《〈經律異相〉箚記》,《中國語文》2016 年第 4 期。

劉全波《〈經律異相〉編纂考》,《敦煌學輯刊》2017 年第 3 期;收入劉全波《魏晉南北朝類書編纂研究》,北京:民族出版社,2018 年。

黃仁瑄、聶宛忻《〈經律異相〉之慧琳「音義」的訛、脫、倒問題》,《語言研究》2017 年第 4 期。

楊志高《西夏文〈經律異相〉中的佛、俗時間概念》,《西夏學》2017 年第 1 輯,總第 14 輯,蘭州:甘肅文化出版社,2017 年。

劉曉興《〈經律異相〉異文的整理與研究》,《南京師範大學文學院學報》2018 年第 1 期。

王曉玉、趙家棟《佛教類書與所出原經深加工平行語料庫建設與研究——以〈經律異相〉〈法苑珠林〉爲樣本》,《南京師範大學文學院學報》2018 年第 2 期。

邵亦秋《〈經律異相〉與所出譬喻類原經異文校讀舉例》,《文教資料》2018 年第 35 期。

楊志高《有關佛教名相在西夏文經典中的幾例標點——以〈慈悲道場懺法〉和〈經律異相〉爲例》,《西夏學》2018 年第 1 期,總第 16 期,蘭州:甘肅文化出版社,2018 年。

邵天松《磨礪七載精益求精——讀董志翹、劉曉興等〈經律異相校注〉》,《南京師範大學文學院學報》2019 年第 2 期。

十、《法寶聯璧》

劉林魁《〈法寶聯璧〉編者箋證》,《寶雞文理學院學報(社會科學版)》2009 年第 4 期。

張蓓蓓《〈法寶聯璧〉編纂考》,《中華文化論壇》2009 年第 4 期。

吳福秀《論南北朝圖書編纂及其時代觀念——以〈法寶聯璧〉爲中心》,《湖北成人教育學院學報》2010 年第 3 期。

劉暢《〈法寶聯璧序〉中所見之蕭梁十八班制》,《南京曉莊學院學報》2013 年第 4 期。

十一、《金藏論》

今野達《眾経要集金蔵論と今昔物語集》，《國語國文 52（4）》，1983 年。

山路芳範《〈義楚六帖〉引用典籍考三：〈金蔵経〉（〈眾経要集金蔵論〉）について》，《印度學佛教學研究 42（2）》，1994 年。

山路芳範《〈金蔵經〉と〈今昔物語集〉について》，《京都文教研究紀要 5》，京都：京都文教女子中學高等學校，1997 年。

山路芳範《京都大學附屬圖書館所藏本〈眾經要集金蔵論〉卷 1》，《仏教大學仏教學會紀要 7》，1999 年。

山路芳範《京都大學附屬圖書館所藏本〈眾經要集金蔵論〉卷 2》，《仏教大學仏教學會紀要 8》，2000 年。

宮井里佳《道紀傳について――中國佛教の類書の研究の基礎作業として》，《埼玉工業大學人間社會學部紀要 1》，2003 年。

荒見泰史《敦煌文學與日本說話文學――新發現北京本〈眾經要集金蔵論〉的價值》，陳允吉《佛經文學研究論集》，上海：復旦大學出版社，2004 年。

荒見泰史《中國國家圖書館藏敦煌寫本北京 8407（鳥 16）〈眾經要集金蔵論〉校錄》，《西北出土文獻研究 3》，2006 年。

本井牧子《大谷大學藏〈眾経要集金蔵論〉考――卷第二の問題を中心に》，《大谷學報 85（3）》，2006 年。

宮井里佳、本井牧子《〈金蔵論〉敦煌本翻刻――北京一三二二・俄ДХ○○九七七・北京大學 D 一五六》，《文芸論叢（67）》，2006 年。

宮井里佳《敦煌諸寫本による〈金蔵論〉卷五、六の解明》，《印度學佛教學研究 55（1）》，2006 年。

宮井里佳《〈金蔵論〉：書名をめぐる一考察》，《埼玉工業大學人間社會學部紀要 5》，2007 年。

宮井里佳、本井牧子《〈金蔵論〉――新出の敦煌本と卷五・卷六の問題を中心に》，《文芸論叢 68》，2007 年。

本井牧子《〈金蔵論〉と〈今昔物語集〉――〈金蔵論〉敦煌本と〈今昔物語集〉卷二との関連を中心に》，《國語國文 77（8）》，2008 年。

宮井里佳《金藏論の最前線：中國佛教類書と〈金藏論〉》,《佛教文獻と文學：日臺共同ワークショップの記錄 2007》,東京：國際佛教學大學院大學學術フロンティア實行委員會,2008 年。

宮井里佳《金藏論と中國北朝末期の仏教》,《불교학리뷰（vol.7）》,금강대학교,2010 年。

宮井里佳、本井牧子《金藏論：本文と研究》,京都：臨川書店,2011 年。

宮井里佳《中國仏教における因緣物語集：〈金藏論〉に引用される〈雜寶藏経〉について》《印度學佛教學研究 62（2）》,2014 年。

佐藤裕亮《宮井里佳・本井牧子編著〈金藏論：本文と研究〉》,《明大アジア史論集（16）》,2012 年。

山口周子《宮井里佳・本井牧子編著〈金藏論〉》,《仏教史學研究　56（1）》,2013 年。

〔韓〕최연식《金藏要集經의性格과研究現況》,《불교학리뷰（vol.7）》。

本井牧子《金藏論と日本說話文學》,《불교학리뷰（vol.7）》。

本井牧子《新出の〈金藏論〉敦煌寫本》,《東方學研究論集：高田時雄教授退職記念》,東方學研究論集刊行會,2014 年。

本井牧子撰,桂弘譯《東亞的唱導中的〈金藏論〉——以朝鮮版〈釋氏源流〉空白頁上的填寫內容為端緒》,《中國俗文學研究》第 9 輯,成都：巴蜀書社,2014 年。

方廣錩《讀〈續高僧傳・道紀傳〉》,洪修平主編《佛教文化研究》2015 年第 1 期,南京：江蘇人民出版社,2015 年。

王招國（定源）《韓國松廣寺舊藏〈金藏論〉寫本及其文獻價值》,《魏晉南北朝隋唐史資料》2017 年第 2 期,總第 36 輯,上海：上海古籍出版社,2017 年。

十二、《無上秘要》

劉琳《無上秘要》,《宗教學研究》1983 年第 2 期。

鍾來因《〈無上秘要〉與老子〈德經〉〈道經〉》,《學海》1992 年第 1 期。

葉貴良《論道教類書〈無上秘要〉的價值》,《古籍研究》2008 卷下,總第 54 期,合肥:安徽大學出版社,2009 年。

丁培仁《從〈無上秘要〉看六朝道教關於災難的論述》,《宗教學研究》2010 年第 4 期。

周作明《試論現存最早道教類書〈無上秘要〉》,《西南民族大學學報（人文社會科學版）》2011 年第 10 期。

丁培仁《從類書〈無上秘要〉的結構看南北朝道教的教義體系》,《宗教學研究》2011 年第 4 期。

周作明《〈無上秘要〉與早期道教經書》,《西南民族大學學報（人文社會科學版）》2015 年第 3 期。

劉祖國《點校本〈無上秘要〉與道教文獻整理》,《古典文獻研究》2017 年第 1 輯,總第 20 輯上卷,南京:鳳凰出版社,2017 年。

章紅梅《早期道經整理的碩果——中華書局標點本〈無上秘要〉述評》,《宗教學研究》2017 年第 4 期。

周作明《試論〈無上秘要〉與中古漢語詞匯研究》,王雲路主編《漢語史學報》總第 19 輯,上海:上海教育出版社,2018 年。

十三、《長洲玉鏡》

劉全波《〈長洲玉鏡〉編纂考——兼論中古時期官修類書的因襲與替代》,羅家祥主編《華中國學》總第 12 卷,武漢:華中科技大學出版社,2019 年。

十四、《北堂書鈔》

朱太岩《〈北堂書鈔〉小考》,《西北師大學報（社會科學版）》1981 年第 1 期。

吳樹平《曹寅藏本〈北堂書鈔〉述略》,《文物》1984 年第 7 期。

吳栢青《論虞世南〈北堂書鈔〉》,《書目季刊》1997 年第 1 期。

黃惠賢《隋鈔本〈三國志·蜀志〉蠡測——〈北堂書鈔〉研究資料之一》,《魏晉南北朝隋唐史資料》總第 18 期,武漢:武漢大學出版社,2001 年。

黃惠賢《隋鈔本〈三國志・吳志〉蠡測——〈北堂書鈔〉研究資料之二》，《魏晉南北朝隋唐史資料》總第 18 期，武漢：武漢大學出版社，2001年。

黃惠賢《隋鈔本〈三國志・魏志〉蠡測——〈北堂書鈔〉研究資料之三》，《魏晉南北朝隋唐史資料》總第 19 期，武漢：武漢大學出版社，2002年。

賴苑華《〈北堂書鈔・樂部〉引書初探》，《樂山師範學院學報》2003 年第8 期。

梁玲華《〈北堂書鈔〉初探》，碩士學位論文，四川大學，2004 年。指導教師：劉文剛。

王鏗《山簡鄉品考——以〈北堂書鈔〉版本異文爲線索》，《中國史研究》2005 年第 3 期。

段筱春、楊春燕《林國贊〈《北堂書鈔》續校記〉未刊稿本》，《新國學》總第 6 卷，成都：巴蜀書社，2006 年。

宋華玲《虞世南和〈北堂書鈔〉》，《文史雜誌》2007 年第 3 期。

祁國宏《唐代類書的文學傳播功能——以〈北堂書鈔〉〈藝文類聚〉〈初學記〉等對屈宋辭賦的傳播爲例》，《新世紀圖書館》2007 年第 6 期。

竺濟法《虞世南〈北堂書鈔〉記茶事》，《茶葉世界》2009 年第 15 期。

郭醒《〈北堂書鈔〉成書年代考論》，《社會科學輯刊》2010 年第 3 期。

王飛飛《〈北堂書鈔〉引經考》，碩士學位論文，廣西師範大學，2011 年。指導教師：韓暉。

呂玉紅《〈北堂書鈔・樂部〉中的音樂文獻學研究》，碩士學位論文，山西大學，2012 年。指導教師：高興。

李賢強《〈北堂書鈔〉和〈藝文類聚〉比較研究》，《劍南文學（經典閱讀）》2012 年第 2 期。

桂羅敏《知識分類對天人秩序的映照——以類書〈北堂書鈔〉爲例》，《圖書情報知識》2013 年第 2 期。

王清安《北堂書鈔所載〈今日良宴會〉應可確認爲曹植之作》，《中國韻文學刊》2013 年第 2 期。

李偉鳳《〈北堂書鈔〉所引〈詩經〉點校箚記》，《柳州師專學報》2013 年第 2 期。

孟祥娟、曹書傑《〈北堂書鈔〉編撰於隋考》，《古籍整理研究學刊》2013 年第 3 期。

孟祥娟《論〈北堂書鈔〉的現代功能與價值》，《邊疆經濟與文化》2013 年第 10 期。

孟祥娟《虞世南與〈北堂書鈔〉》，《天中學刊》2015 年第 1 期。

蔣靜《〈北堂書鈔〉引史部文獻考略》，碩士學位論文，西南科技大學，2015 年。指導教師：段曉春。

曹珍《〈北堂書鈔〉卷帙存佚考》，《青年文學家》2015 年第 21 期。

曹珍、段曉春《〈北堂書鈔〉所引〈傅子〉小考》，《綿陽師範學院學報》2015 年第 10 期。

李亞麗《〈北堂書鈔〉引〈宋玉集〉考述》，《西江文藝（下半月）》2015 年第 11 期。

曹珍《〈北堂書鈔〉引子部文獻考略》，碩士學位論文，西南科技大學，2016 年。指導教師：段曉春。

李亞麗《〈北堂書鈔〉引集部文獻考》，碩士學位論文，西南科技大學，2016 年。指導教師：段曉春。

王燕華《〈北堂書鈔〉與江南虞氏之家學傳承》，《歷史文獻研究》2016 年第 1 輯，總第 34 輯，上海：華東師範大學出版社，2016 年。

十五、《瑚玉集》

吳忠耘《〈瑚玉集〉引〈春秋〉考》，《綿陽師範學院學報》2015 年第 10 期。

鄭易林《初唐舊鈔卷子本〈瑚玉集〉殘卷研究》，碩士學位論文，中國人民大學，2016 年。指導教師：徐建委。

十六、《編珠》

孫麗婷《〈編珠〉殘卷研究》，碩士學位論文，河北師範大學，2015 年。指導教師：王京州。

劉全波、何強林《〈編珠〉編纂與流傳考》,《北京理工大學學報（社科版）》
2019 年第 2 期。

何強林《〈編珠〉整理與研究》,碩士學位論文,蘭州大學,2019 年。指
導教師：劉全波。

十七、《藝文類聚》

華上《我國古代百科全書〈宋本藝文類聚〉影印出版》,《讀書》1960 年
第 25 期。

李劍雄、劉德權合編《藝文類聚人名書名篇名索引》,臺北：大化書局,
1980 年。

潘樹廣《〈藝文類聚〉概說》,《辭書研究》1980 年第 1 期。

許逸民《〈藝文類聚〉和〈初學記〉》,《文史知識》1982 年第 5 期。

張國朝《〈藝文類聚〉的編輯技術成就及其價值》,《圖書與情報》1985 年
第 4 期。

邱五芳《〈藝文類聚〉編撰年代之管見》,《贛圖通訊》1986 年第 1 期。

陳慶蘭《金錢題照——讀〈藝文類聚・錢神論〉》,《博覽群書》1987 年第
7 期。

魏仲祐《〈藝文類聚〉與〈淵監類函〉二書體制之比較》,《東海中文學報》
1988 年第 8 期。

樊義順《利用〈藝文類聚〉檢索古代科技文獻》,《全國林業院校圖書館
工作》1989 年第 3 期。

張乃鑒《〈藝文類聚〉輯〈京口記〉佚文非劉楨所作考》,《天津職業技術
師範學院學報》1990 年第 2 期。

凌朝棟《試論歐陽詢編纂〈藝文類聚〉的價值》,《渭南師專學報》1994
年第 4 期。

李捷《李淵下令編〈藝文類聚〉》,《教育藝術》1994 年第 5 期。

郭紹林《歐陽詢與〈藝文類聚〉》,《洛陽師專學報》1996 年第 1 期。

力之《汪紹楹校本〈藝文類聚〉刊誤》,《欽州學刊》1997 年第 4 期。

裴芹《漫說〈藝文類聚〉的「事具……」》,《文教資料》1997 年第 5 期。

力之《〈藝文類聚〉的問題種種——〈藝文類聚〉研究之一》,《古籍整理研究學刊》1998 年第 Z1 期。

樊義順《評〈藝文類聚〉檢索古代科技文獻的作用》,《高校圖書館工作》1999 年第 1 期。

力之《〈藝文類聚〉雜誌》,《廣西師院學報(哲學社會科學版)》2001 年第 4 期。

力之《〈藝文類聚〉刊誤(一)》,《古籍整理研究學刊》2002 年第 2 期。

唐雯《〈藝文類聚〉〈初學記〉與唐初文學觀念》,《西安聯合大學學報》2003 年第 1 期。

郭醒《〈藝文類聚〉研究》,博士學位論文,南京大學,2003 年。指導教師:張伯偉。

王曉芳《女性美的覺醒時代——從〈藝文類聚·美婦人〉看南朝文人對女性的審美心理》,《雲夢學刊》2004 年第 4 期。

郭醒《〈藝文類聚〉卷四「歲時部」闕文考》,《瀋陽師範大學學報(社會科學版)》2004 年第 4 期。

孫麒《文淵閣〈四庫全書〉本〈藝文類聚〉初探》,《四川師範大學學報(社會科學版)》2005 年第 2 期。

郭醒《論〈藝文類聚〉對建安七子詩的選錄》,《遼寧大學學報(哲學社會科學版)》2005 年第 3 期。

韓建立《〈藝文類聚〉「參見法」述論》,《古籍整理研究學刊》2006 年第 5 期。

郭醒《傳統類書的文學批評意義——以〈藝文類聚〉爲中心》,《瀋陽師範大學學報(社會科學版)》2006 年第 6 期。

蘇嘉《〈藝文類聚〉》,《出版史料》2007 年第 1 期。

力之《〈藝文類聚〉汪紹楹先生校語商兌》,《三峽大學學報(人文社會科學版)》2007 年第 3 期。

孫麒《宗文堂本〈藝文類聚〉刊印考》,《圖書館雜誌》2007 年第 11 期。

祁國宏《唐代類書的文學傳播功能——以〈北堂書鈔〉〈藝文類聚〉〈初學記〉等對屈宋辭賦的傳播爲例》,《新世紀圖書館》2007 年第 6 期。

孫麒《〈藝文類聚〉王元貞本淺論》，《古籍研究》2007 卷下，總第 52 期，合肥：安徽大學出版社，2007 年。

力之《綜論〈文選〉非倉促成書——兼與〈藝文類聚〉（前十卷）比較》，《內蒙古師範大學學報（哲學社會科學版）》2008 年第 2 期。

孫麒《〈藝文類聚〉版本研究》，博士學位論文，復旦大學，2008 年。指導教師：吳格。

韓建立《〈藝文類聚〉編纂研究》，博士學位論文，吉林大學，2008 年。指導教師：張金梁。

韓建立《〈藝文類聚〉分類體系所反映的傳統文化觀念》，《文教資料》2008 年第 24 期。

韓建立《試論〈藝文類聚〉中的「類目注釋」》，《吉林工程技術師範學院學報》2008 年第 9 期。

韓建立《〈藝文類聚〉始纂時間與引用圖書數量考辨》，《廣西社會科學》2009 年第 1 期。

韓建立《〈藝文類聚〉編纂的主導思想》，《前沿》2009 年第 2 期。

韓建立《〈藝文類聚〉輯錄文獻方法述略》，《農業圖書情報學刊》2009 年第 3 期。

韓建立《〈藝文類聚〉類目編排新探》，《新世紀圖書館》2009 年第 3 期。

韓建立《〈藝文類聚〉事前文後的編排次序及其影響》，《新鄉學院學報（社會科學版）》2009 年第 3 期。

孫翠翠《偃武修文，人懷荊玉——淺析〈藝文類聚〉產生的政治文化背景》，《滄桑》2009 年第 3 期。

孫翠翠《〈藝文類聚〉所引「藝文」研究》，碩士學位論文，魯東大學，2009 年。指導教師：陳冠明。

韓建立《〈藝文類聚〉類目編排新探》，《圖書館理論與實踐》2009 年第 7 期。

鄒曉霞《〈藝文類聚〉與《文選》詩歌分類之比較》，《湖南人文科技學院學報》2009 年第 6 期。

韓建立《〈藝文類聚〉事文合璧的類書體制溯源》，《山東圖書館學刊》2009年第 6 期。

韋臻《當代〈藝文類聚〉研究狀況綜述》，《廣西廣播電視大學學報》2010年第 1 期。

呂維彬《〈藝文類聚〉詩賦收錄分類研究》，碩士學位論文，廣西師範大學，2010 年。指導教師：韓暉。

力之《關於「事具……」所涉引文之略詳諸問題——〈藝文類聚〉研究之三》，《欽州學院學報》2010 年第 2 期。

黃俊傑《從〈藝文類聚〉和〈初學記〉的引文看初唐的文學傳播》，《中國韻文學刊》2010 年第 2 期。

高淑平《〈藝文類聚〉與南朝詠物詩的關係》，《湖北職業技術學院學報》2010 年第 2 期。

韓建立《〈藝文類聚〉功能考》，《圖書情報研究》2010 年第 3 期。

桂羅敏《〈藝文類聚〉分類法之人類學闡釋》，《焦作師範高等專科學校學報》2010 年第 3 期。

王安琪《淺談〈藝文類聚〉中「人」的分類》，《劍南文學》2010 年第 4 期。

孫麒《〈藝文類聚〉校勘箚記》，《圖書館雜誌》2010 年第 12 期。

吳福秀《〈藝文類聚〉與〈法苑珠林〉分類之比較研究》，《山東文學（下半月）》2011 年第 1 期。

孫麒《〈四庫全書〉本〈藝文類聚〉考論——以文淵閣本與文津閣本爲例》，《圖書情報工作》2011 年第 7 期。

鄭聲《〈藝文類聚·樂部〉中的音樂史料研究》，碩士學位論文，山西大學，2011 年。指導教師：高興。

付晨晨《中古類書與知識世界：從〈藝文類聚〉到〈初學記〉》，碩士學位論文，武漢大學，2011 年。指導教師：魏斌。

武良成《〈藝文類聚〉引〈漢書〉研究》，碩士學位論文，廣西師範大學，2011 年。指導教師：力之。

韓建立《〈藝文類聚〉的索引功能及其現代價值》，《山東圖書館學刊》2011年第 3 期。

韓建立《分類與主題相結合的目錄體系在類書編撰中的運用——以〈藝文類聚〉爲例》，《孝感學院學報》2011 年第 4 期。

韓建立《〈藝文類聚〉子目數量辨正》，《圖書館工作與研究》2011 年第 12 期。

張婷《淺論〈藝文類聚〉中對鮑照詩之選錄》，《現代交際》2012 年第 1 期。

郭萬青《〈藝文類聚〉引〈國語〉斠正四則》，《鹽城師範學院學報（人文社會科學版）》2012 年第 2 期。

韓建立《唐代類書對陶淵明的認知與接受——以〈藝文類聚〉〈初學記〉〈白氏六帖事類集〉爲例》，《南京郵電大學學報（社會科學版）》2012 年第 2 期。

韓建立《〈藝文類聚〉選錄的文體名稱和數量辨正》，《孝感學院學報》2012 年第 4 期。

嚴程《淺談〈藝文類聚〉的編輯方法與意義》，《社科縱橫（新理論版）》2012 年第 3 期。

韓建立《〈藝文類聚〉分卷依據和部類數量辨析》，《河南圖書館學刊》2012 年第 5 期。

蔣博《藝文類聚分類體系及影響》，《大江週刊（論壇）》2012 年第 8 期。

黃柏淳《藝文類聚及太平御覽詮釋資料的建立》，碩士學位論文，臺灣大學，2012 年。指導教師：項潔。

李小成《〈藝文類聚〉所引楚辭與後世流行本之比較》，《求索》2013 年第 6 期。

韓建立《〈藝文類聚引用書目〉考辨》，《圖書館工作與研究》2013 年第 7 期。

鍾嘉軒《類書知識分類變化之自動分析與討論——以〈藝文類聚〉與〈太平御覽〉爲例》，碩士學位論文，臺灣大學，2013 年。指導教師：項潔。

韓建立《〈藝文類聚〉中的「互著」與「別裁」》，《圖書館學刊》2014 年第 4 期。

林曉光《論〈藝文類聚〉存錄方式造成的六朝文學變貌》，《文學遺產》2014 年第 3 期。

韓建立、黃春華《〈藝文類聚〉領修人考辨》，《社會科學戰線》2014 年第 8 期。

黃婷、許建平《〈藝文類聚〉所引〈詩經〉的學術價值》，《中國典籍與文化》2014 年第 4 期。

韓建立《〈藝文類聚〉編撰人員考辨》，《南京郵電大學學報（社會科學版）》2014 年第 4 期。

孫麒《王元貞本〈藝文類聚〉校勘考》，《圖書館雜誌》2015 年第 2 期。

韓建立《唐初權力話語與〈藝文類聚〉的編撰》，《渭南師範學院學報》2015 年第 9 期。

智延娜、蘇國偉《〈藝文類聚〉引〈論衡〉考略》，《圖書館工作與研究》2015 年第 5 期。

韓建立《唐初權力話語與〈藝文類聚〉的編撰》，《現代語文（學術綜合版）》2015 年第 7 期。

韓志遠《〈藝文類聚〉人部「行旅賦」類文獻研究》，《河北科技師範學院學報（社會科學版）》2015 年第 3 期。

曲莎薇《〈藝文類聚〉類目體系中的知識秩序建構邏輯研究》，《圖書館理論與實踐》2015 年第 9 期。

李賀、佟楊《〈藝文類聚〉徵引神仙傳記類小說考證》，《鄖陽師範高等專科學校學報》2015 年第 5 期。

李小成《〈藝文類聚〉引〈詩〉堪比》，《詩經研究叢刊》總第 27 輯，北京：學苑出版社，2015 年。

韓志遠《試論〈藝文類聚〉雜文部錄「七」的意義》，《遼東學院學報（社會科學版）》2015 年第 6 期。

陳龍梅、邢永革、安岩峰《〈藝文類聚〉涉醫內容研究》，《環球中醫藥》2016 年第 3 期。

韓志遠《「蘇李詩」真偽情況研究概述──兼從〈藝文類聚〉看唐初對「蘇李詩」的認識》，《黑龍江教育學院學報》2016 年第 3 期。

孫麒《明嘉靖小字本〈藝文類聚〉版本考辨》,《圖書館雜誌》2016 年第6 期。

孫麒《蘭雪堂活字本〈藝文類聚〉考論——兼論朝鮮活字本之文獻價值優先出版》,《圖書館雜誌》2016 年第 10 期。

韓毅、梁佳媛《〈藝文類聚〉中「藥香草部」的主要內容、文獻來源與傳播情況》,《中醫文獻雜誌》2016 年第 5 期。

韓毅、梁佳媛《〈藝文類聚〉「藥香草部」的主要內容、文獻來源與傳播情況（續完）》,《中醫文獻雜誌》2016 年第 6 期。

李小成、洪雨婷《〈藝文類聚〉引〈史記〉考索》,《唐都學刊》2016 年第6 期。

韓毅、梁佳媛《〈藝文類聚〉中「藥香草部」的主要內容、文獻來源與傳播情況（續）》,《中醫文獻雜誌》2016 年第 6 期。

韓志遠《〈藝文類聚〉「賦」類文獻研究》,碩士學位論文,煙台大學,2016 年。指導教師：孫晶。

李賀《〈藝文類聚〉徵引子部文獻考證》,碩士學位論文,雲南師範大學2016 年。指導教師：陽清。

郭兆斌《明代山西地區宗祿問題略論——以上海圖書館藏〈藝文類聚〉紙背文獻爲例》,《寧夏社會科學》2017 年第 6 期。

鄧無瑕《對唐初南北文學融合論的反思——以〈藝文類聚〉選錄作品爲中心》,碩士學位論文,三峽大學,2017 年。指導教師：李建國。

劉全波《〈初學記〉與〈藝文類聚〉比較研究——以「體例」與「目錄」爲中心的考察》,金瀅坤主編《童蒙文化研究》第 3 卷,北京：人民出版社,2018 年。

孫麒《蘭雪堂活字本〈藝文類聚〉考論——兼論朝鮮活字本之文獻價值》,《圖書館雜誌》2018 年第 6 期。

杜佳明《試論〈藝文類聚〉〈初學記〉包含的儒家思想》,《大觀（論壇）》2018 年第 11 期。

王霞《從謝朓詩的引用看〈藝文類聚〉選詩標準》,《魅力中國》2019 年第 2 期。

十八、《文思博要》

劉全波、何強林《〈文思博要〉編纂考》，張福貴主編《華夏文化論壇》2017 年第 2 期，總第 18 輯，長春：吉林文史出版社，2017 年。

十九、《東殿新書》

劉全波《唐代官修類書〈東殿新書〉編纂考》，乾陵博物館編，丁偉、樊英峰主編《乾陵文化研究》總第 12 輯，西安：三秦出版社，2018 年

二十、《瑤山玉彩》

劉全波《〈瑤山玉彩〉編纂考》，四川省社會科學院、四川省人民政府文史研究館主辦《國學》總第 6 集，成都：巴蜀書社，2018 年。

二十一、《文館詞林》

黃志祥《失傳千年之總集瑰寶——〈文館詞林〉殘卷初探》，《福建論壇（文史哲版）》1986 年第 3 期。

林家驪《日本影弘仁本〈文館詞林〉及其文獻價值》，《杭州大學學報（哲學社會科學版）》1988 年第 4 期。

林家驪《日本所存〈文館詞林〉中的王粲〈七釋〉》，《文獻》1988 年第 3 期。

林家驪《日本影弘仁本〈文館詞林〉與我國先唐遺文》，《文獻》1989 年第 2 期。

羅國威《〈文館詞林〉刊布源流述略》，《古籍整理研究學刊》1994 年第 3 期。

張衛宏《〈文館詞林〉對〈全晉文〉的補校價值》，韓理洲主編《中華傳統文化與新世紀國際學術研討會論文集》，西安：三秦出版社，2004 年。

侯旭東《〈文館詞林〉載「隋文帝令山東卅四州刺史舉人敕」考》，《中國史研究》2003 年第 2 期。

熊清元《日本影弘仁本〈文館詞林〉中的兩個問題》，《黃岡師範學院學報》2003 年第 5 期。

姜維公《〈文館詞林〉闕題殘篇考證》，《古籍整理研究學刊》2004 年第 1 期。

羅新《說〈文館詞林〉魏收〈征南將軍和安碑銘〉》，《中國史研究》2004年第 1 期。

熊清元《〈文館詞林〉卷 347 佚名闕題殘篇考》，《黃岡師範學院學報》2004年第 5 期。

熊清元《〈文館詞林〉卷三四七佚名闕題殘篇考》，陶新民主編《古籍研究》2005 卷下，總第 48 輯，合肥：安徽大學出版社，2005 年。

李建棟《〈文館詞林〉殘篇二考》，《阜陽師範學院學報（社會科學版）》2006 年第 3 期。

季忠平《〈文館詞林〉韻文的校點問題》，《古籍整理研究學刊》2006 年第 4 期。

吳金華、季忠平《古寫本〈文館詞林〉文字問題三議》，《中國文字研究》總第 7 輯，南寧：廣西教育出版社，2006 年。

熊清元《〈文館詞林〉卷 455 闕題殘篇碑銘碑主考》，《黃岡師範學院學報》2006 年第 5 期。

羅國威《日藏弘仁本〈文館詞林〉校記（上）》，周延良主編《中國古典文獻學叢刊》總第 5 卷，北京：國際炎黃文化出版社，2006 年。

李建棟《日藏弘仁本〈文館詞林〉殘敕二考》，《文獻》2007 年第 2 期。

許雲和《日藏弘仁本〈文館詞林〉卷次不明之闕題殘篇考辨》，《古籍整理研究學刊》2007 年第 5 期。

羅國威《日藏弘仁本〈文館詞林〉校記（下）》，周延良主編《中國古典文獻學叢刊》總第 6 卷，北京：國際炎黃文化出版社，2007 年。

許雲和《日藏弘仁本〈文館詞林〉卷三四七闕題殘卷考》，《江海學刊》2008 年第 2 期。

李柏《日藏弘仁本〈文館詞林〉校讀箚記》，《蘭州學刊》2008 年第 10 期。

伏俊璉、姚軍《日藏弘仁本〈文館詞林〉中兩漢文的文獻價值》，《古籍整理研究學刊》2010 年第 1 期。

攸興超《〈文館詞林〉編纂研究》，碩士學位論文，廣西師範大學，2011年。指導教師：胡大雷。

許雲和《日藏弘仁本〈文館詞林〉與唐修〈文館詞林〉》，《中山大學學報（社會科學版）》2011 年第 5 期。

明建《日藏弘仁本〈文館詞林〉辨誤一則》,《中國史研究》2011 年第 4 期。

李兆祿《日藏弘仁本〈文館詞林〉中南北朝文的文獻價值》,《古籍整理研究學刊》2013 年第 1 期。

林家驪、李凱娜《日本影弘仁本〈文館詞林〉所收劉珍〈東巡頌〉考》,《職大學報》2013 年第 2 期。

蔣旅佳《〈文館詞林〉文體分類建樹與影響》,《湖北民族學院學報（哲學社會科學版）》2013 年第 5 期。

汪雯雯《初唐總集編纂的大國氣象與文化輸出——以〈文館詞林〉版本環流與分類結構爲中心》,《佳木斯大學社會科學學報》2016 年第 5 期。

葉林玲《〈文館詞林〉文獻研究》,碩士學位論文,西北師範大學,2018 年。指導教師：杜志強。

二十二、《三教珠英》

桂羅敏《〈三教珠英〉考辨》,《圖書館雜誌》2008 年第 6 期。

王蘭蘭《〈三教珠英〉考補與發微》,《唐史論叢》2013 年第 2 期,總第 17 輯,西安：三秦出版社,2014 年。

二十三、《兔園策府》

王國維《唐寫本〈兔園策府〉殘卷跋》,《觀堂集林》第 4 冊,北京：中華書局,1961 年。

郭長城《敦煌本兔園策府敘錄》,《敦煌學》第 8 輯,1984 年。

郭長城《敦煌寫本〈兔園策府〉兔注補》,《敦煌學》第 9 輯,1985 年。

郭長城《敦煌寫本〈兔園策府〉研究》,碩士學位論文,中國文化大學,1985 年。指導教師：王三慶。

周丕顯《敦煌古鈔〈兔園策府〉考析》,《敦煌學輯刊》1994 年第 2 期；收入周丕顯《敦煌文獻研究》,蘭州：甘肅文化出版社,1995 年。

劉進寶《敦煌本〈兔園策府·征東夷〉產生的歷史背景》,《敦煌研究》1998 年第 1 期；又載《1994 年敦煌學國際研討會文集·紀念敦煌研究院成立 50 週年（宗教文史卷上）》,蘭州：甘肅民族出版社,2000 年。

屈直敏《敦煌本〈兔園策府〉考辨》,《敦煌研究》2001 年第 3 期。

王璐《敦煌寫本類書〈兔園策府〉探究》,碩士學位論文,西北師範大學,2006 年。指導教師:王晶波。

郭麗《〈兔園策府〉考論——兼論唐代童蒙教育的應試性傾向》,《敦煌研究》2013 年第 4 期。

王璐《敦煌寫本類書〈兔園策府〉考證》,《唐都學刊》2008 年第 4 期。

葛繼勇《〈兔園策府〉的成書及東傳日本》,《甘肅社會科學》2008 年第 5 期。

王璐《〈兔園策府〉與唐代類書的編纂》,《西安文理學院學報》2014 年第 5 期。

屈直敏《敦煌寫本〈兔園策府〉敘錄及研究回顧》,《敦煌學輯刊》2016 年第 3 期。

二十四、《類林》

史金波、聶鴻音、黃振華《黑水出土西夏本〈類林〉考辨》,《中央民族學院學報》1988 年第 2 期。

史金波《〈類林〉西夏文譯本和西夏語研究》,《民族語文》1989 年第 6 期。

孫穎新、宋璐璐《俄藏 4429 號西夏文〈類林〉殘頁考》,《寧夏社會科學》2001 年第 1 期。

沙梅真《敦煌本〈類林〉的作者及成書年代》,《敦煌研究》2010 年第 2 期。

沙梅真《敦煌本〈類林〉的分類特徵和意義》,《敦煌學輯刊》2010 年第 2 期。

沙梅真《敦煌本〈類林〉研究》,博士學位論文,蘭州大學,2010 年。指導教師:鄭炳林。

胡翠變《焦竑〈焦氏類林〉研究》,碩士學位論文,浙江師範大學,2011 年。指導教師:劉天振。

郭寶軍《〈文選類林〉的三個問題》,《漢語言文學研究》2011 年第 3 期。

二十五、《翰苑》

明學、中澍《一份更為可信的高句麗史料——關於〈翰苑・藩夷部〉注引〈高麗記〉佚文》,《學術研究叢刊》1986 年第 5 期。

張中澍《多少心腹事盡在夢幻中——〈翰苑・後敘〉淺析》,《北方民族》1988 年第 1 期。

林榮貴《翰苑》,《中國邊疆史地研究》1991 年第 2 期。

湯淺幸孫著,鍾雨明譯《〈翰苑校釋〉前言》,《北方民族》1994 年第 4 期。

趙望秦《唐文學家張楚金考》,《文學遺產》2001 年第 5 期。

王碩《〈翰苑〉作者張楚金著述、生平辨疑》,《古籍整理研究學刊》2015 年第 6 期。

張中澍、張建宇校譯《〈翰苑・藩夷部〉校譯》,長春:吉林文史出版社,2015 年。

王碩《〈翰苑〉研究》,博士學位論文,東北師範大學,2016 年。指導教師:李德山。

二十六、《珠玉抄》

吳楓、鄭顯文《〈珠玉抄〉考釋》,黃約瑟、劉健明《隋唐史論集》,香港:香港大學亞洲研究中心,1993 年。

韓巧梅《敦煌寫本〈珠玉抄〉研究》,碩士學位論文,西北師範大學,2012 年。指導教師:王晶波。

二十七、《龍筋鳳髓判》

傅增湘《校弘治本龍筋鳳髓判跋》,《藏園群書題記》,《國聞週報》第 8 卷第 47 期,1931 年。

木子《〈龍筋鳳髓判〉即將整理出版》,《法律文獻信息與研究》1995 年第 1 期。

集體整理譯注《龍筋鳳髓判(譯注)》,北京:中國政法大學出版社,1996 年。

霍存福《張鷟〈龍筋鳳髓判〉與白居易〈甲乙判〉異同論》,《法制與社會發展》1997 年第 2 期。

霍存福《〈龍筋鳳髓判〉判目破譯——張鷟判詞問目源自眞實案例、奏章、史事考》，《吉林大學社會科學學報》1998 年第 2 期。

劉雲生《〈《龍筋鳳髓判》校注〉辨誤》，《綿陽師範高等專科學校學報》1999 年第 4 期。

賈俊俠、張豔雲《〈龍筋鳳髓判〉探析》，《西安文理學院學報（社會科學版）》2005 年第 4 期。

郭成偉《唐律與〈龍筋鳳髓判〉體現的中國傳統法律語言特色》，《法學家》2006 年第 5 期。

潘峰《〈龍筋鳳髓判〉律文探析》，碩士學位論文，吉林大學，2007 年。指導教師：霍存福。

徐燕斌《穿行在禮與法之間——〈龍筋鳳髓判〉所揭示的唐代官吏的司法觀》，《昆明理工大學學報（社會科學版）》2008 年第 3 期。

譚淑娟《隸事的變體與範式的立則——張鷟〈龍筋鳳髓判〉的性質及創作分析》，《貴陽學院學報（社會科學版）》2008 年第 3 期。

李世進《張鷟和〈龍筋鳳髓判〉》，《文學教育（下）》2008 年第 11 期。

譚淑娟《〈龍筋鳳髓判〉的文學特徵》，《貴陽學院學報（社會科學版）》2009 年第 3 期。

譚淑娟《張鷟〈龍筋鳳髓判〉用典特徵》，《作家》2009 年第 22 期。

巫芳蘭《淺論唐代的禮儀犯罪——以〈龍筋鳳髓判〉爲例》，《綏化學院學報》2010 年第 2 期。

譚淑娟《關於張鷟〈龍筋鳳髓判〉文風問題的探討——兼與白居易〈百道判〉比較》，《江海學刊》2010 年第 3 期。

劉冰《〈龍筋鳳髓判〉典故詞語研究》，碩士學位論文，南京師範大學，2010 年。指導教師：化振紅。

夏婷婷《論〈龍筋鳳髓判〉中對案件事實的推理方法》，《當代法學》2011 年第 1 期。

周揚志《張鷟及其〈龍筋鳳髓判〉文學研究》，碩士學位論文，廣西師範大學，2011 年。指導教師：莫道才。

劉娜《〈龍筋鳳髓判〉研究》，碩士學位論文，四川師範大學，2011 年。指導教師：趙俊波。

青維富《〈龍筋鳳髓判〉印行本梳略與述評》,《編輯之友》2011 年第 7 期。

蔣宗許、劉雲生等箋注《龍筋鳳髓判箋注》,北京:法律出版社,2013 年。

蔣信《張鷟及其〈龍筋鳳髓判〉整理研究述略》,《綿陽師範學院學報》2013 年第 3 期。

李威《論古代司法判例的作用及其對當代中國的啓示——基於〈龍筋鳳髓判〉的解析》,《法制與社會》2013 年第 10 期。

夏婷婷、霍存福《論唐代張鷟判案擇律的方法與技巧——以〈龍筋鳳髓判〉爲研究中心》,《求索》2013 年第 5 期。

李世進《從〈龍筋鳳髓判〉看唐朝初期邊防問題》,《科教文匯(中旬刊)》2013 年第 9 期。

畢曉君《〈龍筋鳳髓判〉對〈漢語大詞典〉的補正》,碩士學位論文,西南科技大學,2014 年。指導教師:蔣宗許。

李世進《〈龍筋鳳髓判〉史源例考》,《法制博覽》2015 年第 33 期。

陳勤娜《〈龍筋鳳髓判〉的版本及其演變》,《河南教育學院學報(哲學社會科學版)》2016 年第 6 期。

霞紹暉《開學養正,昭明有融——讀蔣宗許、劉雲生等的〈龍筋鳳髓判箋注〉》,《綿陽師範學院學報》2017 年第 4 期。

李馳《〈龍筋鳳髓判〉中的法和人情》,《法制日報》2017 年 11 月 8 日,第 10 版。

徐銘澤《〈龍筋鳳髓判〉眞實案件研究》,碩士學位論文,瀋陽師範大學 2017 年。指導教師:夏婷婷。

李馳《唐前期「王子犯法」案中的法律與政治分析——從張鷟〈龍筋鳳髓判・左右衛率府二條〉展開》,《法律適用》2018 年第 24 期。

肖明明《從〈龍筋鳳髓判〉看唐代判詞的功能與特徵》,《人民法院報》2019 年 6 月 14 日,第 5 版。

二十八、《初學記》

張維華《對於初學記寶器部絹第九所引晉故事一文之考釋》,《山東大學學報(人文科學)》1957 年第 1 期。

鄭佩鑫《從〈初學記・寶器部・絹類〉引〈晉故事〉一文看魏晉之際田制稅制的變革》,《山東大學學報（歷史版）》1962 年第 S4 期。

許逸民《〈藝文類聚〉和〈初學記〉》,《文史知識》1982 年第 5 期。

張展舒、錢健《以〈初學記〉爲例剖析分類目錄與主題目錄結合的類書目錄》,《圖書館學研究》1985 年第 5 期。

李步嘉《〈初學記〉校記》,《文獻》1986 年第 4 期。

趙雲峰、劉學禮《我國最早的動植物學教科書——〈初學記〉後四卷之研究》,《生物學雜誌》1987 年第 1 期。

孫愫婷《〈初學記索引〉訂闕》,《古籍整理研究學刊》1998 年第 1 期。

唐雯《〈藝文類聚〉〈初學記〉與唐初文學觀念》,《西安聯合大學學報》2003 年第 1 期。

李方元、劉張傑《〈初學記〉樂部資料述略——以前三個子目爲例》,《黃鍾（武漢音樂學院學報）》2005 年第 3 期。

段玉泉《俄藏黑水城文獻〈初學記〉殘片補考》,《寧夏社會科學》2006 年第 1 期。

蘭華《〈初學記〉與〈白孔六帖〉比較研究》,碩士學位論文,華東師範大學,2006 年。指導教師：鄭明。

劉張傑《〈初學記・樂部〉研究》,碩士學位論文,華中師範大學,2006 年。指導教師：李方元。

祁國宏《唐代類書的文學傳播功能——以〈北堂書鈔〉〈藝文類聚〉〈初學記〉等對屈宋辭賦的傳播爲例》,《新世紀圖書館》2007 年第 6 期。

榮國慶《〈初學記卷十八・師第一〉校勘記一則》,《吉林省教育學院學報》2008 年第 5 期。

陳清慧、肖禹《明代晉藩虛益堂本〈初學記〉考論》,《圖書館雜誌》2009 年第 1 期。

李玲玲《〈初學記〉引經考》,博士學位論文,浙江大學,2009 年。指導教師：張湧泉、許建平。

李玲玲《張說與〈初學記〉》,《中國典籍與文化》2009 年第 4 期。

黃俊傑《從〈藝文類聚〉和〈初學記〉的引文看初唐的文學傳播》,《中國韻文學刊》2010 年第 2 期。

李陽《西安碑林藏明嘉靖本〈初學記〉》，《文博》2010 年第 4 期。

黎麗莎《〈初學記〉詩賦收錄分類研究》，碩士學位論文，廣西師範大學，2011 年。指導教師：韓暉。

康麗娜《〈初學記〉草部資料探微》，《安徽農業科學》2011 年第 24 期。

蘭華《〈初學記〉的編纂人員與歷代版本考》，《佳木斯教育學院學報》2011 年第 5 期。

韓建立《唐代類書對陶淵明的認知與接受——以〈藝文類聚〉〈初學記〉〈白氏六帖事類集〉為例》，《南京郵電大學學報（社會科學版）2012 年第 2 期。

李更《〈錦繡萬花谷〉續書與〈初學記〉——南宋書坊「纂」書方式管窺》，程章燦主編《古典文獻研究》總第 15 輯，南京：鳳凰出版社，2012 年。

范春義《〈初學記〉「打球」條釋疑》，《古典文獻研究》總第 15 輯，南京：鳳凰出版社，2012 年。

馬娜《王子教科書——論〈初學記〉對詩文創作的指導》，碩士學位論文，河北師範大學，2013 年。指導教師：姜子龍。

王樂《〈初學記〉與初唐文學研究》，博士學位論文，復旦大學，2014 年。指導教師：查屏球。

李玲玲《〈初學記〉徵引文獻體例探討——以經部文獻為中心》，《浙江師範大學學報（社會科學版）》2014 年第 3 期。

蘇國偉、智延娜《〈初學記〉引〈論衡〉考略》，《河北大學學報（哲學社會科學版）2014 年第 4 期。

郜同麟《類書專書研究的新範式——讀李玲玲〈《初學記》引經考〉》，《參花（下）》2014 年第 7 期。

張小豔《類書引經研究的典範之作——讀〈《初學記》引經考〉》，《寧波大學學報（教育科學版）2014 年第 6 期。

李雲飛《〈初學記〉引〈左傳〉考校》，《齊齊哈爾大學學報（哲學社會科學版）》2015 年第 6 期。

夏榮林《〈初學記〉文部資料探微》，《哈爾濱學院學報》2015 年第 8 期。

秦樺林《黑水城出土宋刻〈初學記〉殘頁版本考——兼論宋元時期江南

至塞外的「書籍之路」，《浙江大學學報（人文社會科學版）》2016 年第 2 期。

池佳靜《〈初學記〉引〈漢書〉考》，碩士學位論文，華中師範大學 2016 年。指導教師：高華平。

趙世金、馬振穎《〈初學記〉所引緯書考論》，《甘肅廣播電視大學學報》2018 年第 2 期。

二十九、《白氏六帖事類集》

宋建昃《試論〈白孔六帖〉的幾個問題》，《河南大學學報（社會科學版）》2001 年第 1 期。

蘭華《〈初學記〉與〈白孔六帖〉比較研究》，碩士學位論文，華東師範大學，2006 年。指導教師：鄭明。

莊麗麗《〈孔氏六帖〉研究》，碩士學位論文，陝西師範大學，2006 年。指導教師：賈二強。

張小平《〈孔氏六帖〉的成書、體例及版本考略》，《惠州學院學報（社會科學版）》2010 年第 1 期。

張雯《〈白氏六帖事類集〉研究》，碩士學位論文，上海社會科學院，2015 年。指導教師：朱紅。

李文瀾《〈白孔六帖〉校補箚記》，《魏晉南北朝隋唐史資料》總第 30 期，上海：上海古籍出版社，2014 年。

馬天穎《〈白氏六帖〉徵引佚書考》，碩士學位論文，河南師範大學，2017 年。指導教師：周相錄。

張燕萍《〈白氏六帖〉與白居易創作的聯繫》，《青年文學家》2017 年第 3 期。

張雯《〈白氏六帖事類集〉與白居易詩文創作的關係——兼論其對於點校〈白氏長慶集〉的價值》，《理論界》2019 年第 1 期。

張雯《〈白氏六帖事類集〉之「六帖」考》，《古籍整理研究學刊》2019 年第 3 期。

三十、《金鑰》

查屏球《李商隱〈金鑰〉考述》,《安徽師範大學學報（人文社會科學版）》2002 年第 4 期。

三十一、《記室新書》

劉全波、吳園《〈記室新書〉編纂考》,柴冰、董邵偉主編《中華歷史與傳統文化論叢》總第 4 輯,北京：中國社會科學出版社,2018 年。

三十二、《籯金》

劉師培《敦煌新出唐寫本提要：籯金一卷半》,《國粹學報》1911 年第 7 卷第 2 期。

鄭炳林、李強《敦煌寫本〈籯金〉研究》,《敦煌學輯刊》2006 年第 2 期。

李強《敦煌寫本〈籯金〉研究》,博士學位論文,蘭州大學,2008 年。指導教師：鄭炳林。

鄭炳林、李強《唐李若立〈籯金〉編撰研究（上）》,《天水師範學院學報》2008 年第 6 期。

鄭炳林、李強《陰庭誡改編〈籯金〉及有關問題》,《敦煌學輯刊》2008 年第 4 期。

鄭炳林、李強《唐李若立〈籯金〉編撰研究（下）》,《天水師範學院學報》2009 年第 1 期。

鄭炳林、李強《晚唐敦煌張景球編撰〈略出籯金〉研究》,《敦煌學輯刊》2009 年第 1 期。

韓博文、鄭炳林《敦煌寫本〈籯金字書〉研究》,《敦煌研究》2009 年第 2 期。

魏迎春、劉全波《敦煌寫本類書 S.7004〈樓觀宮闕篇〉校注考釋》,《敦煌學輯刊》2010 年第 1 期。

劉全波《百年敦煌類書研究述評》,《中國史研究動態》2010 年第 12 期。

宋麗麗《敦煌寫本〈籯金〉俗字研究》,碩士學位論文,南京師範大學,2011 年。指導教師：趙紅。

屈直敏《敦煌寫本〈籯金〉係類書敘錄及研究回顧》,《敦煌學輯刊》2011 年第 1 期。

魏迎春、鄭炳林《敦煌寫本李若立〈籯金〉殘卷研究——以 S.2053v 號爲中心的探討》，《敦煌學輯刊》2011 年第 3 期。

魏迎春《敦煌寫本 S.5604〈籯金〉殘卷研究》，《敦煌學輯刊》2011 年第 4 期。

魏迎春《敦煌寫本 P.2966 和 P.3363〈籯金〉殘卷考釋》，《敦煌研究》2014 年第 6 期。

陳茂仁《敦煌寫卷〈籯金〉增輯〈新序〉佚文一則》，《書目季刊》2014 年第 1 期。

高天霞《敦煌寫本 S.5604 號〈籯金〉疑難字句補釋》，《語文學刊》2019 年第 2 期。

三十三、《秘府略》

水口幹記，張麗山《日本最早類書〈秘府略〉的編纂及其背景：通過對文人滋野貞主的考察》，《中正漢學研究》2017 年第 30 期。

郭萬青《日漢文寫本類書殘卷〈秘府略〉引〈國語〉校證》，王志民主編《齊魯文化研究》總第 13 輯，濟南：齊魯書社，2013 年。

童嶺《舊鈔本古類書〈秘府略〉殘卷中所見〈東觀漢記〉佚文輯考》，程章燦主編《古典文獻研究》總第 13 輯，南京：鳳凰出版社，2010 年。

唐雯《日本漢文古類書〈秘府略〉文獻價值研究》，《古籍整理研究學刊》2004 年第 5 期。

唐雯《日本漢文古類書〈秘府略〉文獻價值研究》，《古籍研究》2005 年第 2 期。

唐雯《古類書〈秘府略〉之文獻價值》，《文獻信息論壇》2002 年第 4 期。

三十四、《諸經要集》

范習加《〈諸經要集〉書名、著者等問題考》，《歷史教學（下半月刊）》2017 年第 3 期。

三十五、《法苑珠林》

傅世怡《法苑珠林六道篇感應緣研究》，博士學位論文，臺灣師範大學，1975 年。指導教師：羅宗濤。

周志鋒《〈法苑珠林〉詞語選釋》,《寧波師院學報(社會科學版)》1994年第 4 期。

靖居《第一部佛教百科全書——〈法苑珠林〉》,《世界宗教文化》1998 年第 4 期。

張小講《〈法苑珠林〉與佛教的民間化——簡論兩晉南北朝佛教的發展》,碩士學位論文,陝西師範大學,2001 年。指導教師:賈二強。

安正燻《〈法苑珠林〉敘事結構研究》,博士學位論文,復旦大學,2003年。指導教師:陳尙君。

熊國禎《有益的增補,無私的奉獻——〈法苑珠林校注〉出版感言》,《光明日報》2004 年 2 年 12 日。

吳福秀《〈諸經要集〉與〈法苑珠林〉版本流傳之研究》,《欽州師範高等專科學校學報》2006 年第 1 期。

吳福秀《〈法苑珠林〉研究——撰者、初本問題及其徵引志怪小說文獻考論》,碩士學位論文,廣西師範大學,2006 年。指導教師:力之。

邱敏《〈法苑珠林〉記事之誤與鳳凰臺起因之辨》,《南京曉莊學院學報》2007 年第 1 期。

吳福秀《〈法苑珠林〉撰者「玄惲」之稱非爲避唐太宗諱考》,《中國文化研究》2007 年第 1 期。

董志翹《〈法苑珠林校注〉匡補》,《古籍整理研究學刊》2007 年第 2 期。

王東《〈法苑珠林校注〉校點疑誤》,《江海學刊》2007 年第 6 期。

任麗鑫《〈法苑珠林〉與君臣觀》,《敦煌學輯刊》2007 年第 4 期。

王東《〈法苑珠林校注〉校點商兌》,《江海學刊》2008 年第 1 期。

王東《〈法苑珠林校注〉校點商榷》,《江海學刊》2008 年第 2 期。

蔣瑋《〈法苑珠林〉中的女性故事研究》,碩士學位論文,華東師範大學,2008 年。指導教師:程怡。

劉麗娜《〈法苑珠林·感應緣〉中的鬼》,碩士學位論文,上海師範大學,2008 年。指導教師:嚴耀中。

王東《〈法苑珠林校注〉商補》,《古籍整理研究學刊》2008 年第 3 期。

吳福秀《〈法苑珠林〉分類思想研究》,博士學位論文,華中師範大學,

2009 年。指導教師：王齊洲。

王東《〈法苑珠林校注〉拾零》，《鄭州大學學報（哲學社會科學版）》2009年第 4 期。

牛來穎《〈法苑珠林〉中所見的唐長安里坊與佛寺》，《南都學壇》2010 年第 2 期。

吳福秀《〈法苑珠林〉一百二十卷本蠡測》，《長沙鐵道學院學報（社會科學版）》2010 年第 1 期。

倪贊岳《從〈〈法苑珠林〉佛教傳道故事看佛教對「地方」的建構》，碩士學位論文，華東師範大學，2010 年。指導教師：胡曉明。

王東《〈法苑珠林校注〉補正》，《宗教學研究》2010 年第 2 期。

王東《〈法苑珠林校注〉獻疑》，《江海學刊》2010 年第 4 期。

王東《〈法苑珠林校注〉斟補》，《古籍整理研究學刊》2010 年第 4 期。

吳福秀《論古代類書的思想史研究意義——以〈法苑珠林〉為中心》，《西南農業大學學報（社會科學版）》2010 年第 4 期。

王東《〈法苑珠林校注〉校議》，《江海學刊》2010 年第 5 期。

褚連波《〈十日談〉與〈法苑珠林〉對〈月下小景〉的影響研究》，《廣東社會科學》2010 年第 5 期。

羅明月《〈法苑珠林校注〉考疑》，《江海學刊》2010 年第 6 期。

羅明月《〈法苑珠林校注〉補疑》，《江海學刊》2011 年第 1 期。

范崇高《〈法苑珠林校注〉拾補》，《內江師範學院學報》2011 年第 1 期。

羅明月《〈法苑珠林校注〉零拾》，《江海學刊》2011 年第 2 期。

吳福秀《〈經律異相〉與〈法苑珠林〉分類之比較研究——兼論唐初知識體系發展特徵（二）》，《邊疆經濟與文化》2011 年第 3 期。

禹建華《〈法苑珠林〉異文研究》，博士學位論文，湖南師範大學，2011年。指導教師：蔣冀騁。

羅明月《〈法苑珠林校注〉拾補》，《江海學刊》2011 年第 3 期。

劉麗娜《〈法苑珠林・感應緣〉中相關鬼條目的材料來源分析》，《漯河職業技術學院學報》2011 年第 4 期。

于飛《淺析〈法苑珠林〉對〈搜神記〉巫史思想與陰陽五行觀念的吸收》，《宗教學研究》2011 年第 3 期。

向玲玲、湯榮青《〈太平廣記〉所引〈法苑珠林〉異文研究——之同素異序詞研究》，《文教資料》2011 年第 30 期。

劉麗娜《〈法苑珠林・感應緣〉所涉及到的鬼的主題》，《南昌教育學院學報》2011 年第 10 期。

李鷺《關於〈今昔物語集〉震旦部中的漢語詞——與〈法苑珠林〉相比較》，《現代交際》2011 年第 12 期。

向玲玲《〈太平廣記〉所引〈法苑珠林〉異文研究》，碩士學位論文，安徽師範大學，2012 年。指導教師：詹緒左。

劉秋堯《〈法苑珠林〉「感應緣」涉夢故事研究》，碩士學位論文，陝西師範大學，2012 年。指導教師：吳言生。

邵天松《韓國湖林博物館藏〈法苑珠林〉卷八二的校勘價值》，《圖書館雜誌》2012 年第 6 期。

范崇高《〈法苑珠林校注〉點校商補》，《文教資料》2012 年第 19 期。

王紹峰《〈法苑珠林校注〉商補》，《寧波大學學報（人文科學版）》2012 年第 5 期。

曲迪《今昔物語集卷四之三十與原著法苑珠林之比較》，《企業導報》2012 年第 22 期。

范崇高《〈法苑珠林校注〉補議》，《成都大學學報（社會科學版）》2013 年第 3 期。

張龍飛、周志鋒《〈法苑珠林〉中的簡省俗字》，《現代語文（語言研究版）》2013 年第 7 期。

唐飛《〈漢語大詞典〉引〈法苑珠林〉詞條釋義摘瑕》，《文學教育（中）》2013 年第 9 期。

唐飛《〈漢語大詞典〉引〈法苑珠林〉書證紕漏研究》，《重慶科技學院學報（社會科學版）》2013 年第 12 期。

王東《〈法苑珠林校注〉拾遺》，《江海學刊》2014 年第 1 期。

范崇高《〈法苑珠林校注〉商議》，《古籍整理研究學刊》2014 年第 1 期。

王東《〈法苑珠林校注〉商斠》,《江海學刊》2014 年第 2 期。

李華偉《〈法苑珠林〉研究——晉唐佛教的文化整合》,博士學位論文,南開大學,2014 年。指導教師:湛如。

王東《〈法苑珠林校注〉拾零》,《江海學刊》2014 年第 3 期。

韓海振《宋版〈法苑珠林〉隨函音義字形研究》,碩士學位論文,河北大學,2014 年。指導教師:楊寶忠。

張龍飛、周志鋒《〈漢語大詞典〉失收俗字字形補遺——以〈法苑珠林〉俗字爲例》,《現代語文(語言研究版)》2014 年第 6 期。

王東《〈法苑珠林校注〉箚記》,《江海學刊》2014 年第 4 期。

羅明月《〈法苑珠林校注〉商榷(一)》,《江海學刊》2014 年第 5 期。

楊龍輝《今昔物語集卷六之二十與原著法苑珠林之比較(下)》,《品牌(下半月)》2014 年第 8 期。

李華偉《〈從法苑珠林·祭祠篇〉看唐代盂蘭盆節操辦中存在問題》,《古籍整理研究學刊》2015 年第 3 期。

薛玉彬《〈法苑珠林校注〉補疑》,《哈爾濱職業技術學院學報》2015 年第 5 期。

薛玉彬《〈法苑珠林校注〉勘誤補正》,《阜陽職業技術學院學報》2015 年第 3 期。

吳建偉《〈法苑珠林校注〉標點疑誤補舉》,《古籍整理研究學刊》2015 年第 6 期。

范崇高《〈法苑珠林校注〉校勘補遺》,《寧波大學學報(人文科學版)》2016 年第 5 期。

范崇高《〈法苑珠林校注〉標點商兌》,《古籍整理研究學刊》2016 年第 5 期。

王侃《〈諸經要集〉與〈法苑珠林〉成書時間及相關問題考辨》,《宗教學研究》2016 年第 4 期。

王楊《〈法苑珠林〉反切注音研究》,碩士學位論文,曲阜師範大學,2016 年。指導教師:張詒三。

范崇高《〈法苑珠林校注〉標點商正》,《古籍研究》2018 年第 1 期。

王侃《〈法苑珠林校注〉補考》，《古籍整理研究學刊》2018 年第 1 期。

王東《〈法苑珠林校注〉「行禁步山」考辨》，《江海學刊》2018 年第 3 期。

熊威《中日佛像發聲故事的特徵及其效用——以〈日本靈異記〉和〈法苑珠林〉爲例》，《宜春學院學報》2018 年第 11 期。

賈傑雯、任曉卉、葛玲《〈法苑珠林〉詞語選釋》，《新鄉學院學報》2019 年第 5 期。

三十六、《釋氏六帖》

孔毅《〈釋氏六帖〉及其價值》，《古籍整理研究學刊》1988 年第 2 期。

錢汝平《中國最早的佛學辭典——釋氏六帖》，《文史知識》2006 年第 1 期。

錢汝平《佛教類書〈釋氏六帖〉價值淺窺》，《圖書館理論與實踐》2006 年第 2 期。

錢汝平《佛教類書〈釋氏六帖〉考論》，《宗教學研究》2006 年第 3 期。

錢汝平《佛教類書〈釋氏六帖〉版本敘錄》，《圖書館雜誌》2011 年第 1 期。

錢汝平《日本東福寺藏宋本〈釋氏六帖〉刊刻源流考》，《圖書館雜誌》2011 年第 9 期。

趙玉琦《〈釋氏六帖〉引〈說文〉考》，《書目季刊》2012 年第 3 期。

王芳《義楚〈釋氏六帖〉引書研究》，碩士學位論文，華中科技大學，2012 年。指導教師：黃仁瑄。

宋軍朋《〈釋氏六帖〉在古代科技方面的主要貢獻》，《華北水利水電大學學報（社會科學版）》2014 年第 1 期。

趙玉琦、劉同軍《〈釋氏六帖〉引〈古今注〉的文獻價值》，《北方工業大學學報》2014 年第 2 期。

錢汝平《〈釋氏六帖〉作爲類書和詞典的雙重性質》，《浙江海洋學院學報（人文科學版）》2016 年第 3 期。

錢汝平《〈釋氏六帖〉對〈白氏六帖〉體例的繼承與揚棄》，《井岡山大學學報（社會科學版）》2016 年第 4 期。

錢汝平《〈釋氏六帖〉的編纂緣起及撰者生平考證》，《井岡山大學學報（社會科學版）》2017 年第 1 期。

趙煥宇《〈釋氏六帖〉引史書研究》，碩士學位論文，華中科技大學，2017年。指導教師：黃仁瑄。

錢汝平《宋本〈釋氏六帖〉所引〈寶林傳〉考》，《溫州大學學報（社會科學版）》2017 年第 4 期。

錢汝平《宋本〈釋氏六帖〉所引〈續高僧傳〉考》，《江西科技師範大學學報》2018 年第 2 期。

錢汝平《宋本〈釋氏六帖〉所引〈大唐西域求法高僧傳〉考》，《紹興文理學院學報（人文社會科學版）》2018 年第 4 期。

錢汝平《宋本〈釋氏六帖〉所引〈洞冥記〉考》，《江西科技師範大學學報》2019 年第 2 期。

錢汝平《宋本〈釋氏六帖〉所引〈高僧傳〉考》，《大理大學學報》2019年第 7 期。

三十七、《諸經雜輯》

馬德、馬高強《敦煌本〈諸經雜輯〉芻探——兼議敦煌草書寫本研究的有關問題》，《敦煌研究》2018 年第 2 期。

三十八、《太平御覽》

張鄰《〈太平御覽〉與〈冊府元龜〉》，《歷史教學問題》1981 年第 4 期。

戚志芬《宋代四大書之一〈太平御覽〉》，《文史知識》1983 年第 4 期。

陳福林《〈太平御覽〉中先秦兩漢部分史實質疑》，《社會科學戰線》1990年第 2 期。

日知《墨子不知老子——〈太平御覽〉卷三二二「墨子曰」引書有誤》，《古籍整理研究學刊》1992 年第 4 期。

林蔚文《〈太平御覽〉所反映的嶺南民族經濟》，《民族研究》1995 年第 4期。

張秀春《〈太平御覽〉纂修緣起芻議》，《古籍整理研究學刊》1996 年第 2期。

劉振忠《北宋官修類書〈太平御覽〉》,《歷史教學》1997 年第 10 期。

孫雍長、夏劍欽《〈太平御覽〉點校後記》,《古籍整理研究學刊》2000 年第 6 期。

張秀春《試論〈太平御覽〉的成書年代》,《煙台師範學院學報(哲學社會科學版)》2002 年第 4 期。

林海鷹《〈太平御覽〉引〈釋名〉校釋》,碩士學位論文,東北師範大學,2003 年。指導教師:韓格平。

林海鷹《試論〈太平御覽〉對校勘〈釋名〉的價值》,《鞍山師範學院學報》2003 年第 5 期。

林海鷹《〈太平御覽〉引〈釋名·釋天〉考(上)》,《漢字文化》2004 年第 2 期。

林海鷹《〈太平御覽〉引〈釋名·釋天〉考(下)》,《漢字文化》2004 年第 4 期。

林海鷹《〈太平御覽〉引〈釋名·釋言語〉考》,《古籍整理研究學刊》2005 年第 3 期。

林海鷹《〈太平御覽〉引〈釋名·釋飲食〉考》,周延良主編《中國古典文獻學叢刊》第 4 卷,北京:國際炎黃文化出版社,2005 年。

周生傑、莊躍梅《〈太平御覽〉引文方法述略》,《新世紀圖書館》2006 年第 3 期。

周生傑《〈太平御覽〉的編修者有張宏》,《圖書館理論與實踐》2006 年第 4 期。

周生傑《〈太平御覽〉目錄學思想初探》,《牡丹江師範學院學報(哲學社會科學版)》2006 年第 5 期。

周生傑《論〈太平御覽〉的文學觀念》,《廣西師範學院學報》2006 年第 4 期。

周生傑《〈太平御覽〉宋代版本考述》,《開封大學學報》2007 年第 1 期。

龔碧虹《〈太平御覽〉引〈史記〉校箚》,《江西科技師範學院學報》2007 年第 4 期。

周生傑《論〈太平御覽〉對前代類書的利用》,《古典文獻研究》總第 10 輯,南京:鳳凰出版社,2007 年。

周生傑《〈太平御覽〉歷代校勘考》，《淮北煤炭師範學院學報（哲學社會科學版）》2008 年第 1 期。

龔碧虹《〈太平御覽〉引〈史記〉考校》，碩士學位論文，南京師範大學，2008 年。指導教師：趙生群。

黃麗婧《類書研究的一部力作——〈《太平御覽》研究〉評介》，《淮北職業技術學院學報》2009 年第 2 期。

張彩雲《條分縷析注重方法——讀〈《太平御覽》研究〉》，《淮北煤炭師範學院學報（哲學社會科學版）》2009 年第 2 期。

周生傑《魯迅治學與〈太平御覽〉》，《紹興文理學院學報（哲學社會科學版）》2009 年第 3 期。

崔梅《〈太平御覽〉引〈漢書〉考校》，碩士學位論文，南京師範大學，2009 年。指導教師：謝秉洪。

崔梅《〈太平御覽〉引〈漢書〉考校》，《科教文匯（上旬刊）2010 年第 1 期。

周生傑《〈太平御覽〉斠補明覆宋刊本〈孔子家語〉拾例》，朱萬曙主編《古籍研究》2009 卷上下，合肥：安徽大學出版社，2010 年。

張慧敏、張祝平《〈太平御覽〉中緯學敘事內容的編纂》，《小說評論》2010 年第 S1 期。

溫志拔《〈太平御覽〉引「唐書」之性質考論》，《史學史研究》2010 年第 2 期。

唐雯《〈太平御覽〉引「唐書」再檢討》，《史林》2010 年第 4 期。

崔梅、謝秉洪《〈太平御覽〉引〈漢書〉考校》，《社科縱橫》2011 年第 1 期。

徐華《〈太平御覽〉所記「多言何益」三則略考》，《安徽農業大學學報（社會科學版）》2011 年第 2 期。

趙思木《〈太平御覽〉引〈說文〉考》，碩士學位論文，華東師範大學，2011 年。指導教師：詹鄞鑫。

王麗、和中濬《〈太平御覽・疾病部〉外科資料的內容和特點》，《遼寧中醫藥大學學報》2011 年第 4 期。

周生傑《〈太平御覽〉引用緯書考論》,《古籍整理研究學刊》2011 年第 6 期。

韓囡《〈太平御覽〉引〈詩〉考論》,《語文知識》2012 年第 1 期。

韓囡《〈太平御覽〉引〈詩〉考論》,碩士學位論文,南京師範大學,2012 年。指導教師:劉立志。

郭萬青《宋本〈太平御覽〉引〈周語中〉斠證》,《中國俗文化研究》總第 7 輯,成都:巴蜀書社,2012 年。

呂健《文獻寶庫類書淵藪——〈太平御覽〉的編纂、版本及對後世類書的影響》,《圖書館工作與研究》2013 年第 3 期。

李文娟《〈太平御覽〉引〈論語〉考》,《河北科技師範學院學報(社會科學版)》2013 年第 1 期。

王麗《〈太平御覽〉引「黃帝」醫藥學著作考》,《中醫藥文化》2013 年第 2 期。

王靜、李夏德《翻譯家費之邁與德譯〈太平御覽〉》,《中國翻譯》2013 年第 4 期。

劉麗萍《〈太平御覽〉中的大禹資料研究》,《晉城職業技術學院學報》2013 年第 5 期。

盛莉《〈太平廣記〉「草木」類的編纂思想——兼與〈太平御覽〉植物類目之比較研究》,鄧正兵主編《人文論譚》總第 5 輯,武漢:武漢出版社,2013 年。

高文智《〈太平御覽〉中與「冬」相關人事活動解析》,《齊齊哈爾師範高等專科學校學報》2014 年第 1 期。

李文娟《〈太平御覽〉引〈論語〉考》,碩士學位論文,曲阜師範大學,2014 年。指導教師:單承彬。

李沛雷《試析〈太平御覽〉中的「秋」》,《青年文學家》2014 年第 21 期。

韓志遠《淺談北宋時期的「揚杜抑李」思想——以〈太平御覽〉對李杜的記載爲例》,《菏澤學院學報》2014 年第 4 期。

吳娛《試論宋初諫諍的修己觀——以〈太平御覽〉的「諫諍」門爲例》,《山西大同大學學報(社會科學版)》2014 年第 4 期。

申慧青《皇權觀念在類書編纂中的映像——以〈太平御覽·皇王部〉的編纂爲例》，姜錫東主編《宋史研究論叢》總第 15 輯，保定：河北大學出版社，2014 年。

段偉、孫越《〈太平御覽·工藝部·畫類〉文獻揭引》，《遼寧工業大學學報（社會科學版）》2014 年第 6 期。

陳爽《〈太平御覽〉所引〈宋書〉考》，《文史》2015 年第 4 期。

曹瑛《從孫輯本〈神農本草經〉看〈太平御覽〉對輯佚的重要價值》，《中醫文獻雜誌》2016 年第 1 期。

鞏本棟《〈太平御覽〉的分類及其文化意義》，《中國高校社會科學》2016 年第 2 期。

王曉慧《從〈淵鑒類函〉體例淺析其對〈太平御覽〉的承繼》，《鴨綠江（下半月版）》2016 年第 3 期。

賈娟《〈太平御覽·皇王部〉校釋》，《文教資料》2016 年第 9 期。

肖明君《〈太平御覽·樂部〉中的倡優研究》，《北方音樂》2016 年第 9 期。

魏蔚、張志瑩、何廣益、田楊、王育林《〈太平御覽〉內科疾病述要》，《長春中醫藥大學學報》2016 年第 3 期。

李文寧《〈太平御覽〉時序部的體例特點及文獻價值初探》，《湖北民族學院學報（哲學社會科學版）》2016 年第 3 期。

謝媛《觀〈太平御覽〉之「雪」的前世今生》，《才智》2016 年第 20 期。

曹瑛《論〈太平御覽〉醫藥資料內容與特點》，《遼寧中醫藥大學學報》2017 年第 12 期。

趙宇麗《〈太平御覽〉引漢賦研究》，碩士學位論文，雲南大學，2017 年。指導教師：馮良方。

王同宇、曹瑛《〈太平御覽·人事部〉中醫學人文觀分析》，《中醫文獻雜誌》2018 年第 2 期。

李幾昊、溫昊天、劉考強、馮雨陶、朱思行《〈太平御覽·飲食部〉食療內容初探》，《中醫藥文化》2018 年第 6 期。

王麗芬、孟永亮《〈太平御覽·疾病部〉文獻考述》，《世界中西醫結合雜誌》2018 年第 8 期。

三十九、《太平廣記》

莊葳、郭群一《馮夢龍評纂本〈太平廣記鈔〉初探》，《社會科學》1980年第5期。

郭在貽《〈太平廣記〉詞語考釋》，《杭州大學學報（哲學社會科學版）》1980年第4期。

郭在貽《〈太平廣記選〉（上冊）注釋商榷》，《齊魯學刊》1983年第1期。

南麗華《小說淵藪〈太平廣記〉》，《文史知識》1983年第10期。

劉凱鳴《〈太平廣記選〉注釋商評》，《漢中師院學報（哲學社會科學版）》1986年第1期。

黃永年《佛教爲什麼能戰勝道教——讀〈太平廣記〉的一點心得》，《文史知識》1986年第8期。

魏明安《從藝術史料上窺探〈太平廣記〉》，《蘭州大學學報》1987年第2期。

魏承思《從〈太平廣記〉看唐代吏治》，《河北學刊》1987年第5期。

董志翹《〈太平廣記選〉語詞訓釋商兌》，《蘇州大學學報》1988年第3期。

程毅中《〈太平廣記〉的幾種版本》，《社會科學戰線》1988年第3期。

段觀宋《〈太平廣記〉語詞選釋》，《語文研究》1989年第3期。

施謝捷《讀〈太平廣記選〉詞語箚記》，《古籍整理研究學刊》1990年第1期。

陽旭《從〈太平廣記〉看唐代商人》，《廣西師範大學學報（哲學社會科學版）》1990年第S1期。

周志鋒《〈太平廣記〉通假字零拾》，《寧波師院學報（社會科學版）》1991年第3期。

焦傑《從〈太平廣記·夢〉看唐代社會觀念》，《陝西師大學報（哲學社會科學版）》1991年第4期。

曾良《〈太平廣記〉詞語箚記》，《南昌大學學報（人文社會科學版）》1992年第3期。

王宇《〈太平廣記〉中「許」字的虛化現象》，《古漢語研究》1992年第3期。

范崇高《〈太平廣記選〉詞語注釋商榷》，《自貢師專學報》1992 年第 4 期。

程國斌《〈太平廣記〉閱讀箚記二則》，《貴州社會科學》1993 年第 2 期。

李亞明《〈太平廣記〉詞語小箚》，《古漢語研究》1993 年第 1 期。

周志鋒《〈太平廣記〉詞義散記》，《古籍整理研究學刊》1993 年第 2 期。

范崇高《〈太平廣記選〉校語辨正》，《自貢師專學報》1993 年第 4 期。

曹廷偉《宋代〈太平廣記〉中的蛇》，《蛇志》1993 年第 4 期。

吳承學《歷史的幽默——讀〈太平廣記〉箚記》，《古典文學知識》1994 年第 1 期。

張國風《中華書局本〈太平廣記〉輯補》，《鐵道師院學報》1994 年第 1 期。

范崇高《〈太平廣記選〉校語辨正》，《古籍整理研究學刊》1994 年第 2 期。

張國風《〈太平廣記〉諸本總目錄異同》，《北京圖書館館刊》1994 年第 Z1 期。

古敬恒《〈太平廣記〉詞語選釋二則》，《古漢語研究》1994 年第 2 期。

張國風《〈太平廣記〉陳校本的價值》，《中國人民大學學報》1994 年第 5 期。

張國風《試論〈太平廣記〉的版本演變》，《文獻》1994 年第 4 期。

周志鋒《〈〈太平廣記〉詞語小箚〉商榷》，《古漢語研究》1995 年第 1 期。

張國風《文淵閣四庫本〈太平廣記〉底本考索》，《社會科學戰線》1995 年第 3 期。

張國風《〈太平廣記〉引書淺談》，《文史知識》1995 年第 8 期。

胡正武《〈太平廣記〉中「料理」及相關詞語的引申義探析——兼論日本語「料理」詞義來源及發展》，《台州師專學報》1995 年第 5 期。

焦傑《虛幻意識與社會現實的交融——〈太平廣記〉夢之研究》，《人文雜誌》1995 年第 6 期。

張國風《〈太平廣記〉佚文兩則》，《鐵道師院學報》1995 年第 4 期。

張國風《〈太平廣記〉陳鱣校宋本異文輯選》，《北京圖書館館刊》1995 年第 Z2 期。

范崇高《〈太平廣記選〉注釋析疑》，《自貢師專學報》1996 年第 1 期。

李季平、王洪軍《〈太平廣記〉社會史料初探》,《齊魯學刊》1996 年第 5 期。

陸湘懷《論〈太平廣記〉的文學文獻價值》,《撫州師專學報》1996 年第 4 期。

范崇高《〈太平廣記選〉注釋辨疑》,《自貢師專學報》1997 年第 1 期。

范崇高《〈太平廣記選〉注釋析疑》,《古漢語研究》1997 年第 1 期。

范崇高《〈太平廣記選〉詞語注釋續商》,《自貢師專學報》1997 年第 3 期。

李紅英《讀〈太平廣記〉箚記一則》,《古籍研究》1997 年第 3 期。

黃靈庚《〈太平廣記〉語詞箚記》,《浙江師大學報》1997 年第 5 期。

武振玉《〈太平廣記〉中概數詞「可」和「許」試探》,《丹東師專學報》1997 年第 4 期。

李燁《〈太平廣記〉詞語校釋》,《杭州大學學報(哲學社會科學版)》1997 年第 S1 期。

黃靈庚《〈太平廣記〉語詞箚記》,《古籍整理研究學刊》1999 年第 3 期。

薛克翹《〈太平廣記〉的貢獻》,《南亞研究》1999 年第 2 期。

于秀情《〈太平廣記〉「夢」類淺析》,碩士學位論文,陝西師範大學,2000 年。指導教師:黃永年。

張宗海《〈太平廣記〉新點校本面世》,《黑龍江社會科學》2000 年第 6 期。

江林《〈太平廣記〉與唐代婚姻禮俗》,碩士學位論文,湖南師範大學,2001 年。指導教師:陳戍國。

曹剛華《〈太平廣記〉與唐五代民間信仰觀念》,碩士學位論文,陝西師範大學,2001 年。指導教師:黃永年。

趙維國《論〈太平廣記〉纂修的文化因素》,《河南大學學報(社會科學版)》2001 年第 3 期。

張傑《魯迅與〈太平廣記〉》,《魯迅研究月刊》2001 年第 12 期。

劉漢生《〈太平廣記選〉(下冊)注釋商榷》,《天中學刊》2002 年第 1 期。

勞醒華《試論〈太平廣記〉中的特殊被動句》,《黔南民族師範學院學報》2002 年第 2 期。

古敬恒《〈太平廣記〉中的簡、複式同義表達》，《古漢語研究》2002 年第 2 期。

趙維國《〈太平廣記〉傳入韓國時間考》，《中國典籍與文化》2002 年第 2 期。

張國風《韓國所藏〈太平廣記詳節〉的文獻價值》，《文學遺產》2002 年第 4 期。

江林《〈太平廣記〉中所見唐代婚禮、婚俗略考》，《湖南大學學報（社會科學版）》2002 年第 4 期。

張國風《〈太平廣記〉在兩宋的流傳》，《文獻》2002 年第 4 期。

劉淑萍《〈太平廣記〉裏的虎》，《中國典籍與文化》2002 年第 4 期。

劉淑萍《〈太平廣記〉狐類龍類虎類研究》，碩士學位論文，陝西師範大學，2003 年。指導教師：賈二強。

多洛肯《唐朝民間民族通婚在〈太平廣記〉中的反映》，《浙江樹人大學學報》2003 年第 2 期。

姜光斗《〈太平廣記〉在南宋流傳的三則記載》，《文獻》2003 年第 3 期。

姜光斗《〈太平廣記〉在北宋流傳的兩則記載》，《文獻》2003 年第 3 期。

郭海文、余炳毛《〈太平廣記〉女仙形象分析》，《西安建築科技大學學報（社會科學版）》2003 年第 3 期。

諸海星《〈太平廣記〉在韓國的流傳及其影響》，莫礪鋒主編《第二屆宋代文學國際研討會論文集》，南京：江蘇教育出版社，2003 年。

黃雲鶴《唐代舉子游丐之風——〈太平廣記〉所見唐代舉子生活態之一》，《古籍整理研究學刊》2004 年第 1 期。

蔣逸徵《超能與無能——從〈太平廣記〉中的胡僧形象看唐代的宗教文化風土》，《圖書館雜誌》2004 年第 2 期。

霍明琨《〈太平廣記〉與社會文化》，《學術交流》2004 年第 9 期。

牛景麗《〈太平廣記〉的成書緣起》，《古籍整理研究學刊》2004 年第 5 期。

李豔茹《〈太平廣記〉鏡象文化初探》，《廣播電視大學學報（哲學社會科學版）》2004 年第 4 期。

郭海文《試論〈太平廣記〉中的山洞意象》,《唐都學刊》2004 年第 6 期。

姚永輝《從〈太平廣記〉管窺「夜叉」形象的流變》,《宜賓學院學報》2005 年第 1 期。

龍鋼華《筆記小說與微篇小說——以〈太平廣記〉〈聊齋誌異〉和〈閱微草堂筆記〉爲例》,《邵陽學院學報》2005 年第 1 期。

凌郁之《〈太平廣記〉的編刻、傳播及小說觀念》,《蘇州科技學院學報（社會科學版）》2005 年第 3 期。

劉小生、陳金鳳《唐代江西經濟發展與社會變遷——以〈太平廣記〉爲中心》,《農業考古》2005 年第 3 期。

霍明琨《〈太平廣記〉中的神異小說探研》,《學習與探索》2005 年第 5 期。

霍明琨《對〈太平廣記〉的社會文化觀照》,《社會科學戰線》2005 年第 6 期。

黃雲鶴、呂方達《〈太平廣記〉中的唐代胡商文化》,《古籍整理研究學刊》2005 年第 6 期。

盛莉《〈太平廣記〉仙類小說類目及其編纂研究》,博士學位論文,華中師範大學,2006 年。指導教師：張三夕。

郭風平、趙忠、鄧瑾、胡鋼《〈太平廣記〉反映的中國古代森林文化》,《世界林業研究》2006 年第 3 期。

焦傑、戴綠紅、雷巧玲《從〈太平廣記〉中的仙女下凡故事看唐代的道教觀念》,《唐史論叢》第 9 輯,西安：三秦出版社,2006 年。

劉芬《怒目金剛——論〈太平廣記〉中的妒婦、悍婦形象》,《長治學院學報》2006 年第 4 期。

李曉敏《從〈太平廣記〉看隋唐民眾的佛教信仰心態》,周延良主編《中國古典文獻學叢刊》總第 5 卷,北京：國際炎黃文化出版社,2006 年。

牛景麗《〈太平廣記〉與白話小說的崛起》,《菏澤學院學報》2006 年第 6 期。

王磊《〈太平廣記〉所收葛洪作品三種箚記》,《文教資料》2006 年第 36 期。

曹剛華《美女與野獸：唐代女性「精變」論考——以〈太平廣記〉爲中心》,《傳統中國研究集刊》總第 1 輯,上海：上海人民出版社,2006 年。

張美娟、張美華《〈太平廣記〉中的唐代女性精怪與少數民族文化論考——以狐、虎、狼爲例》,《黑龍江民族叢刊》2007 年第 1 期。

高晨峰《〈太平廣記・吳夫差〉與〈越絕書・吳王占夢〉之比較》,《濮陽職業技術學院學報》2007 年第 1 期。

宋華英《〈太平廣記〉語詞研究》,碩士學位論文,上海師範大學,2007 年。指導教師：陳五雲。

李文才《試論唐玄宗的後宮政策及其承繼——〈太平廣記〉卷 224「楊貴妃」條引〈定命錄〉書後》,《北華大學學報（社會科學版）》2007 年第 2 期。

高晨峰《〈太平廣記〉夢類型故事文獻考略》,碩士學位論文,鄭州大學,2007 年。指導教師：李琳。

李劍國《〈李娃傳〉疑文考辨及其他——兼議〈太平廣記〉的引文體例》,《文學遺產》2007 年第 3 期。

房奕《從〈太平廣記〉看唐人夜叉觀》,《中國典籍與文化》2007 年第 2 期。

鄭少林《從〈太平廣記〉看唐代山西社會生活》,碩士學位論文,山西大學,2007 年。指導教師：劉毓慶。

李文才、謝丹《〈太平廣記〉所見唐代婦女的婚戀生活》,《江蘇科技大學學報（社會科學版）》2007 年第 2 期。

王磊《〈太平廣記〉所收六朝作品校釋箚記》,碩士學位論文,南京師範大學,2007 年。指導教師：吳新江。

任燕平《〈太平廣記〉語詞箚記》,《嘉興學院學報》2007 年第 5 期。

白帥敏《論〈太平廣記〉中的昆蟲志怪》,《泰安教育學院學報岱宗學刊》2007 年第 3 期。

夏秀麗《〈太平廣記〉中的化身型虎故事》,《蒲松齡研究》2007 年第 3 期。

楊海英、毛詠雪《〈管錐編〉論畫瑣議——以〈太平廣記卷〉爲例》,《語文學刊》2007 年第 21 期。

鄒賀、綦中明《〈太平廣記〉「日本王子」條考訂》，《文博》2008 年第 1期。

張美娟、曹剛華《〈太平廣記〉中的唐代女性精怪與外來民族文化——以佛教文化爲中心》，《黑龍江民族叢刊》2008 年第 1 期。

楊海英《淺論「意餘於象」與「象外見意」——讀〈管錐篇・太平廣記〉箚記》，《前沿》2008 年第 3 期。

曲琨《論〈太平廣記〉對〈雲溪友議〉的選編》，《時代文學（下半月）》2008 年第 3 期。

曾禮軍《〈太平廣記〉研究——以宗教文化爲視角》，博士學位論文，上海師範大學，2008 年。指導教師：嚴耀中。

劉立華《〈太平廣記〉語詞疏證釋例》，碩士學位論文，上海師範大學，2008 年。指導教師：陳五雲。

陳爲《試論〈太平廣記〉中人鬼戀的基本模式》，《作家》2008 年第 8 期。

陶偉《神仙與鬼神——〈太平廣記〉中所反映的唐代神靈觀念》，碩士學位論文，蘭州大學，2008 年。指導教師：劉永明。

李萍萍《〈太平廣記〉裏的舟船意象》，《遼寧教育行政學院學報》2008 年第 5 期。

見世君《從〈太平廣記〉看唐代婦女與民間信仰》，碩士學位論文，首都師範大學，2008 年。指導教師：王永平。

寧稼雨《古代小說版本研究的重大突破——評張國風先生新著〈太平廣記版本考述〉》，《明清小說研究》2008 年第 2 期。

王歲孝《〈太平廣記〉西王母與東王公神話的歷史考察》，《蘭臺世界》2008 年第 14 期。

李懿《從〈太平廣記〉之仙境描寫看道教的世俗化趨勢》，《大眾文藝（理論）》2008 年第 10 期。

趙宏勃《〈太平廣記〉中的語言巫術及唐代民間信仰》，《社會科學戰線》2008 年第 11 期。

封樹芬《〈太平廣記〉「遇鬼而亡」類故事實質及其敘事模式》，《阜陽師範學院學報（社會科學版）》2008 年第 6 期。

劉聰明《〈太平廣記〉神仙故事模式的轉變與仙人的戀世情結》,《大眾文藝（理論）》2008 年第 12 期。

陳曉梅《論〈太平廣記〉中女仙們的婚戀觀》,《作家》2008 年第 24 期。

曾禮軍、劉夥根《異端與信仰——從〈太平廣記〉「異僧」小說看佛教文化》,《井岡山學院學報》2009 年第 1 期。

陳磊《從〈太平廣記〉的記載看唐後期五代的商人》,《史林》2009 年第 1 期。

盛莉《〈太平廣記〉中〈女仙傳〉考》,《洛陽師範學院學報》2009 年第 1 期。

宗瑞冰《試論〈太平廣記・女仙〉中的女仙詩作問題》,《名作欣賞》2009 年第 6 期。

成明明《兩宋〈太平廣記〉流傳與接受補證》,《文學遺產》2009 年第 2 期。

蔣曉敏、鄒旻《淺議〈太平廣記〉的影響》,《大眾文藝（理論）》2009 年第期。

曾禮軍《〈太平廣記〉神仙小說中的「白鶴」意象探析》,《江西社會科學》2009 年第 9 期。

楊忠閻、葉佳佳《〈管錐編・太平廣記〉中的比較文學方法》,《安徽文學（下半月）》2009 年第 6 期。

李占鋒、黃大宏《〈太平廣記〉中人鬼之戀》,《濮陽職業技術學院學報》2009 年第 3 期。

王妮妮《從〈太平廣記・狐〉看狐意象的演變類型》,《延安大學學報（社會科學版）》2009 年第 4 期。

宗小飛《略論〈太平廣記〉中人仙聯姻故事的社會淵源》,《黑龍江史志》2009 年第 16 期。

王梓奕《從〈太平廣記〉看桃的辟邪功效》,《四川教育學院學報》2009 年第 8 期。

曾禮軍《〈太平廣記〉神仙小說中「青竹」的宗教文化意蘊探析》,《宗教學研究》2009 年第 3 期。

夏夢、王濤《〈太平廣記〉中關於唐代女性史料分析》,《黑龍江史志》
2009 年第 18 期。

盛莉《論宋初〈太平廣記〉的類目特點》,《山東教育學院學報》2009 年
第 5 期。

曾禮軍《〈太平廣記〉中神仙的考量與分析》,《浙江師範大學學報（社會
科學版）》2009 年第 6 期。

禹璟《從〈太平廣記〉看雷神及雷神崇拜思想》,《延安職業技術學院學
報》2009 年第 6 期。

盛莉《〈太平廣記〉中〈神仙傳〉考》,《文獻》2010 年第 1 期。

任燕平《〈太平廣記〉「動 1＋之＋不＋動 2」結構的句法語義分析》,《嘉
興學院學報》2010 年第 1 期。

康冰瑤《從〈太平廣記〉看唐代人的婚戀觀念》,《西安社會科學》2010
年第 1 期。

張瑩《從〈太平廣記〉探視隋唐社會人文風貌》,《陝西教育（高教版）》
2010 年第 Z1 期。

劉敏《〈太平廣記〉中的鼠信仰探究》,碩士學位論文,中國海洋大學,
2010 年。指導教師：李揚。

劉暢《〈太平廣記〉報應故事研究——以唐代為例》,碩士學位論文,陝
西師範大學,2010 年。指導教師：拜根興。

詹偉明《唐代胡僧形象研究——以〈太平廣記〉為例》,碩士學位論文,
湘潭大學,2010 年。指導教師：漆凌雲。

陳洪英《〈太平廣記〉中唐五代商人經營策略探析》,《小說評論》2010 年
第 S1 期。

丁雨嵐《試析〈太平廣記〉豪俠類故事的特色及產生原因》,《陝西青年
職業學院學報》2010 年第 2 期。

翟志娟《從〈太平廣記〉看唐代社會的法制運行情況》,《新鄉學院學報
（社會科學版）》2010 年第 3 期。

陳洪英《〈太平廣記〉中的商賈生活狀況及其原因分析》,《飛天》2010 年
第 12 期。

孫秋玲《錢鍾書〈管錐編‧太平廣記〉美學思想初探》,《大眾文藝》2010年第 12 期。

陳洪英《〈太平廣記〉與唐五代商業都市生活》,《作家》2010 年第 12 期。

方瑾毅《從〈太平廣記〉中女仙與女鬼的愛情悲劇看〈唐律〉》,《西安社會科學》2010 年第 3 期。

李忭玉《玉文化在唐代的下移——以〈太平廣記〉為例》,《巢湖學院學報》2010 年第 5 期。

曾禮軍《〈太平廣記〉的文獻學研究綜述》,《文獻》2010 年第 4 期。

黎紅霞《〈太平廣記〉生命觀研究》,碩士學位論文,暨南大學,2010 年。指導教師:劉紹瑾。

張立《〈太平廣記〉中的祥瑞災異研究》,《唐山師範學院學報》2010 年第 6 期。

吳嫘《從〈太平廣記〉看唐代飲食胡化現象》,《黑龍江史志》2010 年第 23 期。

尹雁、何琦《〈太平廣記〉對元人宗教信仰的影響》,《船山學刊》2011 年第 1 期。

王進林《〈太平廣記〉中的胡人形象》,《濮陽職業技術學院學報》2011 年第 1 期。

吳布林、白春霞《〈太平廣記〉中的蛇信仰研究》,《管子學刊》2011 年第 1 期。

葉方石、曹海東《簡論〈太平廣記〉對小說發展與研究的意義》,《湖北社會科學》2011 年第 3 期。

李傑白《從〈太平廣記〉狐狸形象描寫看唐代文言小說的狐狸意象》,碩士學位論文,重慶師範大學,2011 年。指導教師:陳忻。

尚施彤《〈太平廣記〉鬼類文獻研究》,碩士學位論文,東北師範大學,2011 年。指導教師:黃雲鶴。

楊哲《夜禁制度下的兩京靈異故事研究——以〈太平廣記〉為中心》,碩士學位論文,中央民族大學,2010 年。指導教師:蒙曼。

曾禮軍、劉夥根《〈太平廣記〉宗教文化研究述評》,《井岡山大學學報(社會科學版)》2011 年第 4 期。

張立《〈太平廣記〉中的謠讖研究》,《飛天》2011 年第 18 期。

向玲玲、湯榮青《〈太平廣記〉所引〈法苑珠林〉異文研究——之同素異序詞研究》,《文教資料》2011 年第 30 期。

李樹玲《〈太平廣記〉女仙故事中的意境研究》,《語文學刊》2011 年第 21 期。

姜明琪《論〈太平廣記〉中雷神傳說的若干方面》,孫熙國、李翔海主編《北大中國文化研究》總第 1 輯,北京:社會科學文獻出版社,2011 年。

趙純亞、余露《〈太平廣記〉仙人賜寶小說中的胡人識寶現象》,《宜賓學院學報》2012 年第 1 期。

袁文春《宋太宗詔修〈太平廣記〉主旨新探》,《中南大學學報(社會科學版)》2012 年第 1 期。

曾禮軍《宗教眞實與文學想像——〈太平廣記〉仙傳小說的敘事特徵》,《浙江師範大學學報(社會科學版)》2012 年第 2 期。

劉林曉《〈太平廣記〉涉蕃小說研究》,碩士學位論文,西藏民族學院,2012 年。指導教師:嚴寅春。

向玲玲《〈太平廣記〉所引〈法苑珠林〉異文研究》,碩士學位論文,安徽師範大學,2012 年。指導教師:詹緒左。

呂變庭《〈太平廣記〉與唐代阿拉伯商人的科技生活(上)——以早期伊斯蘭商人爲中心的考察》,《青海民族研究》2012 年第 2 期。

許舒穎《〈太平廣記〉中的龍》,《濮陽職業技術學院學報》2012 年第 2 期。

朴美愛《〈太平廣記〉「預知未來」故事研究》,博士學位論文,中國社會科學院研究生院,2012 年。指導教師:董乃斌。

金鑫《唐代小說中的穿越現象研究——以〈太平廣記〉所收唐代小說爲中心》,碩士學位論文,安徽大學,2012 年。指導教師:吳懷東。

劉林曉《〈太平廣記〉中唐蕃交聘小說考》,《西藏民族學院學報(哲學社會科學版)》2012 年第 3 期。

任蘭香《〈太平廣記〉神仙部詞匯研究》,碩士學位論文,溫州大學,2012 年。指導教師:劉傳鴻。

齊豔紅《〈太平廣記〉動物部詞彙研究》，碩士學位論文，溫州大學，2012年。指導教師：劉傳鴻。

張立《〈太平廣記〉中的夢應及占夢之法》，《前沿》2012年第12期。

章思邈《〈太平廣記〉中佛教故事初探》，《旅遊縱覽（行業版）》2012年第6期。

蘇保華、王椰林《從〈太平廣記〉看唐代揚州的胡人活動》，《武漢大學學報（人文科學版）》2012年第4期。

曾禮軍《〈太平廣記〉神仙小說的「石」文化意蘊》，《蘭州學刊》2012年第7期。

呂變庭《〈太平廣記〉與唐代阿拉伯商人的科技生活（下）——以早期伊斯蘭商人爲中心的考察》，《青海民族研究》2012年第3期。

程毅中《梳理版本源流呈現宋本原貌》，《光明日報》2012年7月15日。

王曉妍《從〈太平廣記〉看唐代社會的婚姻觀》，《文學界（理論版）》2012年第7期。

秦文軍《「太平廣記」中的道教養生》，《現代養生》2012年第15期。

熊牧《從〈太平廣記·夢〉看古代測字解夢法》，《安徽文學（下半月）》2012年第8期。

黃美、熊牧《從〈太平廣記·相〉看古代相術》，《劍南文學（經典教苑）》2012年第8期。

趙滿倉《〈太平廣記〉與〈儒林外史〉》，《北方文學（下半月）》2012年第8期。

李奎《越南〈太平廣記〉研究》，《暨南學報（哲學社會科學版）》2012年第9期。

傅承洲《馮夢龍〈太平廣記鈔〉的刪訂與評點》，《南京師大學報（社會科學版）》2012年第6期。

金相圭《〈太平廣記〉異文研究——以韓國所藏〈太平廣記詳節〉〈太平通載〉爲中心》，博士學位論文，浙江大學，2012年。指導教師：方一新。

鄭承志、郭風平《〈太平廣記〉裏的鳥意象藝術探析》，《前沿》2012年第24期。

秦瓊《〈太平廣記〉中龍的特殊性及其佛教淵源》，《濮陽職業技術學院學報》2012 年第 6 期。

王岩《〈太平廣記〉「感應類」所記唐代故事略論》，《三峽大學學報（人文社會科學版）》2012 年第 S2 期。

毛娜《〈太平廣記〉前一百卷校點箚記》，《古籍研究》總第 57～58 期，合肥：安徽大學出版社，2013 年。

孫金玲《從〈太平廣記〉看唐代私營旅館業的發展》，《學理論》2013 年第 3 期。

嚴寅春《〈太平廣記〉編纂疏誤舉隅》，《西藏民族學院學報（哲學社會科學版）》2013 年第 2 期。

周敏《〈太平廣記〉讖言文化新探》，碩士學位論文，遼寧大學，2013 年。指導教師：隋麗。

盧娜《論〈太平廣記〉中的蛇形象》，《語文學刊》2013 年第 8 期。

熊九潤《唐代女性形象與社會訴求——以〈太平廣記〉中的女仙（神）、女鬼、女精怪爲中心》，碩士學位論文，陝西師範大學，2013 年。指導教師：焦傑。

于志剛《唐代的僧人、寺院與社會生活——以〈太平廣記〉爲中心》，碩士學位論文，鄭州大學，2013 年。指導教師：李曉敏。

周靖嫻《南北朝隋唐時期的報應觀研究——基於〈太平廣記〉的考察》，碩士學位論文，華東師範大學，2013 年。指導教師：牟發松。

曹花傑《〈太平廣記〉精怪故事母題研究》，碩士學位論文，集美大學，2013 年。指導教師：楊廣敏。

黃桂紅《〈太平廣記〉植物部詞語研究》，碩士學位論文，溫州大學，2013 年。指導教師：劉傳鴻。

鄭承志、郭風平《淺析〈太平廣記〉中鳥類吉凶意蘊優先出版》，《農業考古》2013 年第 3 期。

高蕾《唐代小說服飾描寫初探——以〈太平廣記〉爲研究中心》，碩士學位論文，西北大學，2013 年。指導教師：李浩。

曾禮軍《〈太平廣記〉人怪遇合故事的文化蘊涵》，《齊齊哈爾大學學報（哲學社會科學版）》2013 年第 3 期。

陸麗麗《論〈太平廣記〉中的狐形象》，《太原城市職業技術學院學報》2013 年第 7 期。

貢樹銘《〈太平廣記〉醫藥情節擷析》，《中醫藥文化》2013 年第 4 期。

曾禮軍《〈太平廣記〉人鬼遇合故事的主題類型與文化蘊涵》，《遼東學院學報（社會科學版）》2013 年第 4 期。

李心荷《唐代狐形象內涵闡釋——以〈太平廣記〉爲中心》，《學術評論》2013 年第 4 期。

宋華英《從〈太平廣記〉僧侶遊看佛教初傳中國》，《旅遊縱覽（下半月）》2013 年第 8 期。

華嚴、宋文靜《〈太平廣記〉中的狐妖故事研究》，《青春歲月》2013 年第 16 期。

金相圭《明高承埏稽古堂刻本〈玄怪錄〉重新校勘——以與韓國所藏〈太平廣記詳節〉的對照爲中心》，《圖書館理論與實踐》2013 年第 8 期。

秦川《試論〈太平廣記〉的空間敘事及其文化內涵》，《九江學院學報（社會科學版）》2013 年第 3 期。

劉瑩《〈太平廣記〉中神仙世界裏的酒》，《山西師大學報（社會科學版）》2013 年第 S3 期。

韓濤《從〈太平廣記〉看中古民間佛事活動與儒家倫理之關係》，《濟南大學學報（社會科學版）》2013 年第 6 期。

張曉永《〈太平廣記〉中的龍》，《濮陽職業技術學院學報》2013 年第 6 期。

盛莉《〈太平廣記〉篇目考辨三則——以韓藏〈太平廣記詳節〉爲校勘依據》，《中南大學學報（社會科學版）》2013 年第 6 期。

盛莉《〈太平廣記〉「草木」類的編纂思想——兼與〈太平御覽〉植物類目之比較研究》，鄧正兵主編《人文論譚》總第 5 輯，武漢：武漢出版社，2013 年。

呼嘯《淺談〈太平廣記〉中的仙棗》，《榆林學院學報》2014 年第 1 期。

楊宗紅《生態視閾下古代小說中男神—凡女母題研究——以〈太平廣記〉〈夷堅志〉爲中心》，《貴州師範大學學報（社會科學版）》2014 年第 1 期。

曾禮軍《〈太平廣記〉異僧小說的「三重」敘事》，《遼東學院學報（社會科學版）》2014 年第 1 期。

張媛《〈太平廣記〉龍形象淺析》，《濮陽職業技術學院學報》2014 年第 1 期。

王曉蕾《接受美學視域下的中國志怪小說英譯——以〈太平廣記〉中小說標題英譯爲例》，《洛陽師範學院學報》2014 年第 3 期。

李秋源《〈太平廣記〉中佛教造像題材小說研究》，碩士學位論文，內蒙古師範大學，2014 年。指導教師：徐雪梅。

季魯軍《〈太平廣記〉中水族故事研究》，碩士學位論文，遼寧大學，2014 年。指導教師：熊明。

李秋源《〈太平廣記〉中的佛教造像研究的現狀及意義》，《語文學刊》2014 年第 7 期。

曾禮軍《〈太平廣記〉符命小說的文學敘事與文化意義》，《安康學院學報》2014 年第 2 期。

曾禮軍《〈太平廣記〉中胡僧形象的群體特徵與宗教意義》，《赤峰學院學報（漢文哲學社會科學版）》2014 年第 4 期。

李露《〈太平廣記〉中的「人神戀」故事研究》，碩士學位論文，湖北大學，2014 年。指導教師：林久貴。

范晶晶《唐代宦胡的文化政治生活——主要以〈太平廣記〉爲參考文本》，《西南大學學報（社會科學版）2014 年第 3 期。

曾禮軍《〈太平廣記〉人神遇合故事的文化生成及觀念新變》，《五邑大學學報（社會科學版）2014 年第 2 期。

閆婷《論傳奇小說在唐代佛教世俗化過程的作用——以〈太平廣記〉爲研究中心》，碩士學位論文，山西大學，2014 年。指導教師：寧俊偉。

宋冠華、王虎《〈太平廣記〉與〈唐摭言〉異文比較研究》，《九江學院學報（社會科學版）》2014 年第 2 期。

馬小方《西方淨土信仰影響下的唐人小說研究——以〈太平廣記〉爲中心》，《社會科學論壇》2014 年第 8 期。

張學成《〈太平廣記〉研究的新開拓和新成果——評曾禮軍《宗教文化視

閟下的〈太平廣記〉研究》,《遼東學院學報（社會科學版）》2014 年第
4 期。

尚曉雲《〈太平廣記〉中虎類精怪故事的文化內涵》,《現代語文（學術綜
合版）》2014 年第 9 期。

金建鋒《獨闢蹊徑立論精解——評曾禮軍〈宗教文化視域下的《太平廣
記》研究〉》,《曲靖師範學院學報》2014 年第 5 期。

林耀琳《〈太平廣記〉成書時間考》,《長江論壇》2014 年第 5 期。

陳洪英《〈太平廣記〉中唐五代商賈小說發展演變》,《文藝評論》2014 年
第 12 期。

趙伯陶《〈聊齋誌異〉借鑒〈太平廣記〉三題》,《聊城大學學報（社會科
學版）》2014 年第 6 期。

蘇振富《〈太平廣記〉所見唐代民間女性修道情況研究》,《牡丹江大學學
報》2014 年第 12 期。

趙素忍、劉靜、宋菲《〈豔異編〉與〈太平廣記〉關係探討》,《河北經貿
大學學報（綜合版）》2014 年第 4 期。

盛莉《論〈太平廣記〉類目的動物分類思想》,鄧正兵主編《人文論譚》
總第 6 輯,武漢：武漢出版社,2014 年。

林耀琳《〈太平廣記〉定數類編撰研究初探》,《棗莊學院學報》2015 年第
1 期。

林耀琳《〈太平廣記〉流傳考》,《河北北方學院學報（社會科學版）》2015
年第 1 期。

曾穎昕《從〈山海經〉到〈太平廣記鈔〉——淺論雷神形象的改變與原
因》,《牡丹》2015 年第 2 期。

趙亮亮《古代文學氣候物候意象例論——〈太平廣記〉中的「雷」》,《雪
蓮》2015 年第 6 期。

包玲小《唐代巫文化的地位下沉——以〈太平廣記〉為例》,《語文學刊》
2015 年第 5 期。

包小騫《〈太平廣記〉涉夢小說研究》,碩士學位論文,福建師範大學,
2015 年。指導教師：涂秀虹。

陳國學、董智《「舊瓶裝新酒」：〈聊齋誌異〉對傳統冥遊題材小說的繼承與創新——與〈太平廣記〉比較》，《蒲松齡研究》2015 年第 1 期。

馬夢瑩《「爲虎作倀」微探——以〈太平廣記〉虎類母題展開》，《西安文理學院學報（社會科學版）》2015 年第 2 期。

張瑋《〈太平廣記〉中所見唐代上層女性生活研究》，碩士學位論文，西北師範大學，2015 年。指導教師：劉再聰。

鄭婷婷《〈太平廣記〉商賈題材小說研究》，碩士學位論文，重慶師範大學，2015 年。指導教師：張中宇。

趙麗婷《〈太平廣記〉科舉故事研究》，碩士學位論文，東北師範大學，2015 年。指導教師：黃雲鶴。

陳慧、楊麟《〈太平廣記〉中的巫》，《讀與寫（教育教學刊）》2015 年第 6 期。

洪樹華《從〈太平廣記〉看隋唐小說中的人神之戀》，《魯東大學學報（哲學社會科學版）》2015 年第 4 期。

王曉蕾《中國志怪小說的跨文化英譯——以〈太平廣記〉爲例》，《安順學院學報》2015 年第 4 期。

林耀琳《〈太平廣記〉成書時間及流傳考》，《昆明學院學報》2015 年第 4 期。

劉永連、劉家興《從漂流人故事看唐代中外海上交通和海外認知——以〈太平廣記〉資料爲中心》，《陝西師範大學學報（哲學社會科學版）》2015 年第 5 期。

黃赤《〈太平廣記〉幼敏故事初探》，《赤子（上中旬）》2015 年第 23 期。

秦川《〈太平廣記〉與〈夷堅志〉比較研究述略》，《九江學院學報（社會科學版）》2015 年第 4 期。

李婷《〈太平廣記〉中龍宮取寶故事及其文化內涵》，《濮陽職業技術學院學報》2015 年第 6 期。

王溪《從〈太平廣記·王中散〉看唐五代翰林待詔的文士色彩》，《中國典籍與文化》2016 年第 1 期。

韓雅慧《〈太平廣記〉男女仙形象比較分析》,《牡丹江大學學報》2016 年
第 1 期。

李文才《〈太平廣記〉所見唐代胡商：以揚州爲中心》,趙昌智主編《揚
州文化研究論叢》2015 年第 2 期,總第 16 輯,揚州：廣陵書社,2016
年。

方草《〈太平廣記〉中的香料與社會生活》,《絲綢之路》2016 年第 4 期。

易永誼《天竺僧〈太平廣記〉中的他者形象》,《求索》2016 年第 2 期。

左安秋《〈太平廣記〉中「胡人識寶」故事的形態結構分析》,《韶關學院
學報》2016 年第 3 期。

蓬瑤《簡述〈太平廣記〉中的鏡子》,《陝西社會主義學院學報》2016 年
第 2 期。

王雪豔《〈太平廣記〉中的商業文化》,《現代商業》2016 年第 12 期。

荀朋星《鬼厄與宗教解厄——〈太平廣記〉鬼類敘事研究》,碩士學位論
文,山東大學,2016 年。指導教師：李浩。

于笛《志怪傳聞與地方史蹟——以〈宣室志〉〈太平廣記〉爲視角》,《閩
南師範大學學報（哲學社會科學版）》2016 年第 2 期。

盛莉《談本〈太平廣記〉三種印本考辨——以韓國藏〈太平廣記詳節〉
爲參照》,《南京大學學報（哲學·人文科學·社會科學）》2016 年第 4 期。

蒲三霞《唐代文人心中的理想型女性——以〈太平廣記〉中俠女故事爲
中心》,《鄖陽師範高等專科學校學報》2016 年第 4 期。

鮑靜怡《〈太平廣記〉中的「狂僧」形象探究》,《九江學院學報（社會科
學版）》2016 年第 3 期。

韓雅慧《〈太平廣記〉中的女性謫仙形象》,《濮陽職業技術學院學報》2016
年第 5 期。

曾禮軍《〈太平廣記〉編纂與宋初三教合一文化觀念》,《浙江師範大學學
報（社會科學版）》2016 年第 6 期。

余丹《〈太平廣記〉的編纂體例及其小說史意義》,《寧波大學學報（人文
科學版）》2018 年第 1 期。

四十、《文苑英華》

《文苑英華》,《安徽師大學報(哲學社會科學版)》1978 年第 2 期。

吳企明《論〈文苑英華〉中的李白詩》,《文學評論》1981 年第 2 期。

何法周《〈文苑英華〉〈唐文粹〉的編選情況、相互關係及其他——答石華同志》,《河南大學學報(哲學社會科學版)》1986 年第 5 期。

石龍子《銅活字本〈文苑英華律賦選〉發現記》,《江蘇圖書館學報》1992 年第 1 期。

楊旭輝《敘北京圖書館藏傳校〈文苑英華〉》,《文獻》1995 年第 4 期。

李致忠《關於〈文苑英華〉》,《文獻》1997 年第 1 期。

林心治《〈文苑英華〉歌行體性辨——唐歌行詩體論之二》,《渝州大學學報(哲學‧社會科學版)》1997 年第 2 期。

薛亞軍《〈文苑英華〉正誤一則》,《江海學刊》2000 年第 6 期。

郭勉愈《〈唐文粹〉「銓擇」〈文苑英華〉說辨析》,《北京師範大學學報(人文社會科學版)》2002 年第 6 期。

程章燦《〈文苑英華〉選錄碑誌文的統計與分析》,《古典文獻研究》總第 6 輯,南京:江蘇古籍出版社,2003 年。

凌朝棟《〈文苑英華〉性質辨析》,《圖書與情報》2003 年第 1 期。

凌朝棟《論北宋初文臣的梁陳文學觀——以〈文苑英華〉選取陳代作品的態度為中心》,《西北大學學報(哲學社會科學版)》2003 年第 2 期。

張志全《試論盛、晚唐別離詩意境的差異——以〈文苑英華〉所收詩歌為例》,《重慶教育學院學報》2004 年第 2 期。

凌朝棟《〈文苑英華〉收錄詩文上限考略》,《文學遺產》2004 年第 3 期。

凌朝棟《論北宋初文臣對齊梁文學的接受——從〈文苑英華〉對梁代文學的選取態度談起》,《渭南師範學院學報》2005 年第 4 期。

凌朝棟、徐雁平《論〈文苑英華〉選錄唐代作品的文獻價值》,《河南師範大學學報(哲學社會科學版)》2005 年第 5 期。

唐雯《〈文苑英華〉詔制部分材料來源考略》,《北方論叢》2005 年第 6 期。

谷敏《周必大與〈文苑英華〉》,《蘭州學刊》2005 年第 6 期。

李白林《從〈文苑英華〉的編輯看宋人的文學觀念》,《蕪湖職業技術學院學報》2006 年第 2 期。

史華娜、凌朝棟《論〈文苑英華〉與唐五代詞》,《作家》2008 年第 2 期。

譚淑娟《從科判與唐律的關係看唐代銓選試判的社會作用——以〈文苑英華〉中判文爲考察對象》,《蘭臺世界》2008 年第 16 期。

趙前明《論〈文苑英華〉與唐五代傳奇文學》,《作家》2008 年第 16 期。

閔曉蓮、張潔《彭叔夏及其〈文苑英華辯證〉》,《江西圖書館學刊》2008 年第 4 期。

王曼茹、潘德利《〈文苑英華〉版本裝幀拾遺》,《河南圖書館學刊》2009 年第 2 期。

吳娛《中國古代的「諫諍」類文體——從〈三國志文類〉和〈文苑英華〉的「諫諍」說起》,《太原師範學院學報(社會科學版)》2009 年第 3 期。

楊栩生、沈曙東《〈文苑英華〉之錄李白詩文所本尋蹤》,《綿陽師範學院學報》2009 年第 7 期。

何水英《「分體編錄」型文學總集不錄詞體辨——以〈文苑英華〉爲例》,《新世紀圖書館》2009 年第 4 期。

谷敏《周必大與〈文苑英華〉的校勘》,《北京行政學院學報》2009 年第 4 期。

張潔《彭叔夏及其〈文苑英華辯證〉》,碩士學位論文,南昌大學,2009 年。指導教師:羅春蘭。

譚淑娟《試論唐代科判與唐代法律的關係——以〈文苑英華〉中的判文爲例》,《安順學院學報》2009 年第 6 期。

鄭妍《從〈文苑英華〉看宋代古文運動》,《青年文學家》2010 年第 5 期。

何水英《〈文苑英華〉詩研究》,博士學位論文,廣西師範大學,2010 年。指導教師:胡大雷。

譽高槐、廖宏昌《從〈文苑英華〉看李白詩在宋初的接受》,《華南師範大學學報(社會科學版)》2010 年第 4 期。

顧志興《原藏南宋緝熙殿〈洪範政鑒〉〈文苑英華〉傳承考索》,《浙江學刊》2010 年第 5 期。

何水英《〈文苑英華〉錄文「不作選擇」辨》,《新世紀圖書館》2010 年第 5 期。

何水英《再論〈文苑英華〉錄文上限問題》,《圖書館理論與實踐》2010 年第 9 期。

劉小明《〈文苑英華〉判文中的唐代官吏經濟犯罪和司法犯罪》,《華東師範大學學報(哲學社會科學版)》2010 年第 6 期。

凌朝棟《〈文苑英華·賦〉校注引書考》,《渭南師範學院學報》2011 年第 1 期。

程章燦《總集與文學史權力——以〈文苑英華〉所采詩題為中心》,《南京大學學報(哲學·人文科學·社會科學版)》2011 年第 1 期。

韋臻《唐代園林詩意象研究——以〈文苑英華〉居處類詩為研究對象》,碩士學位論文,廣西師範大學,2011 年。指導教師:莫道才。

何水英《從〈文苑英華〉看宋初歌行觀》,《文藝評論》2011 年第 4 期。

陳小遠《〈文苑英華〉判文研究》,碩士學位論文,北京大學,2011 年。指導教師:劉玉才。

何水英《從〈文苑英華〉對庾信詩歌的選錄看宋初詩教特徵》,《梧州學院學報》2011 年第 4 期。

楊春俏《〈文苑英華〉所收唐代應試詩限韻分析》,《長江學術》2011 年第 4 期。

劉小明《〈文苑英華〉判文中所見唐代官吏失職犯罪》,《河北工程大學學報(社會科學版)》2011 年第 4 期。

劉小明《〈文苑英華〉中的涉禮判文》,《廣播電視大學學報(哲學社會科學版)》2011 年第 4 期。

姜廣振、張憲華《〈文苑英華〉詩歌分類的文化觀照》,《綏化學院學報》2012 年第 1 期。

何水英《〈文苑英華〉續〈文選〉特徵及原因探析》,《文藝評論》2012 年第 2 期。

劉小明《唐宋判文研究——以〈文苑英華〉和〈名公書判清明集〉爲中心》，博士學位論文，華東師範大學，2012 年。指導教師：莊輝明。

孟婷《〈文苑英華〉散文類目研究》，碩士學位論文，魯東大學，2012 年。指導教師：陳冠明。

郭洪麗《〈文苑英華〉賦類目研究》，碩士學位論文，魯東大學，2012 年。指導教師：陳冠明。

高娟《〈文苑英華〉詩歌類目分類體系研究》，碩士學位論文，魯東大學，2012 年。指導教師：陳冠明。

王輝斌《論歌行與樂府的關係——以〈文苑英華〉爲研究重點》，《長江大學學報（社會科學版）》2012 年第 8 期。

楊欣華《從〈文苑英華〉看宋人對唐賦的態度》，《文教資料》2012 年第 26 期。

王輝斌《〈文苑英華〉編者的樂府觀》，《閩江學刊》2012 年第 5 期。

陳銳《唐代判詞中的法意、邏輯與修辭——以〈文苑英華·刑獄門〉爲中心的考察》，《現代法學》2013 年第 4 期。

黃燕妮《宋代〈文苑英華〉校勘之研究》，博士學位論文，武漢大學，2013 年。指導教師：羅積勇。

楊栩生、沈曙東《〈文苑英華〉之李白詩題目異文辨讀》，《綿陽師範學院學報》2014 年第 1 期。

何水英《從選本批評看宋初唐詩學的演進——基於〈文苑英華〉與〈唐人選唐詩〉的比較》，《中南大學學報（社會科學版）》2014 年第 1 期。

楊欣華《〈文苑英華〉賦卷研究》，碩士學位論文，南京師範大學，2014 年。指導教師：鍾振振。

何水英《論〈文苑英華〉詩學批評特徵及成因》，《江蘇科技大學學報（社會科學版）》2014 年第 2 期。

羅昭君、李倩冉《論〈文苑英華〉中對歌行的編選》，《廣東廣播電視大學學報》2014 年第 4 期。

何水英《〈文苑英華〉誤作「網羅放佚」性總集考辨》，《凱里學院學報》2014 年第 4 期。

何水英《〈文苑英華〉對南朝豔詩的收錄：態度、特徵及影響》，《石河子大學學報（哲學社會科學版）》2014 年第 4 期。

宋紅霞《何焯手批本〈文苑英華〉考述》，《圖書館雜誌》2014 年第 11 期。

張培《〈文苑英華〉與〈唐百家詩選〉的宗唐風尚比較研究》，《鄭州牧業工程高等專科學校學報》2014 年第 4 期。

何水英《從〈文苑英華〉看宋初館閣文臣對白居易的接受》，《重慶郵電大學學報（社會科學版）》2015 年第 1 期。

何水英《論〈文苑英華〉編纂體例對〈文選〉的創新及其意義——以〈文苑英華〉詩體爲考察中心》，《廣西師範大學學報（哲學社會科學版）》2015 年第 1 期。

馮淑靜《〈文苑英華〉所錄杜甫詩歌研究》，碩士學位論文，廣西師範大學，2015 年。指導教師：殷祝勝。

劉永成《從〈文苑英華〉看王維詩歌成就》，《山西高等學校社會科學學報》2015 年第 4 期。

陳瑞娟《〈文苑英華〉編輯樂府詩的特點及其價值》，《科學經濟社會》2015 年第 2 期。

何水英《從宋初詩歌創作看〈文苑英華〉的批評效能》，《山西師大學報（社會科學版）》2015 年第 4 期。

鞏本棟《〈文苑英華〉的文體分類及意義》，《中山大學學報（社會科學版）》2015 年第 6 期。

李慧琳《〈文苑英華〉中「長安賦」概論》，《貴陽學院學報（社會科學版）》2016 年第 1 期。

王照年《現存〈文苑英華〉所載〈麟臺故事〉刊刻年限考》，《圖書館建設》2016 年第 6 期。

何水英《總集的序跋與文學史權力——以周必大《〈文苑英華〉序》爲例》，《出版科學》2016 年第 4 期。

黃燕妮《〈文苑英華辯證〉的校勘成就及其特點》，《湖北師範學院學報（哲學社會科學版）》2016 年第 4 期。

何水英《從選本批評看宋初與梁代後期的文學共性及意義——基於〈文

苑英華〉〈玉臺新詠〉的重詩分析》,《重慶郵電大學學報（社會科學版）》2016 年第 5 期。

宋婷《論〈文苑英華〉的編纂體例及其價值》,《河南科技大學學報（社會科學版）》2017 年第 1 期。

四十一、《冊府元龜》

陳垣《影印明本冊府元龜序》,《北京師範大學學報（社會科學）》1959 年第 4 期。

張鄰《〈太平御覽〉與〈冊府元龜〉》,《歷史教學問題》1981 年第 4 期。

劉乃和《〈〈冊府元龜〉新探〉序》,《文獻》1982 年第 4 期。

魯贛《莫將美景亂剪裁——抄本〈冊府元龜〉部分校勘記》,《圖書館工作與研究》1983 年第 4 期。

魯海、時桂山《嶗山華岩寺藏鈔本〈冊府元龜〉》,《圖書館雜誌》1984 年第 2 期。

陳炳迢《宋代最大的類書〈冊府元龜〉》,《文史知識》1984 年第 8 期。

馮惠民《宋刻殘本〈冊府元龜〉瑣議》,《社會科學戰線》1987 年第 1 期。

孟初《〈冊府元龜〉亦有補漢史之價值》,《史林》1988 年第 2 期。

《珍貴善本〈冊府元龜〉》,《古籍整理研究學刊》1992 年第 2 期。

王純《宋眞宗與〈冊府元龜〉》,《河南大學學報（社會科學版）》1993 年第 1 期。

徐勇《〈冊府元龜〉的任將思想一瞥》,《軍事歷史》1993 年第 5 期。

胡養儒《論〈冊府元龜〉的史學價值》,《河南師範大學學報（哲學社會科學版）》1994 年第 3 期。

宋玉昆《〈冊府元龜〉中的〈舊五代史〉補校議》,《江蘇圖書館學報》1995 年第 5 期。

許振興《〈冊府元龜〉門數考》,《古籍整理研究學刊》1997 年第 3 期。

劉翔飛《我國古代秘書理論體系的形成及其綱要——〈冊府元龜·幕府部〉研究》,《長沙大學學報》1999 年第 1 期。

吳浩《〈冊府元龜〉引唐實錄、雜史、小說考》，《揚州教育學院學報》1999年第 1 期。

梅旭《宋代四大類書之一──〈冊府元龜〉》，《高等函授學報（哲學社會科學版）》1999 年第 3 期。

王德保《〈資治通鑒〉與〈冊府元龜〉》，《南昌大學學報（社會科學版）》2000 年第 3 期。

來新夏《王欽若與〈冊府元龜〉》，《光明日報》2002 年 1 月 22 日。

馬維斌《〈冊府元龜〉的撰修以及其中唐代部分的史料來源與價值》，碩士學位論文，陝西師範大學，2002 年。指導教師：胡戟。

劉耀國《略論〈冊府元龜‧幕府部〉的史鑒思想──兼與劉翔飛、羅謝君商榷》，《秘書》2002 年第 4 期。

劉耀國《略論〈冊府元龜‧幕府部〉的史鑒思想──再與劉翔飛、羅謝君商榷》，《秘書》2002 年第 7 期。

徐心希《北宋閩北著名學者楊億與大型類書〈冊府元龜〉的編修》，《武夷文化研究──武夷文化學術研討會論文集》，福州：海峽文藝出版社，2002 年。

楊文起《關於〈冊府元龜‧幕府部〉的討論及其他》，《秘書》2003 年第 3 期。

李怡《從〈冊府元龜〉看宋真宗的圖書編纂思想》，《圖書館理論與實踐》2003 年第 6 期。

房銳、蘇欣《〈冊府元龜〉引唐實錄、雜史、小說考》辨析》，《成都理工大學學報（社會科學版）》2005 年第 1 期。

李丹《一部超級類書──〈冊府元龜〉》，《古典文學知識》2005 年第 5 期。

馮志弘《〈冊府元龜〉論韓愈條議述──兼論楊億的「頌美」文學觀》，《文學前沿》總第 11 輯，北京：學苑出版社，2006 年。

劉玉峰《〈冊府元龜〉中契丹史料輯錄》，碩士學位論文，東北師範大學，2006 年。指導教師：李德山。

劉景玲《〈冊府元龜‧外臣部〉有關東北史料輯校（一）》，碩士學位論文，東北師範大學，2007 年。指導教師：李德山。

王鑫玉《〈冊府元龜·外臣部〉東北史料輯校（三）》，碩士學位論文，東北師範大學，2007 年。指導教師：李德山。

蘇嘉《冊府元龜》，《出版史料》2007 年第 2 期。

卞孝萱《從新出版的〈冊府元龜〉校訂本說到開發其寶藏》，《中華讀書報》2007 年 8 月 8 日。

安平秋、程毅中、卞孝萱、郁賢皓、陳尚君、許逸民《古籍整理的重大成果》，《光明日報》2007 年 9 月 15 日。

程毅中《喜見點校本〈冊府元龜〉的問世》，南京大學古典文獻研究所編《古典文獻研究》總第 11 輯，南京：鳳凰出版社，2008 年。

躍進《〈冊府元龜〉中的秦漢史料》，南京大學古典文獻研究所編《古典文獻研究》總第 11 輯，南京：鳳凰出版社，2008 年。

陳尚君《古代類書整理的重大收穫——評校訂本〈冊府元龜〉》，南京大學古典文獻研究所編《古典文獻研究》總第 11 輯，南京：鳳凰出版社，2008 年。

卞孝萱《從新出版的〈冊府元龜〉校訂本說到開發其寶藏》，南京大學古典文獻研究所編《古典文獻研究》總第 11 輯，南京：鳳凰出版社，2008 年。

郁賢皓《溯史料本源循學術規範——評《冊府元龜（校訂本）》》，南京大學古典文獻研究所編《古典文獻研究》總第 11 輯，南京：鳳凰出版社，2008 年。

陶敏《古籍整理工作的新成果——讀點校本〈冊府元龜〉》，南京大學古典文獻研究所編《古典文獻研究》總第 11 輯，南京：鳳凰出版社，2008 年。

李德輝《漢唐文獻整理的標識性成果——評點校本〈冊府元龜〉》，南京大學古典文獻研究所編《古典文獻研究》總第 11 輯，南京：鳳凰出版社，2008 年。

姚松《〈冊府元龜〉校訂本編撰始末》，南京大學古典文獻研究所編《古典文獻研究》總第 11 輯，南京：鳳凰出版社，2008 年。

王丹丹《〈冊府元龜·外臣部〉東北史料輯校（二）》，碩士學位論文，東北師範大學，2008 年。指導教師：李德山。

姚松《就〈冊府元龜〉整理出版事答客問》,《中國典籍與文化》2008 年
第 2 期。

劉永傑《〈五禮通考‧凶禮〉引〈冊府元龜〉校議》,《文教資料》2008 年
第 28 期。

李樂《「用存典刑」——宋真宗詔修〈冊府元龜〉的編輯指導思想初探》,
《中國編輯》2008 年第 6 期。

劉紅儒《新世紀古籍整理的豐碩成果——評校訂本〈冊府元龜〉》,《蘇州
大學學報(哲學社會科學版)》2008 年第 6 期。

崔軍偉《〈冊府元龜‧國史部〉史學思想初探》,《北京聯合大學學報(人
文社會科學版)》2009 年第 2 期。

方建春《從〈冊府元龜‧幕府部〉看中國古代幕府的行政職能》,《寧夏
師範學院學報》2009 年第 5 期。

方建春《從〈冊府元龜‧幕府部〉看中國古代幕府的軍事職能》,《寧夏
社會科學》2009 年第 6 期。

沈世培《〈冊府元龜〉所載「兩稅法」史料辨誤》,《史學史研究》2009 年
第 4 期。

冉永忠《有關〈冊府元龜〉〈舊唐書〉中唐蕃戰爭的季節考析》,《西藏民
族學院學報(哲學社會科學版)》2010 年第 1 期。

申慧青《略論〈冊府元龜‧帝王部〉的帝王觀》,《學習與探索》2010 年
第 2 期。

英秀林《〈冊府元龜〉中的〈三國志〉異文研究》,碩士學位論文,復旦
大學,2010 年。指導教師:吳金華。

蔣倩《校訂本〈冊府元龜‧掌禮部〉引「三禮」標點商榷》,《文教資料》
2010 年第 18 期。

蔣倩《校訂本〈冊府元龜‧掌禮部〉引「三禮」校勘箚記》,《語文知識》
2010 年第 4 期。

吳浩《〈冊府元龜〉引文方法述論》,《揚州職業大學學報》2010 年第 4 期。

蔣倩《校訂本〈冊府元龜‧掌禮部〉引「三禮」考》,碩士學位論文,南
京師範大學,2011 年。指導教師:方向東。

蔣倩《校訂本〈冊府元龜・掌禮部〉引「三禮」校讀箚記》,《井岡山大學學報（社會科學版）》2011 年第 6 期。

馬維斌《〈冊府元龜〉研究——以唐史史源學爲中心》,博士學位論文,陝西師範大學,2012 年。指導教師：杜文玉。

周勳初《周勳初治學經驗談之五長期積累一朝奏功——我爲什麼能看上〈文選集注〉〈冊府元龜〉這兩本冷門書》,《古典文學知識》2012 年第 3 期。

潘倩《〈冊府元龜〉類序研究》,碩士學位論文,華中師範大學,2013 年。指導教師：夏南強。

賈素玲《〈冊府元龜〉的編纂、版本及對後世類書的影響》,《河南圖書館學刊》2013 年第 7 期。

林耀琳《〈冊府元龜〉編撰考》,《欽州學院學報》2015 年第 1 期。

張晟欽、鍾羅慶《淺析〈冊府元龜・幕府部〉的當代借鑒價值》,《辦公室業務》2015 年第 6 期。

林耀琳《〈冊府元龜〉的成書源起》,《紅河學院學報》2015 年第 4 期。

四十二、《事類賦》

冀勤《吳淑及其〈事類賦注〉》,《古籍整理出版情況簡報》1988 年第 197 期。

權儒學《宋刻本吳淑〈事類賦〉》,《文獻》1990 年第 2 期。

徐蘇《吳淑與〈事類賦〉》,《鎮江史志通訊》1990 年第 2 期。

周篤文、林岫《論吳淑〈事類賦〉》,《文史哲》1990 年第 5 期。

廖源蘭《武大藏本〈事類賦〉兩跋辨僞》,《武漢大學學報（社會科學版）》1992 年第 5 期。

王恩保《吳淑〈事類賦〉用韻研究》,《古漢語研究》1997 年第 3 期。

程章燦《〈事類賦注〉引漢魏六朝賦考》,《古籍整理研究學刊》2000 年第 2 期。

劉培《〈事類賦〉簡論》,《濟南大學學報（社會科學版）》2001 年第 5 期。

魏小虎《〈〈事類賦注〉引漢魏六朝賦考〉疏誤考——與程章燦先生商榷》,《津圖學刊》2004 年第 1 期。

魏小虎《〈事類賦注〉的文獻學研究》，碩士學位論文，華東師範大學，2004 年。指導教師：戴揚本。

魏小虎《〈事類賦注〉引文「採自本書」考辨》，《上海博物館集刊》總第 11 期，上海：上海書畫出版社，2008 年。

蒲銳志《吳淑〈事類賦〉體例簡介》，《安徽文學（下半月）》2009 年第 6 期。

馬強才《清代補續〈事類賦〉著作考略：兼說清代科舉政策對「詩材」類著作出版的影響》，《漢學研究》2012 年第 3 期。

張金銑、韓婷《〈事類賦〉與《增補事類統編》所見宋清博物觀之演變》，《東北農業大學學報（社會科學版）》2016 年第 3 期。

楊珺《〈事類賦・樂部〉中的音樂歷史文獻綜述》，《藝術品鑒》2019 年第 8 期。

四十三、《類要》

陳尚君《晏殊〈類要〉研究》，《新國學》總第 2 輯，成都：巴蜀書社，2000 年。

唐雯《〈《記纂淵海》所引的《唐職員令》逸文〉補證——兼述晏殊〈類要〉所見〈唐職員令〉》，《中國典籍與文化》2005 年第 4 期。

唐雯《晏殊〈類要〉研究》，博士學位論文，復旦大學，2006 年。指導教師：陳尚君。

唐雯《晏殊〈類要〉文本及其學術價值考述》，《傳統中國研究集刊》總第 8 輯，上海：上海人民出版社，2009 年。

四十四、《雲笈七籤》

楊福程《〈雲笈七籤〉選注》，《體育文史》1985 年第 5 期。

楊福程《〈雲笈七籤〉選注：導引法》，《體育文史》1986 年第 2 期。

楊福程《明耳目的功法——〈雲笈七籤〉選注》，《按摩與導引》1987 年第 2 期。

朱越利《道教類書〈雲笈七籤〉》，《文史知識》1989 年第 5 期。

楊福程《〈雲笈七籤〉的卷數辨析》，《宗教學研究》1991 年第 Z1 期。

王敏紅《〈雲笈七籤〉「臨目」釋義》,《四川師範大學學報（社會科學版）》2001 年第 5 期。

王敏紅《〈雲笈七籤〉詞語零箚》,《杭州教育學院學報》2002 年第 2 期。

王敏紅《〈雲笈七籤〉詞語零箚》,《古籍整理研究學刊》2002 年第 3 期。

王敏紅《〈雲笈七籤〉「養」「迫」釋義》,《四川師範大學學報（社會科學版）》2002 年第 4 期。

柯資能、黃群《〈雲笈七籤〉中六一泥初探》,《自然辯證法通訊》2004 年第 6 期。

李慶《日本道教研究的新成果——中嶋隆藏所著〈雲笈七籤的基礎研究〉》,《中國典籍與文化》2005 年第 4 期。

吳兆華《〈雲笈七籤〉的版本研究及其小說文獻價值》,碩士學位論文,南開大學 2005 年。指導教師：李劍國。

羅爭鳴《〈雲笈七籤〉本〈墉城集仙錄〉探賾》,《古籍整理研究學刊》2006 年第 4 期。

劉全波《〈雲笈七籤〉編纂者張君房事蹟考》,《中國道教》2008 年第 4 期。

陳林《〈雲笈七籤〉宇宙論思想探析》,《船山學刊》2013 年第 4 期。

葉秋冶《〈雲笈七籤〉初探》,博士學位論文,中國社會科學院研究生院,2014 年。指導教師：陳霞。

王治偉《〈雲笈七籤〉中的善惡思想》,《無錫商業職業技術學院學報 2014 年第 2 期。

黃海德《〈雲笈七籤〉中的道教慈愛思想》,《中國道教》2015 年第 4 期。

吳潔瑩《〈雲笈七籤〉導引術研究》,碩士學位論文,廣州大學,2016 年。指導教師：林友標。

常久、蔣力生《淺析〈雲笈七籤〉與中醫養生》,《世界中醫藥》2017 年第 7 期。

常久《〈雲笈七籤〉道家養生思想與方法的研究》,博士學位論文,北京中醫藥大學,2017 年。指導教師：蔣力生、陶曉華。

勞格文,呂鵬志《〈雲笈七籤〉的結構和資料來源》,《西南民族大學學報（人文社會科學版）》2018 年第 9 期。

四十五、《道樞》

趙宗誠《道樞》，《宗教學研究》1983 年第 2 期。

曾慥及其《道樞》，《中國道教》1991 年第 2 期。

黃永鋒《〈道樞〉及其養生思想考析》，《自然辯證法通訊》2004 年第 6 期。

黃永鋒《〈道樞〉成書及其流傳三題》，《宗教學研究》2009 年第 1 期。

逄禮文《〈道樞〉生命觀初探》，《宗教學研究》2012 年第 1 期。

逄禮文《〈道樞〉生命哲學論略》，《東方論壇》2013 年第 1 期。

逄禮文《〈道樞〉生命哲學整體性剖析與建構》，《山東科技大學學報（社會科學版）》2013 年第 5 期。

四十六、《釋氏要覽》

劉沛《〈釋氏要覽〉引書研究》，碩士學位論文，華中科技大學，2013 年。指導教師：付丹、黃仁瑄。

楊志飛《日藏〈釋氏要覽〉室町鈔本與慶長刊本考述》，《中國典籍與文化》2015 年第 4 期。

楊志飛、瞿朝禎《中華書局本〈釋氏要覽校注〉的版本問題》，《圖書館雜誌》2017 年第 7 期。

四十七、《宋朝事實類苑》

江少虞撰《宋朝事實類苑》，上海：上海古籍出版社，1981.07.

孫瓊歌《〈宋朝事實類苑〉研究》，碩士學位論文，河南大學，2009 年。指導教師：苗書梅、孔學。

王瑞來《〈宋朝事實類苑〉雜考》，《古籍整理研究學刊》1990 年第 5 期。

李裕民《〈宋朝事實類苑〉引書訂補》，《古籍整理出版情況簡報》1987 年第 169 期。

四十八、《海錄碎事》

陳汝法《〈海錄碎事〉翻檢小記》，《文獻》1982 年第 2 期。

陳汝法《〈海錄碎事〉在辭書史上的文獻價值》，《辭書研究》1983 年第 4 期。

胡道靜《影印〈海錄碎事〉序》,《古籍整理出版情況簡報》1989 年第 217 期。

（宋）葉延珪撰《海錄碎事》,上海：上海辭書出版社,1989 年。

（宋）葉庭珪撰《海錄碎事》,《四庫類書叢刊》,上海：上海古籍出版社,1991 年。

胡道靜《葉廷珪和〈海錄碎事〉》,《辭書研究》1990 年第 1 期。

（宋）葉廷珪撰,李之亮點校《海錄碎事》,北京：中華書局,2002 年。

陳自強《葉庭珪及其〈海錄碎事〉》,《福建鄉土》2006 年第 4 期。

梁琨《〈海錄碎事〉及其文獻價值》,《青年與社會》2014 年第 22 期。

王映予《宋代類書〈海錄碎事〉考略》,《西北師大學報（社會科學版）》2016 年第 5 期。

王映予《宋代類書〈海錄碎事〉研究》,博士學位論文,蘭州大學,2017 年。指導教師：王晶波。

四十九、《事物紀原》

朱茂漢《怎樣查找事物起源——談〈事物紀原〉等書》,《文史知識》1983 年第 12 期。

袁俐《〈事物紀原〉命婦封號訂誤五則》,《文獻》1990 年第 3 期。

張志和《〈事物紀原〉成書於明代考》,《東方論壇：青島大學學報》2001 年第 4 期。

李姍姍《〈事物紀原〉的民俗學解讀》,《華北水利水電學院學報（社科版）》2011 年第 1 期。

朱仙林、曹書傑《〈事物紀原〉初本成於宋代考》,《歷史文獻研究》總第 31 輯,上海：華東師範大學出版社,2012 年。

李文寧《〈事物紀原〉歲時風俗部敘述模式及其成因初探》,《長江學術》2016 年第 3 期。

吳長城《國圖藏宋刻本〈事物紀原〉殘卷當爲「二十卷本」考》,《青年文學家》2018 年第 8 期。

五十、《職官分紀》

刁忠民《秦觀〈職官分紀序〉非偽作辯》,《宋代文化研究》總第 8 輯,成都:巴蜀書社,1999 年。

羅褘楠《孫逢吉〈職官分紀〉成書史事考略》,《史學月刊》2002 年第 9期。

汪卉、龔延明《〈職官分紀〉版本源流考述》,《文史》2015 年第 4 期。

汪卉、龔延明《〈職官分紀〉的官制史文獻價值》,《上海師範大學學報(哲學社會科學版)》2017 年第 6 期。

汪卉《〈職官分紀〉研究》,博士學位論文,浙江大學,2017 年。指導教師:祖慧。

五十一、《類說》

趙梅《曾慥著述考》,《吳中學刊(社會科學版)》1991 年第 2 期。

黃永峰《曾慥生平考辨》,《宗教學研究》2004 年第 1 期。

王發國《略論〈類說〉所錄〈詩品〉文字的學術價值》,《文學遺產》2001 年第 3 期。

王可喜、王兆鵬《南宋詞人曾慥、尹煥生平考略》,《詞學》總第 17 輯,上海:華東師範大學出版社,2006 年。

郭玉華《曾慥〈類說〉的小說史價值研究》,碩士學位論文,山東大學,2012 年。指導教師:王平。

薛琪薪《〈類說〉所收唐人筆記小說研究》,碩士學位論文,上海師範大學,2012 年。指導教師:俞鋼。

陳靜怡《〈類說〉版本及引書研究》,碩士學位論文,臺北大學。指導教師:盧錦堂。

薛琪薪、明理《曾慥生平及〈類說〉考述》,《湖北職業技術學院學報》2012 年第 1 期。

薛琪薪、金坡《曾慥〈類說〉的史料價值與問題》,《佛山科學技術學院學報(社會科學版)》2012 年第 4 期。

薛琪薪《〈類說〉獨存之筆記小說條目及價值》,《湖南人文科技學院學報》2012 年第 4 期。

趙庶洋《略論清鈔宋本〈類說〉的文獻價值》,《文獻》2012 年第 3 期。

許蔚《〈華陽隱居眞誥〉校讀記暨白玉蟾所據爲〈類說〉考》,《中國俗文化研究》總第 8 輯,成都:巴蜀書社,2013 年。

夏婧《曾慥《類說》引〈玉泉子〉佚文辨正》,《古籍整理研究學刊》2013 年第 2 期。

薛琪薪《〈類說〉所收唐人筆記小說異文的史料價值》,《貴州文史叢刊》2013 年第 3 期。

薛琪薪《〈類說〉獨存之唐宋著述及文獻價值》,《河北民族師範學院學報》2014 年第 4 期。

明理、薛琪瑜《南宋曾慥著述略考》,《齊齊哈爾工程學院學報》2014 年第 3 期。

李更《〈類說〉與南宋坊本類書——兼議〈類說〉的工具性》,《北京大學中國古文獻研究中心集刊》總第 15 輯,北京:北京大學出版社,2016 年。

李更《李盛鐸舊藏〈類說〉「七十卷本」殘卷探析——兼議明天啓刻本面貌的形成》,沈乃文主編《版本目錄學研究》總第 9 輯,北京:國家圖書館出版社,2017 年。

李更《〈類說〉本〈續博物志〉的前世今生——兼議〈類說〉對〈紺珠集·諸集拾遺〉的襲用及古書作僞》,《中國典籍與文化》2018 年第 3 期。

五十二、《書敍指南》

祝注先《〈書敍指南〉——一本宋代同義詞語手冊》,《辭書研究》1986 年第 2 期。

羅寧、高浥烜《〈書敍指南〉作者及版本考述》,《西南交通大學學報(社會科學版)》2019 年第 1 期。

五十三、《永嘉八面鋒》

車承瑞《一部薈萃治國方略的宋代古籍——〈永嘉先生八面鋒〉整理箚記》,《北方論叢》1999 年第 1 期。

辛更儒《有關〈永嘉先生八面鋒〉的幾個問題》,《中國典籍與文化》2008 年第 1 期。

李多君《永嘉先生「八面鋒」》,《國家人文歷史》2016 年第 12 期。

五十四、《錦繡萬花谷》

王嵐《〈錦繡萬花谷‧別集〉編刻考》,《文史》2009 年第 3 期。

李更《淵源與流變——從〈錦繡萬花谷續集〉看南宋坊賈之類書編刻》,《中國典籍與文化論叢》總第 14 輯,南京:鳳凰出版社,2012 年。

斐翔《古籍瑰寶「寸紙寸金」——從宋刻本〈錦繡萬花谷〉天價說起》,《中國文化報》2012 年 4 月 21 日。

趙曉林《市場僅存國寶級藏書將亮相——由傳世孤本〈錦繡萬花谷〉領銜「過雲樓藏書」歷經千年完好留存》,《濟南日報》2012 年 5 月 11 日。

張麗娟《關於過雲樓舊藏〈錦繡萬花谷〉》,沈乃文主編《版本目錄學研究》總第 5 輯,北京:國家圖館出版社,2013 年。

李更《〈錦繡萬花谷續集〉「別本」及其文獻價值——以「拾遺」諸卷爲中心》,沈乃文主編《版本目錄學研究》總第 5 輯,北京:國家圖書館出版社,2013 年。

李致忠《〈錦繡萬花谷〉編者爲誰再探討》,《新世紀圖書館》2013 年第 5 期。

徐紫馨《〈錦繡萬花谷‧前集〉研究》,碩士學位論文,武漢大學,2017 年。指導教師:于亨。

郝婧、王俊《從〈錦繡萬花谷〉看宋版書再生性保護》,《傳播與版權》2017 年第 2 期。

崔凱《〈錦繡萬花谷〉編者與盧襄關係考》,《古籍研究》2017 年第 1 期。

劉磊《〈錦繡萬花谷〉版本著錄及傳統時代文獻利用述考》,《古籍研究》2017 年第 1 期。

五十五、《事文類聚》

沈乃文《〈事文類聚〉的成書與版本》,《文獻》2004 年第 3 期。

五十六、《記纂淵海》

唐雯《〈《記纂淵海》所引的《唐職員令》逸文〉補證——兼述晏殊〈類要〉所見〈唐職員令〉》,《中國典籍與文化》2005 年第 4 期。

劉冰《宋刻本〈記纂淵海〉》,《圖書館學刊》2011 年第 2 期。

金菊園《萬曆刻本〈記纂淵海·郡縣部〉初探》，《歷史地理》2014 年第 2 期，總第 30 輯，上海：上海人民出版社，2014 年。

許淑芬《潘自牧〈記纂淵海〉之研究》，碩士學位論文，臺北大學，2011 年。指導教師：王國良。

詹璧瑛《潘自牧與〈記纂淵海·閨儀部〉中的女性形象》，碩士學位論文，成功大學，2012 年。指導教師：劉靜貞。

五十七、《全芳備祖》

周升恒《世界最早的植物學辭典——〈全芳備祖〉》，《圖書館》1964 年第 2 期。

梁家勉《影印〈全芳備祖〉序言》，《學術研究》1981 年第 6 期。

科《〈全芳備祖〉刻印本複印後回歸故里》，《出版工作》1982 年第 4 期。

吳德鐸《〈全芳備祖〉跋》，《讀書》1982 年第 6 期。

楊寶霖《〈全芳備祖〉刻本是元槧》，《黃石師院學報（哲學社會科學版）》1983 年第 3 期。

吳德鐸《〈全芳備祖〉述概》，《辭書研究》1983 年第 3 期。

楊寶霖《〈古今合璧事類備要〉別集草木卷與〈全芳備祖〉》，《文獻》1985 年第 1 期。

魯海《全芳備祖》，《圖書館雜誌》1985 年第 3 期。

徐文宣《扶桑覓孤版，神州傳古經——宋刻〈全芳備祖〉簡介》，《植物雜誌》1986 年第 2 期。

吳家駒《關於〈全芳備祖〉版本問題》，《圖書館雜誌》1987 年第 6 期。

陳信玉《〈全芳備祖〉輯者陳景沂籍貫考證》，《中國農史》1991 年第 1 期。

任德魁《〈全宋詞〉校訂數則——對〈全宋詞〉所引〈全芳備祖〉詞考》，《古籍整理研究學刊》1995 年第 5 期。

王華夫《〈全芳備祖〉中有關蜜蜂的記載》，《養蜂科技》1998 年第 4 期。

止戈《陳詠與〈全芳備祖〉》，《台州師專學報》1999 年第 2 期。

馮洪錢《我國最早的一部植物學辭典出自溫嶺——宋陳景沂編撰〈全芳備祖〉巨著考證》，《農業考古》2003 年第 3 期。

劉蔚《〈全芳備祖〉文獻疏失舉正》,《清華大學學報（哲學社會科學版）》2006 年第 5 期。

張遠鳳《類書文學價值摭談——以〈全芳備祖〉爲例》,《金陵科技學院學報（社會科學版）》2011 年第 2 期。

程傑《〈全芳備祖〉編者陳景沂生平和作品考》,《紹興文理學院學報（哲學社會科學）》2013 年第 6 期。

程傑《〈全芳備祖〉的抄本問題》,《中國農史》2013 年第 6 期。

元尚《化身萬千的〈全芳備祖〉》,《中華讀書報》2014 年 8 月 20 日。

程傑《日藏〈全芳備祖〉刻本時代考》,《江蘇社會科學》2014 年第 5 期。

趙昱《〈全芳備祖〉異文考論——以日本宮內廳書陵部藏宋刻殘本與文淵閣〈四庫全書〉本的比較爲中心》,《中國典籍與文化論叢》總第 17 輯,南京：鳳凰出版社,2014 年。

程傑《〈全芳備祖〉編者陳景沂姓名、籍貫考》,《南京師大學報（社會科學版）》2015 年第 6 期。

周園《中國植物學工具書的鼻祖：〈全芳備祖〉》,《公共圖書館》2016 年第 1 期。

蔡寶定《〈全芳備祖〉編者陳景沂考證（上篇）——與程傑先生商榷》,《台州學院學報》2017 年第 2 期。

蔡寶定《〈全芳備祖〉編者陳景沂考證（下篇）——與程傑先生商榷》,《台州學院學報》2017 年第 4 期。

趙昱《〈全芳備祖〉新見宋佚詩輯考——以日本宮內廳書陵部藏本爲中心》,《北京大學中國古文獻研究中心集刊》總第 17 輯,北京：北京大學出版社,2018 年。

五十八、《山堂考索》《群書考索》

李偉國《〈山堂考索〉的作者和版本》,《文獻》1984 年第 4 期。

劉振華《類書〈山堂考索〉中的〈續資治通鑒長編〉佚文》,《山東圖書館季刊》1991 年第 1 期。

崔文印《高氏諸「略」與章氏〈山堂考索〉》,《史學史研究》1994 年第 1 期。

李偉國《讀楊守敬題本〈群書考索〉》，《上海師範大學學報（哲學社會科學版）》1983 年第 1 期。

李偉國《〈山堂考索〉的作者和版本》，《文獻》1984 年第 4 期。

孫彥《一部重要的類書──〈群書考索〉》，《文獻》1992 年第 2 期。

李建國《〈群書考索〉與宋代「寶訓」》，《古籍整理研究學刊》2009 年第 1 期。

劉磊《〈群書考索〉所引宋代史料研究》，碩士學位論文，華東師範大學，2009 年。指導教師：嚴文儒。

李紅英《〈四庫全書總目・山堂考索〉條辯證──兼談〈山堂考索〉的版本源流》，《文津學誌》總第 3 輯，北京：國家圖書館出版社，2010 年。

黃亭惇《章如愚與〈群書考索〉中的人物與制度》，碩士學位論文，清華大學，2011 年。指導教師：張元。

溫志拔《〈群書考索〉的「考索之功」及其學術史意義》，《湖州師範學院學報》2016 年第 3 期。

翟新明《趙士煒〈中興館閣書目輯考〉輯引〈山堂考索〉辨正》，《文獻》2018 年第 2 期。

琚小飛《〈群書考索〉四庫底本考論》，沈乃文主編《版本目錄學研究》總第 9 輯，北京：國家圖書館出版社，2018 年。

琚小飛、田雯《〈群書考索〉四庫底本考論》，鄭洪波主編《中國四庫學》2019 年第 1 期，總第 3 輯，北京：中華書局，2019 年。

五十九、《歲時廣記》

（宋）陳元靚撰；（清）李光地等撰《歲時廣記》，上海：上海古籍出版社，1993 年。

王鐵軍《〈歲時廣記〉初探》，《東嶽論叢》1988 年第 2 期。

牛會娟《陳元靚與〈歲時廣記〉》，碩士學位論文，四川大學，2006 年。指導教師：江玉祥。

牛會娟《〈歲時廣記〉版本考》，《中華文化論壇》2007 年第 2 期。

裘真《歲時廣記話遺風：哈爾濱區域的歲時節日習俗》，《學理論》2008 年第 23 期。

王珂《〈歲時廣記〉新證》,《蘭州學刊》2011 年第 1 期。

王珂《陳元靚家世生平新證》,《圖書館理論與實踐》2011 年第 3 期。

張亞紅《〈歲時廣記〉民俗語彙研究》,碩士學位論文,西南科技大學,2014 年。指導教師:郝志倫。

邱玉凡《陳元靚生平與著作探討》,《東吳中文線上學術論文》2017 年第 38 期。

董德英《陳元靚〈歲時廣記〉及其輯錄保存特點與價值》,《古籍整理研究學刊》2017 年第 6 期。

王會超《〈歲時廣記〉研究》,碩士學位論文,南京師範大學,2017 年。指導教師:楊新華。

賴秋虔《〈歲時廣記〉名物考》,碩士學位論文,江西師範大學,2018 年。指導教師:邱進春。

六十、《重廣會史》

中華書局編《重廣會史》,北京:中華書局,1986 年。

胡華平《〈重廣會史〉研究》,碩士學位論文,南昌大學,2007 年。指導教師:余讓堯。

(宋)佚名編;周延良箋證《重廣會史箋證》,濟南:齊魯書社,2010 年。

陸磊《〈重廣會史箋證〉補正》,《柳州師專學報》2013 年第 1 期。

牟宗傑《〈重廣會史〉鈐「經筵」印考辨》,《文獻》2014 年第 1 期。

施建才《和刻本〈重廣會史〉引書研究》,碩士學位論文,東北師範大學2014 年。指導教師:黃雲鶴。

施建才、黃雲鶴《和刻本〈重廣會史〉研究述論》,中國人民大學歷史學院歷史文獻學教研室編《典籍・社會與文化國際學術研討會暨中國歷史文獻研究會第 34 屆年會論文選集》,上海:華東師範大學出版社,2015 年。

六十一、《古今合璧事類備要》

楊寶霖《〈古今合璧事類備要〉別集草木卷與〈全芳備祖〉》,《文獻》,1985 年第 1 期。

（宋）謝維新撰《古今合璧事類備要》，《四庫類書叢刊》，上海：上海古籍出版社，1992 年。

朱曉蕾《〈古今合璧事類備要〉作者、體例及版本考略》，《青年科學》2009年第 1 期。

朱曉蕾《〈古今合璧事類備要〉初探》，碩士學位論文，上海師範大學，2009 年。指導教師：戴建國。

李豪《〈古今合璧事類備要〉引〈唐大詔令集〉佚篇考辨》，《古籍整理研究學刊》2014 年第 6 期。

李更《〈古今合璧事類備要〉管窺——以「民事門」爲例》，沈乃文主編《版本目錄學研究》總第 6 輯，北京：國家圖書館出版社，2015 年。

溫志拔《博物學的南宋圖景：以〈古今合璧事類備要〉爲中心的考察》，《渭南師範學院學報》2017 年第 3 期。

六十二、《源流至論》

許振興《〈古今源流至論〉中的宋代〈寶訓〉佚文》，《古籍整理研究學刊》2000 年第 4 期。

張赫《〈新箋決科古今源流至論〉研究》，碩士學位論文，河北大學，2010年。指導教師：汪聖鐸。

溫志拔《知識社會史中的南宋類書——以〈古今源流至論〉爲中心》，《福建師大福清分校學報》2016 年第 3 期。

六十三、《韻府群玉》

謝先模《〈韻府群玉〉作者陰幼遇登科之年及其生年考》，《江西師院學報》1982 年第 2 期。

謝先模《陰幼遇的〈韻府群玉〉》，《文史知識》1988 年第 12 期。

石菲、許靜華《璀燦寶典珠玉文章——黑龍江省圖書館珍藏元梅溪書院刻本〈韻府群玉〉》，《圖書館建設》2010 年第 12 期。

任曉彤《藝林之珍品，大輅之椎輪——簡述〈韻府群玉〉的性質、體例及價值》，《辭書研究》2014 年第 1 期。

郭星宏《〈韻府群玉〉研究》，碩士學位論文，內蒙古師範大學，2015 年。指導教師：閆豔。

六十四、《翰苑新書》

郭萬青《〈翰苑新書〉引〈國語〉例辨》,《長江學術》2011 年第 2 期。

六十五、《天中記》

馮惠民《陳耀文和他的〈天中記〉》,《文獻》1991 年第 1 期。

鄭慧生《一部罕見的類書──〈天中記〉》,《中國典籍與文化》1995 年第 2 期。

孫順霖《陳耀文和他的〈天中記〉》,《天中學刊(駐馬店師專學報)》1995 年第 2 期。

朱仙林《〈天中記〉版本源流考略》,《圖書館雜誌》2014 年第 7 期。

六十六、《山堂肆考》

邱曉剛《修補〈山堂肆考〉一得》,《江蘇圖書館學報》2002 年第 1 期。

劉曉彤《〈山堂肆考〉初探》,碩士學位論文,山西師範大學,2016 年。指導教師:閆春。

六十七、《廣博物志》

劉天振《〈廣博物志〉小說性質探論》,黃霖主編《中國文學研究》2012 年第 2 期,總第 20 輯,上海:復旦大學出版社,2012 年。

六十八、《婚禮新編》

柳建鈺《國圖藏孤本文獻〈婚禮新編〉初探》,《蘭臺世界》2014 年第 11 期。

柳建鈺《國圖藏孤本文獻〈婚禮新編〉文獻價值簡論》,《蘭臺世界》2014 年第 28 期。

(宋)丁昇之輯;柳建鈺校注《婚禮新編校注》,上海:上海古籍出版社,2016 年。

周媛穎《〈婚禮新編〉研究》,碩士學位論文,西南交通大學,2017 年。指導教師:沈如泉。

史曉丹《〈婚禮新編校注〉評介》,《遼東學院學報(社會科學版)》2018 年第 2 期。

單志鵬《專門性類書校注的一次有益嘗試——評〈婚禮新編校注〉》,《遼寧工業大學學報(社會科學版)》2018 年第 3 期。

六十九、《翰墨全書》

仝建平《〈翰墨全書〉三題》,《滄桑》2010 年第 4 期。

仝建平《〈新編事文類聚翰墨全書〉研究》,博士學位論文,陝西師範大學,2010 年。指導教師:賈二強。

仝建平《〈翰墨全書〉編纂及其版本考略》,《圖書情報工作》2010 年第 21 期。

仝建平《〈翰墨全書〉輯錄的元史資料價值述論》,《甘肅聯合大學學報(社會科學版)》2011 年第 1 期。

鄒賀《主次有致繁簡得宜——評仝建平博士著《〈新編事文類聚翰墨全書〉研究》》,《黑龍江史志》2012 年第 6 期。

仝建平《淺析〈翰墨全書〉對研究福建歷史文化的功用》,《黑龍江史志》2012 年第 6 期。

仝建平《〈翰墨全書〉校訂〈全宋詩〉八則》,《滄桑》2012 年第 4 期。

仝建平《略談〈翰墨全書〉利用的幾個問題》,《史學集刊》2014 年第 2 期。

仝建平《大德本〈翰墨全書〉文獻利用價值探微》,《圖書館雜誌》2015 年第 3 期。

七十、《新編事文類要啓札青錢》

仝建平《日藏元泰定重刊本〈新編事文類要啓札青錢〉探微》,《圖書館研究與工作》2018 年第 12 期。

七十一、《新編事文類聚啓札雲錦》

仝建平《〈新編事文類聚輿地要覽〉考析》,《西夏研究》2018 年第 2 期。

仝建平《國圖藏元刊本〈新編事文類聚啓札雲錦〉探微》,《廣西師範大學學報(哲學社會科學版)》2019 年第 2 期。

七十二、《聖立義海》

湯曉芳《西夏史研究的兩部重要史料：〈聖立義海〉和〈貞觀玉鏡將〉簡介》，《固原師專學報》1996 年第 1 期。

聶鴻音、黃振華《西夏〈聖立義海〉故事考源》，《隴右文博》2001 年第 1 期。

朱海《西夏孝觀念研究——以〈聖立義海〉爲中心》，《寧夏社會科學》2006 年第 3 期。

袁志偉《〈聖立義海〉與西夏「佛儒融合」的哲學思想》，《寧夏大學學報（人文社會科學版）》2015 年第 3 期。

郭明明《〈聖立義海〉孝子故事史源補考》，《西夏研究》2017 年第 1 期。

和智《西夏文〈聖立義海〉翻譯中的若干語法問題》，《西夏學》2017 年第 1 期，總第 14 輯，蘭州：甘肅文化出版社，2017 年。

張彤雲《西夏類書〈聖立義海〉故事新考三則》，《西夏研究》2019 年第 1 期。

七十三、《事林廣記》

丁紀元《略論〈事林廣記〉音譜類中的〈總敘訣〉》，《音樂研究》1997 年第 3 期。

鄭祖襄《〈事林廣記〉唱賺樂譜的音階宮調及相關問題》，《音樂研究》2003 年第 2 期。

龔志琴《〈事林廣記〉研究》，碩士學位論文，南昌大學，2004 年。指導教師：陸錫興。

平田昌司《〈事林廣記〉音譜類〈辨字差殊〉條試釋》，王雲路主編《漢語史學報》總第 5 輯，上海：上海教育出版社，2005 年。

阮桯《〈事林廣記〉研究》，碩士學位論文，南京大學，2006 年。指導教師：趙益。

姚大勇《〈事林廣記〉醫藥資料探微》，《中醫藥文化》2007 年第 2 期。

喬志勇《〈事林廣記〉研究》，碩士學位論文，復旦大學，2008 年。指導教師：吳格。

宮紀子、喬曉飛《新發現的兩種〈事林廣記〉》，沈乃文主編《版本目錄學研究》總第 1 輯，北京：國家圖書館出版社，2009 年。

于韻菲《〈事林廣記〉之〈願成雙・雙勝子急〉譯解》，《文化藝術研究》2009 年第 6 期。

張麗《〈事林廣記〉美容醫藥文獻研究》，碩士學位論文，雲南大學，2009年。指導教師：李道和。

王珂《宋元日用類書〈事林廣記〉研究》，博士學位論文，上海師範大學，2010 年。指導教師：翁敏華。

沈克《元刻本〈事林廣記〉圖像考辨》，《新美術》2010 年第 5 期。

李佳佳《和刻本〈事林廣記〉飲饌部分研究》，碩士學位論文，內蒙古師範大學，2012 年。指導教師：閆豔。

田薇《陳元靚的〈事林廣記〉及其史料中的教育思想初探》，碩士學位論文，內蒙古師範大學，2012 年。指導教師：閆豔。

王珂《〈事林廣記〉源流考》，程章燦主編《古典文獻研究》總第 15 輯，南京：鳳凰出版社，2012 年。

李合群、司麗霞、段培培《北宋東京皇宮布局復原研究——兼對元代〈事林廣記〉中的〈北宋東京宮城圖〉予以勘誤》，《中原文物》2012 年第 6 期。

郭玲麗《〈事林廣記〉中的「詞狀」初探》，《語文學刊》2013 年第 7 期。

劉穎《宋元祝文初探——從和刻本〈事林廣記〉中的祝文模板談起》，碩士學位論文，內蒙古師範大學，2013 年。指導教師：何遠景。

祝昊冉《和刻本〈事林廣記〉俗字初探》，《語文學刊》2013 年第 20 期。

祝昊冉《〈事林廣記〉俗字實例與正字理念研究——以和刻本與至順本爲例》，碩士學位論文，內蒙古師範大學，2014 年。指導教師：閆豔。

閆豔、祝昊冉《〈事林廣記〉俗字探微》，《內蒙古師範大學學報（哲學社會科學版）》2014 年第 6 期。

王建霞《〈事林廣記〉之婚俗淺談》，《金田》2014 年第 12 期。

王建霞《〈事林廣記〉部分校勘淺談》，《金田》2014 年第 12 期。

鄭偉《〈事林廣記〉音譜類〈辨字差殊〉若干音韻條例再分析》，王雲路主編《漢語史學報》，總第 14 輯，上海：上海教育出版社，2014 年。

吳瓊《〈事林廣記〉的民俗價值》，碩士學位論文，上海師範大學，2015年。指導教師：戴建國。

郭麗榮《〈事林廣記〉對漢語文化教學的啓示》，《語文學刊》2015 年第 16 期。

劉興亮《〈事林廣記〉載元代西南地區政區資料探析》，《三峽論壇（三峽文學・理論版）》2015 年第 6 期。

王珂《元刊〈事林廣記〉插圖考論》，程章燦主編《古典文獻研究》2015 年第 2 期，總第 18 輯下卷，南京：鳳凰出版社，2016 年。

王珂《〈事林廣記〉版本考略》，《南京師範大學文學院學報》2016 年第 2 期。

俞昕雯《元刻本〈事林廣記〉版畫考》，《中國典籍與文化》2016 年第 4 期。

陳柳晶《從元刊本〈事林廣記〉看元代幼學的發展——兼談〈王虛中訓蒙法〉之源流》，《寧夏社會科學》2017 年第 4 期。

陳廣恩《日本宗家文庫所藏〈事林廣記〉的版本問題》，《隋唐遼宋金元史論叢》第 7 輯，上海：上海古籍出版社，2017 年。

祝昊冉《〈事林廣記〉俗字淺探》，《文教資料》2017 年第 7 期。

宛磊《〈事林廣記〉牽涉回回記錄之探析》，《中國回族學》第 6 卷，北京：社會科學文獻出版社，2018 年。

賈慧如《元刊本〈事林廣記〉所載宋史史料輯考兩則》，《史學史研究》2018 年第 2 期。

成一農《宋元日用類書〈事林廣記〉〈翰墨全書〉中所收全國總圖研究》，《中國史研究》2018 年第 2 期。

劉璐《西園精舍本〈事林廣記〉研究——以飲食類、算法類、雜術類爲中心》，碩士學位論文，暨南大學，2018 年。指導教師：陳廣恩。

閆豔、齊佳垚《和刻本〈事林廣記〉整理箚記》，《東方論壇》2018 年第 3 期。

齊佳垚《〈事林廣記〉校勘初探——以和刻本郡縣部分爲例》，碩士學位論文，內蒙古師範大學，2019 年。指導教師：何遠景。

七十四、《三才圖會》

李秋芳《〈三才圖會〉及其科技史價值》，《淮南師範學院學報》2009 年第 1 期。

任喚麟、龔勝生、周軍《晚明旅遊資源類型結構與地域分布——以〈三才圖會·地理〉與〈名山勝記〉爲數據來源》，《地理研究》2011 年第 3 期。

呂小川《圖像證史——解讀〈三才圖會〉》，《泉州師範學院學報》2012 年第 1 期。

李承華《〈三才圖會〉「圖文」敘事及視覺結構》，《新美術》2012 年第 6 期。

李瑩石《〈三才圖會〉中明代名臣像研究》，碩士學位論文，東北師範大學，2014 年。指導教師：趙軼峰。

臧運鋒《〈三才圖會〉域外知識文獻來源考——以〈地理卷〉和〈人物卷〉爲考察中心》，碩士學位論文，浙江大學，2014 年。指導教師：楊雨蕾。

何立民《王圻父子〈三才圖會〉的特點與價值》，《史林》2014 年第 3 期。

李正柏《〈三才圖會·器用卷〉研究》，碩士學位論文，上海大學，2015 年。指導教師：鄒其昌。

程鯤鵬《〈三才圖會〉中元代名臣像贊釋讀及甄選標準研究》，《遼寧教育行政學院學報》2016 年第 2 期。

范雄華《論王圻圖像觀在類書史上的豐碑之功——以〈三才圖會〉爲例》，《設計》2018 年第 5 期。

李鋼、岳鴻雁《明代圖錄式類書〈三才圖會〉的信息設計啓示》，《藝術百家》2019 年第 2 期。

七十五、《永樂大典》

《永樂大典的散佚》，《文物參考資料》1951 年第 1 期。

《永樂大典消息四則》，《文物參考資料》1951 年第 9 期。

鄭振鐸《關於「永樂大典」》，《文物參考資料》1951 年第 9 期。

王重民《崇高的友誼——蘇聯運還我國永樂大典十一冊》，《文物參考資料》1951 年第 9 期。

趙萬里《永樂大典展覽的意義——一九五一年八月北京圖書館舉辦》，《文物參考資料》1951 年第 9 期。

趙萬里《德意志民主共和國交還永樂大典的重大意義》，《文物參考資料》1956 年第 1 期。

趙萬里《蘇聯列寧圖書館送還給中國人民的永樂大典》，《文物參考資料》1956 年第 2 期。

宗弼時《記〈永樂大典〉》，《讀書》1959 年第 16 期。

劉盼遂《〈永樂大典〉正本運存南京的問題》，《北京師範大學學報（社會科學）》1961 年第 4 期。

陳垣《書傳藏〈永樂大典〉本〈南臺備要〉後》，《北京師範大學學報（社會科學）》1963 年第 1 期。

張忱石《〈永樂大典〉漫話》，《讀書》1979 年第 3 期。

王重民《〈永樂大典〉的編纂及其價值》，《社會科學戰線》1980 年第 2 期。

朱家源《〈永樂大典〉有關宋慈的記載》，《社會科學戰線》1980 年第 4 期。

王雲海《〈永樂大典〉本〈宋會要〉增入書籍考》，《文獻》1980 年第 3 期。

王重民《〈永樂大典〉的編纂及其價值》，《史學史資料》1980 年第 5 期。

欒貴明《陳亮、陸遊集拾遺——〈永樂大典〉詩文輯佚之一》，《文學評論》1981 年第 1 期。

欒貴明《楊萬里、尤袤集拾遺——〈永樂大典〉詩文輯佚之二》，《文學評論》1981 年第 2 期。

《〈永樂大典〉簡介》，《昆明師範學院學報（哲學社會科學版）》1981 年第 3 期。

耿實柯《解縉與〈永樂大典〉》，《江西社會科學》1981 年第 4 期。

欒貴明《蘇軾、蘇轍集拾遺——〈永樂大典〉詩文輯佚之三》，《文學評論》1981 年第 5 期。

鄭麥《〈永樂大典〉與〈古今圖書集成〉》,《歷史教學問題》1982 年第 1期。

張忱石《〈永樂大典〉的命運》,《瞭望》1982 年第 7 期。

方人《我國最早最大的百科全書——〈永樂大典〉》,《辭書研究》1982 年第 2 期。

《〈永樂大典〉書影一葉》,《圖書館雜誌》1982 年第 2 期。

張國朝《解縉和〈永樂大典〉》,《辭書研究》1983 年第 1 期。

陳香白《〈永樂大典〉「潮」字號殘卷概說》,《文獻》1983 年第 1 期。

李致忠《略談〈永樂大典〉》,《國家圖書館學刊》1983 年第 2 期。

張凡《〈舊五代史〉輯補——輯自〈永樂大典〉》,《歷史研究》1983 年第 4 期。

李偉國《〈永樂大典〉卷的寶貴資料——讀〈純常子枝語〉箚記》,《文獻》1983 年第 3 期。

呂堅《乾隆時〈永樂大典〉被盜案》,《紫禁城》1983 年第 6 期。

張忱石《〈永樂大典〉和它的價值》,《文史知識》1984 年第 3 期。

王鍈《〈永樂大典戲文三種校注〉〈元本琵琶記校注〉語詞釋義辨補》,《語言研究》1984 年第 1 期。

小成《永樂大典》,《中醫藥文化》1984 年第 2 期。

周心慧、王春生《永樂大典考略》,《山東圖書館季刊》1984 年第 2 期。

武德運《我國最早的一部百科全書——〈永樂大典〉》,《圖書與情報》1984 年第 4 期。

張玉範《讀繆荃孫抄校本〈永樂大典·順天府〉》,《北京大學學報（哲學社會科學版）》1984 年第 4 期。

社參《新發現的〈永樂大典〉兩卷已由書目文獻出版社影印出版》,《文獻》1984 年第 4 期。

肖鎮美《〈永樂大典〉到底多少卷？》,《新聞戰線》1985 年第 5 期。

郝樸寧《試論南戲體制——讀〈永樂大典戲文三種〉》,《雲南師範大學學報（哲學社會科學版）》1985 年第 5 期。

曹書傑《〈四庫全書〉採輯「永樂大典本」數量辨》,《圖書館學研究》1986年第 1 期。

姜緯堂《〈永樂大典·南寧府志〉及其價值》,《學術論壇》1986 年第 5 期。

嚴敦傑《跋重新發現之〈永樂大典〉算書》,《自然科學史研究》1987 年第 1 期。

陳智超《從〈宋會要輯稿〉出現明代地名看〈永樂大典〉對所收書的修改》,《史學月刊》1987 年第 5 期。

李景榮《〈永樂大典〉現存婦科文獻價值探討》,《陝西中醫》1987 年第 11 期。

費君清《〈永樂大典〉中發現的江湖集資料論析》,《杭州大學學報(哲學社會科學版)》1988 年第 1 期。

胡雪岡《〈永樂大典戲文三種〉補注》,《溫州師範學院學報(哲學社會科學版)》1988 年第 1 期。

朱桂昌《從〈永樂大典〉到〈四庫全書〉——兼論類書與叢書的演變》,《雲南教育學院學報》1988 年第 4 期。

費君清《〈永樂大典〉中南宋詩人姓名考異九則》,《文獻》1988 年第 4 期。

黃燕生《〈永樂大典〉地圖考錄》,《文獻》1988 年第 4 期。

何任《〈永樂大典〉醫藥內容述略》,《浙江中醫學院學報》1989 年第 1 期。

王利器《〈永樂大典〉又發現兩卷》,《徐州師範學院學報》1989 年第 3 期。

洪湛侯《永樂大典嘉隆副本考略》,《杭州大學學報(哲學社會科學版)》1989 年第 3 期。

丁宏宣《〈永樂大典〉的產生及其演變》,《圖書館》1989 年第 5 期。

陳香白、鄭錫煌《〈永樂大典〉所輯「潮州城圖」考略》,《自然科學史研究》1989 年第 3 期。

徐蘋芳《南宋人所傳金中都圖——兼辨〈永樂大典〉本唐大安宮圖之誤》,《文物》1989 年第 9 期。

費君清《〈永樂大典〉江湖詩補輯》,《溫州師範學院學報(哲學社會科學版)》1989 年第 4 期。

徐澤《〈永樂大典〉美容劑初探》,《中國藥房》1990 年第 1 期。

林之《〈永樂大典〉中保存的方志》,《杭州師範學院學報（社會科學版）》1990 年第 4 期。

伍和先《〈永樂大典〉的厄運》,《湖南檔案》1991 年第 3 期。

王季思、康保成《〈永樂大典戲文三種校注〉補正》,《文獻》1991 年第 1 期。

羅益群《略論〈永樂大典〉的古典目錄學價值》,《高校圖書館工作》1992 年第 1 期。

柳和城《張元濟與〈永樂大典〉》,《圖書館雜誌》1992 年第 3 期。

王利器《〈永樂大典〉佚文兩卷》,《文獻》1992 年第 2 期。

郝延霖《〈永樂大典〉戲文三種簡說》,《新疆大學學報（哲學社會科學版）》1992 年第 3 期。

本刊編輯部《關於張元濟與〈永樂大典〉》圖書館雜誌 1992 年第 5 期。

張長民《〈永樂大典·醫藥集〉潮州卷輯校》,《韓山師專學報》1993 年第 1 期。

《〈四庫全書〉所輯「永樂大典本」數量》,《文史知識》1993 年第 4 期。

曉聞《談談〈永樂大典〉的版本和殘卷影印本》,《文史雜誌》1993 年第 6 期。

梁太濟《〈永樂大典〉殘存〈長編〉宋神宗朝記事補校》,《文獻》1994 年第 2 期。

廖盛春《〈永樂大典〉地方志存目校訂一則》,《廣西地方志》1994 年第 6 期。

《〈永樂大典〉散佚及現存概況》,《語文學刊》1995 年第 1 期。

傅梅嶺《我國最大的寫本類書——〈永樂大典〉》,《淮北煤師院學報（社會科學版）》1995 年第 2 期。

蔡秉頎《從〈文獻大成〉到〈永樂大典〉》,《中學歷史教學參考》1995 年第 7 期。

崔文印《〈永樂大典〉概說》,《史學史研究》1995 年第 3 期。

黃燕生《〈永樂大典·順天府〉拾遺》,《文獻》1996 年第 1 期。

鄧廣銘《〈永樂大典〉所載〈元一統志・陳亮傳〉考釋》，《北京大學學報（哲學社會科學版）》1996 年第 2 期。

白化文《探查〈永樂大典〉正本的倡議》，《北京政協》1996 年第 6 期。

劉烜《贊成探查〈永樂大典〉》，《北京政協》1996 年第 9 期。

張國朝《〈永樂大典〉和它的文獻價值》，《古籍研究》1996 年第 4 期。

王永順《永樂大典散亡始末》，《百科知識》1997 年第 5 期。

楊志玖《〈永樂大典〉與〈馬可波羅遊記〉》，《津圖學刊》1997 年第 2 期。

《〈永樂大典〉中的醫案》，《天津中醫學院學報》1997 年第 2 期。

黃榮祥《解縉與〈永樂大典〉》，《江西圖書館學刊》1997 年第 2 期。

求實《從流通角度看〈永樂大典〉的作用》，《史學月刊》1997 年第 4 期。

紀健生《〈永樂大典〉載白居易〈湖上春行〉之二非佚詩》，《文獻》1997 年第 4 期。

王月喜《永樂皇帝與永樂大典》，《滄桑》1997 年第 6 期。

焦豔婷《從〈永樂大典〉的成書與散失看文化與國家興衰的關係》，《津圖學刊》1998 年第 3 期。

倪綠洲《〈永樂大典〉的劫難》，《甘肅消防》1998 年第 12 期。

陳杏珍《北圖藏明內府寫本〈永樂大典〉述略》，《北京圖書館館刊》1998 年第 4 期。

綠洲《〈永樂大典〉的劫難》，《山東消防》1999 年第 4 期。

山人《書史開新章——說〈永樂大典〉》，《閱讀與寫作》1999 年第 5 期。

欒貴明《〈永樂大典〉之謎——關於〈永樂大典〉正本殉葬的推想》，《尋根》1999 年第 4 期。

王春瑜《〈永樂大典〉正本殉葬說質疑》，《尋根》1999 年第 4 期。

王春瑜《〈永樂大典〉正本殉葬說溯源》，《北京觀察》1999 年第 11 期。

葉守法《〈四庫全書〉與〈永樂大典〉編纂規模的質疑》，《淮北煤師院學報（哲學社會科學版）》1999 年第 4 期。

張忠輝《〈永樂大典〉中發現〈西遊記〉》，《圖書館建設》2000 年第 1 期。

葉雷《破解〈永樂大典〉正本失落之迷》，《雲南檔案》2000 年第 1 期。

江向東《關於〈永樂大典〉正本下落的猜想》,《上海高校圖書情報學刊》2000年第1期。

柳和城《劍橋會有「一部」〈永樂大典〉嗎?》,《讀書》2000年第6期。

范開宏《〈永樂大典〉散聚述略》,《圖書館雜誌》2000年第7期。

《〈永樂大典〉可能仍在十三陵》,《中學文科》2000年第9期。

鍾仕倫《永樂大典本〈寒山詩集〉論考》,《四川大學學報(哲學社會科學版)》2000年第5期。

曹之《〈永樂大典〉編纂考略》,《圖書館》2000年第5期。

郎菁《〈永樂大典〉中發現〈西遊記〉不是新聞》,《圖書館建設》2000年第6期。

曾昭聰《〈永樂大典戲文三種校注〉指瑕》,《古籍研究》2000年第4期。

布穀《〈永樂大典〉魂歸何處》,《中國藝術報》2001年3月2日。

范開宏《中國書籍史上的最大疑案——〈永樂大典〉之謎》,《圖書館建設》2001年第2期。

趙維國《〈永樂大典〉所存宋人劉斧小說集佚文輯考》,《文獻》2001年第2期。

李曉明《〈四庫全書〉宋別集類的〈永樂大典〉輯佚書》,《文獻》2001年第2期。

艾思仁、眭駿《一封有關永樂大典的公開信》,《圖書館雜誌》2001年第4期。

朱恒夫《〈永樂大典〉所收〈國朝忠傳〉為小說論》,《南京師大學報(社會科學版)》2001年第2期。

黃少華《命運多舛大才子仗義執言秘書官——〈永樂大典〉的總纂修解縉》,《秘書工作》2001年第5期。

崔石崗《魯迅、鄭振鐸與〈永樂大典〉》,《圖書館理論與實踐》2001年第3期。

王榮民《〈永樂大典〉逸事》,《中國檔案報》2001年10月26日。

劉春英《〈永樂大典〉散亡考》,《棗莊師專學報》2001年第4期。

龔花萍《解縉與〈永樂大典〉》,《圖書館理論與實踐》2001年第6期。

陳代斌《〈永樂大典〉兒科學知識輯要》，《湖北中醫學院學報》2002 年第 1 期。

楊雪梅《〈永樂大典〉編纂六百週年國際研討會舉行》，《人民日報》2002 年 4 月 18 日。

田紅玉《〈永樂大典〉如何修復》，《中國藝術報》2002 年 5 月 3 日。

張志清《趙萬里與〈永樂大典〉》，《中國文物報》2002 年 5 月 10 日。

《〈永樂大典〉編纂 600 週年國際研討會暨仿真影印出版首發式舉行》，《中國圖書館學報》2002 年第 3 期。

《國家圖書館呼籲：讓〈永樂大典〉重現於世》，《大學圖書館學報》2002 年第 3 期。

《國圖出版〈永樂大典〉存本》，《圖書館理論與實踐》2002 年第 3 期。

黃燕生《〈永樂大典〉徵引方志考述》，《中國歷史文物》2002 年第 3 期。

王世偉《〈永樂大典〉保存、研究與傳播的過去與未來——參加〈永樂大典〉編纂 600 年國際研討會箚記》，《圖書館雜誌》2002 年第 7 期。

艾俊川《〈泉志〉的〈永樂大典〉本校文及整理箚記（上）》，《中國錢幣》2002 年第 3 期。

倪曉建《類書之體延綿有續——紀念〈永樂大典〉編纂 600 年》，《中國圖書館學報》2002 年第 5 期。

王若《關於嘉業堂所藏〈永樂大典〉的下落》，《圖書館工作與研究》2002 年第 6 期。

艾俊川《〈泉志〉的〈永樂大典〉本校文及整理箚記（下）》，《中國錢幣》2002 年第 4 期。

李雁《〈永樂大典戲文三種〉之〈張協狀元〉作者小考》，《廣東教育學院學報》2002 年第 4 期。

杜勇《〈永樂大典〉引用元代醫籍考》，《中華醫史雜誌》2003 年第 1 期。

張昇《〈永樂大典〉正本的流傳》，《圖書館建設》2003 年第 1 期。

馮金牛《上海圖書館藏〈永樂大典〉》，《圖書館雜誌》2003 年第 2 期。

杜澤遜《〈四庫〉底本與〈永樂大典〉遭焚探秘》，《中華讀書報》2003 年 2 月 26 日。

黃寬重《〈永樂大典〉中〈三朝北盟會編〉史料及其相關問題》，《文獻》
2003 年第 2 期。

尹選波《〈永樂大典〉正本並未隨葬永陵》，《光明日報》2003 年 6 月 10
日。

施芳《二百餘冊〈永樂大典〉整舊如舊》，《人民日報》2003 年 7 月 17 日。

沈路濤《〈永樂大典〉修復完畢今日面世》，《新華每日電訊》2003 年 7 月
17 日。

邢宇皓《國圖藏〈永樂大典〉修復示人》，《光明日報》2003 年 7 月 18 日。

粟丹《國圖〈永樂大典〉修復完畢》，《中國文化報》2003 年 7 月 18 日。

沈路濤《〈永樂大典〉修復完畢》，《人民法院報》2003 年 7 月 22 日。

余傳詩《久佚海外的十七卷〈永樂大典〉刊印出版》，《光明日報》2003
年 7 月 29 日。

彭寬《〈永樂大典〉修復親歷記》，《中國藝術報》2003 年 8 月 1 日。

李海秀《〈永樂大典〉等列入中國檔案文獻遺產名錄》，《光明日報》2003
年 10 月 20 日。

夏葉鋒、王小奇《〈永樂大典〉副本現身富陽》，《浙江日報》2003 年 10
月 29 日。

余雯《久佚海外的 10 餘卷〈永樂大典〉首次刊印出版》，《圖書館》2003
年第 5 期。

周郢《〈泰山雅詠〉：——〈永樂大典〉中的泰山佚書》，《古籍整理研究
學刊》2003 年第 6 期。

沈路濤《傳奇之作——〈永樂大典〉》，《人民日報（海外版）》2004 年 1
月 10 日。

張昇《四庫館簽〈永樂大典〉輯佚書考》，《文獻》2004 年第 1 期。

郭波《〈永樂大典〉的風雨歷程》，《中國民族報》2004 年 3 月 12 日。

曾新、曾昭璇《〈永樂大典〉卷一的三幅地圖考釋》，《嶺南文史》2004 年
第 1 期。

杜偉生《〈永樂大典〉修復始末》，《國家圖書館學刊》2004 年第 2 期。

劉冰《臺灣版〈永樂大典〉追憶》，《出版史料》2004 年第 2 期。

張昇《〈永樂大典〉遭劫難的眞相》,《河北學刊》2004 年第 4 期。

方豔、李俊標《〈永樂大典〉所收曾鞏佚文考》,《安慶師範學院學報（社會科學版）》2004 年第 5 期。

金程宇《新發現〈永樂大典〉殘卷中的曾鞏佚文》,《學術月刊》2004 年第 9 期。

張如青《海外新發現〈永樂大典〉十七卷》醫藥文獻初探》,《中華醫史雜誌》2004 年第 4 期。

黃順榮《〈永樂大典〉：類書還是百科全書》,《農業圖書情報學刊》2004 年第 12 期。

楊勤芳《中國古代的類書——兼及〈永樂大典〉〈古今圖書集成〉述介》,《歷史教學問題》2004 年第 6 期。

張昇《〈永樂大典〉副本流散史》,《中國典籍與文化》2004 年第 4 期。

方健《久佚海外〈永樂大典〉中的宋代文獻考釋》,紀宗安、湯開建主編《暨南史學》總第 3 輯,廣州：暨南大學出版社,2004 年。

徐培均《關於〈永樂大典〉所載易安詞的眞僞問題辯證》,《文學遺產》2005 年第 2 期。

金程宇《新發現的〈永樂大典〉殘卷初探》,《文獻》2005 年第 2 期。

侯健美、李洋《國圖細說四大鎮館之寶傳承》,《北京日報》2005 年 4 月 20 日。

黃俊霞《〈永樂大典〉述略》,《農業圖書情報學刊》2005 年第 6 期。

張昇《再談嘉業堂藏〈永樂大典〉的下落》,《圖書館研究與工作》2005 年第 3 期。

閔傑《破解〈永樂大典〉流失之謎》,《北京科技報》2005 年 8 月 3 日。

集文《〈永樂大典〉流失之謎》,《中華新聞報》2005 年 8 月 10 日。

王春麗、周文、李紅梅《孫洪基先生與〈永樂大典〉》,《山東圖書館季刊》2005 年第 3 期。

郝豔華、洪濤《新輯〈永樂大典〉所載〈詩話總龜〉佚文》,《文獻》2005 年第 4 期。

郭作飛《〈永樂大典戲文三種校注〉校補三十例》,《圖書館雜誌》2005 年第 12 期。

郝豔華、洪濤《〈詩話總龜〉輯補——〈海外新發現《永樂大典》十七卷〉輯佚之一》,《圖書館研究與工作》2005 年第 4 期。

虞萬里《有關〈永樂大典〉幾個問題的辯證》,《史林》2005 年第 6 期。

王萬里《〈永樂大典〉和〈四庫全書〉》,《咬文嚼字》2006 年第 2 期。

周曉聰《〈永樂大典〉與〈四庫全書〉編纂的比較》,《天水師範學院學報》2006 年第 1 期。

蒲霞《〈永樂大典〉本〈新安志〉佚文訂誤七條》,《東南文化》2006 年第 1 期。

蒲霞《〈永樂大典〉所收〈新安志〉佚文訂誤二則》,《中國地方志》2006 年第 3 期。

孫果清《〈永樂大典〉中具有代表性的古地圖——潮州》,《地圖》2006 年第 3 期。

方健《〈開慶臨汀志〉研究——殘本〈永樂大典〉中的方志研究之一》,《歷史地理》總第 21 輯,上海話:上海人民出版社,2006 年。

蒲霞《〈永樂大典〉所輯〈新安志〉研究》,《史學月刊》2006 年第 6 期。

閔捷《〈永樂大典〉失蹤之謎》,《百科知識》2006 年第 13 期。

彭萬隆《〈永樂大典〉所收元屬震廷〈唐宋百衲〉詩考釋》,《文學遺產》2006 年第 4 期。

張健《從新發現〈永樂大典〉本看〈詩話總龜〉的版本及增補問題》,《北京大學學報(哲學社會科學版)》2006 年第 5 期。

薛瑞兆《〈永樂大典〉金詩拾遺》,《古籍整理研究學刊》2006 年第 5 期。

許婉璞《〈永樂大典〉——我國古代類書編纂的典範》,《出版發行研究》2006 年第 10 期。

馬泰來《「〈永樂大典〉現存卷目表」補正》,《文獻》2006 年第 4 期。

林是非《淺析〈永樂大典戲文三種校注〉動量詞》,《現代語文》2006 年第 10 期。

湯華泉《〈永樂大典〉新見宋佚詩輯錄(上)——補〈全宋詩〉》,陶新民

主編《古籍研究》2006 年卷下，總第 50 輯，合肥：安徽大學出版社，2006年。

陳耀東《〈永樂大典〉中的〈寒山詩集〉——兼述豐干詩的眞僞、優劣、分章》，《唐代文學研究》總第 11 輯，桂林：廣西師範大學出版社，2006年。

史廣超《〈永樂大典〉輯佚研究》，博士學位論文，復旦大學，2006 年。指導教師：陳尚君。

郝豔華《〈永樂大典〉史論》，碩士學位論文，北京師範大學，2006 年。指導教師：周少川。

謝多榮《傅增湘與〈永樂大典〉》，《四川圖書館學報》2007 年第 1 期。

湯華泉《談〈永樂大典〉中宋佚詩的輯錄》，《光明日報》2007 年 3 月 31日。

何任《〈永樂大典〉醫藥內容述略》，《天津中醫藥》2007 年第 2 期。

郝豔華《〈海外新發現〈永樂大典〉十七卷〉校補〈四庫全書〉本之價值》，《圖書館雜誌》2007 年第 5 期。

卞東波《〈永樂大典〉殘卷所載詩選〈詩海繪章〉考釋》，《中國韻文學刊》2007 年第 2 期。

黃權才《〈永樂大典〉若干問題新論析（上）》，《圖書館界》2007 年第 2期。

任寶禎《在萊州發現的一冊〈永樂大典〉》，《春秋》2007 年第 4 期。

郭萬青《〈海外新發現永樂大典十七卷〉收小學書述略》，《舊書信息報》2007 年 9 月 13 日。

鍾仕倫《永樂大典本〈南北朝詩話〉論考》，《文學遺產》2007 年第 5 期。

黃權才《〈永樂大典〉若干問題新論析（下）》，《圖書館界》2007 年第 3期。

蘇嘉《〈永樂大典〉》，《出版史料》2007 年第 3 期。

馬藝峰、邵軍輝、王瑞祥《〈靈樞經〉八十一篇在〈永樂大典〉中的分布》，《河北北方學院學報》2007 年第 5 期。

林存陽《全祖望與〈永樂大典〉的利用及其影響》，《浙東學術與中國實學》，寧波：寧波出版社，2007 年。

周山《全祖望與〈永樂大典〉的利用及其影響》，《浙東學術與中國實學》，寧波：寧波出版社，2007年。

湯華泉《〈永樂大典〉新見宋佚詩輯錄（下）──補〈全宋詩〉》，陶新民主編《古籍研究》2007年卷上，總第51輯，合肥：安徽大學出版社，2007年。

史廣超《四庫館臣輯〈永樂大典〉佚書考》，《傳統中國研究集刊》總第2輯，上海：上海人民出版社，2007年。

張雪丹、張如青《現存〈永樂大典〉兒科方藥治法述評》，《上海中醫藥大學學報》2008年第1期。

成一農《〈永樂大典‧潮州城圖〉成圖時間考》，《中國地方志》2008年第4期。

張如青、張雪丹《現存〈永樂大典〉兒科文獻研究》，《中醫文獻雜誌》2008年第2期。

蒲霞《一部集大成的方志輯佚著作──論〈永樂大典方志輯佚〉的特點和價值》，《中國地方志》2008年第5期。

黃少文《〈永樂大典戲文三種校注〉訂補》，《綏化學院學報》2008年第3期。

史廣超《〈永樂大典目錄〉研究》，《大學圖書情報學刊》2008年第3期。

李紅英、汪桂海《〈永樂大典〉錄副諸人考略》，《文獻》2008年第3期。

張學軍《周永年輯佚和校勘〈永樂大典〉》，《蘭臺世界》2008年第15期。

張葦航《現存〈永樂大典〉中的美容醫方》，《中醫藥文化》2008年第4期。

馬藝峰、王瑞祥《〈素問〉八十一篇在〈永樂大典〉中的分布》，《河北北方學院學報（醫學版）》2008年第5期。

李西寧《山東掖縣發現〈永樂大典〉佚卷始末》，《中國文化報》2008年12月21日。

劉懷堂《〈永樂大典〉之〈張協狀元〉應是元初作品》，《戲劇（中央戲劇學院學報）》2008年第4期。

陳儀《〈永樂大典〉的編修與解縉的坎坷人生》，《蘭臺世界》2009年第1期。

張金梁《〈永樂大典〉纂修人研究》,《文獻》2009 年第 1 期。

邢永革《從〈永樂大典戲文三種〉看宋元時期南北方言的交融與滲透》,《船山學刊》2009 年第 1 期。

黃靜《〈永樂大典〉輯存江蘇古方志考錄(上)》,《江蘇地方志》2009 年第 1 期。

崔偉《〈永樂大典〉本〈應天府志〉及其佚文考》,《中國地方志》2009 年第 3 期。

蒲霞《〈永樂大典〉本〈徽州府新安志〉編修時間考》,《中國地方志》2009 年第 3 期。

黃靜《〈永樂大典〉輯存江蘇古方志考錄(下)》,《江蘇地方志》2009 年第 2 期。

史廣超《四庫館〈永樂大典〉缺卷考》,《圖書館理論與實踐》2009 年第 4 期。

崔偉《〈永樂大典〉收錄的〈茅山續志〉及其佚文考》,《學理論》2009 年第 10 期。

董蕊《〈永樂大典〉收藏史話》,《中國文化報》2009 年 5 月 24 日。

趙娜、程洪濱、李冠楠《李正奮〈永樂大典考〉手稿考略》,《科技情報開發與經濟》2009 年第 23 期。

《〈永樂大典〉之謎:中國書籍史上的最大疑案》,《大江週刊(焦點)》2009 年第 9 期。

《〈永樂大典〉六百年》,《光明日報》2009 年 9 月 17 日。

戴建國《〈永樂大典〉本宋〈吏部條法〉考述》,《中華文史論叢》2009 年第 3 期。

閻現章《論解縉的文化傳播媒介創構思想與〈永樂大典〉的編輯傳播特色》,《河南大學學報(社會科學版)》2009 年第 5 期。

蒲霞《〈永樂大典〉中〈新安續志〉編修時間考辨》,《安慶師範學院學報(社會科學版)》2009 年第 10 期。

羅琳《〈四庫全書總目〉「著錄」「永樂大典本」考——〈四庫提要著錄叢書〉編纂劄記之二》,沈乃文主編《版本目錄學研究》總第 1 輯,北京:國家圖書館出版社,2009 年。

陳尙君《古籍輯佚學在數碼時代的發展機緣——史廣超〈《永樂大典》輯佚述稿〉序》，《古籍整理研究學刊》2009 年第 6 期。

顧宏義《〈中國古方志考〉所輯〈永樂大典〉宋元州縣志訂誤》，姜錫東、李華瑞主編《宋史研究論叢》總第 10 輯，保定：河北大學出版社，2009 年。

汪天成《〈永樂大典戲文三種〉的再發現與〈張葉狀元〉的流傳》，《戲曲藝術》2010 年第 1 期。

俞爲民《〈永樂大典〉本〈張協狀元〉考述》，《戲曲藝術》2010 年第 1 期。

史廣超《全祖望輯〈永樂大典〉佚書考》，《圖書館理論與實踐》2010 年第 2 期。

張昇《關於〈永樂大典〉正本下落之謎》，《北京師範大學學報（社會科學版）》2010 年第 2 期。

丁治民《〈永樂大典〉所引孫愐〈唐韻〉輯考——兼論〈大宋重修廣韻〉所據孫愐〈唐韻〉的寫本》，《語言研究》2010 年第 2 期。

張昇《〈永樂大典〉餘紙考》，《史林》2010 年第 2 期。

崔偉《〈永樂大典〉本江蘇佚志研究》，博士學位論文，安徽大學，2010 年。指導教師：王鑫義。

李曼《〈永樂大典〉所存〈字溎博義〉音切考》，碩士學位論文，溫州大學，2010 年。指導教師：丁治民。

蒲霞《〈永樂大典〉本〈旌川志〉的編修時間和佚文補輯》，《中國地方志》2010 年第 6 期。

江巨榮《〈永樂大典戲文三種〉嘉靖抄本初讀記》，《戲曲研究》2010 年第 2 期。

趙午鴻《中國精品檔案解析之二十五〈永樂大典〉：曠世珍品的曠世磨難》，《山西檔案》2010 年第 5 期。

周春玲、張洪鋼《〈永樂大典〉的流散與回歸歷程》，《圖書館學刊》2010 年第 10 期。

陳福季《〈永樂大典〉現存多少卷》，《咬文嚼字》2010 年第 12 期。

范俊紅《〈海外新發現〈永樂大典〉十七卷〉之〈法運通塞志〉殘卷考

釋》,《圖書館學刊》2010 年第 12 期。

任道斌《談〈永樂大典〉正本下落之謎》,張顯清主編《明長陵營建 600 週年學術研討會論文集》,北京：社會科學文獻出版社,2010 年。

岳金西《〈永樂大典〉下落之謎》,張顯清主編《明長陵營建 600 週年學術研討會論文集》,北京：社會科學文獻出版社,2010 年。

閻現章《論解縉的文化傳播媒介創構思想與〈永樂大典〉的編輯傳播特色》,張顯清主編《明長陵營建 600 週年學術研討會論文集》,北京：社會科學文獻出版社,2010 年。

蒲霞《〈永樂大典〉本〈泰和志〉研究》,《圖書情報工作》2011 年第 1 期。

張雪丹、張如青《現存〈永樂大典〉所載婦科臨證方藥研究》,《中華中醫藥學刊》2011 年第 1 期。

劉媛媛《殘本〈永樂大典〉中聖賢肖像插圖探究》,《美與時代（中）》2011 年第 1 期。

陳萍、王繼宗《〈永樂大典〉久未人知的〈輿地紀勝〉4800 字佚文考》,《書館雜誌》2011 年第 1 期。

李小龍《〈永樂大典〉所收張九齡佚文考》,《勵耘學刊（文學卷）》2011 年第 2 期。

王在恩《〈永樂大典〉與朱元璋無關》,《咬文嚼字》2011 年第 2 期。

史廣超《〈四庫全書總目〉未載四庫館〈永樂大典〉本輯佚書考》,《文藝評論》2011 年第 2 期。

王照年《〈永樂大典〉現存〈麟臺故事〉材料的勘正》,《漳州師範學院學報（哲學社會科學版）》2011 年第 1 期。

劉亞丁「永樂大典」在海外——俄羅斯科學院〈中國精神文化大典〉側記》,《中外文化交流》2011 年第 4 期。

劉建欣《「永樂大典戲文三種」研究》,碩士學位論文,哈爾濱師範大學,2011 年。指導教師：關四平、張錦池。

羅旭舟《〈永樂大典目錄〉所列雜劇初探》,《文學遺產》2011 年第 3 期。

崔偉《〈永樂大典〉收錄揚州方志考略》,《江蘇地方志》2011 年第 4 期。

鄒帆、胡偉《論〈永樂大典〉的方志輯佚價值——以〈宋元方志叢刊〉

中輯本爲例》,《群文天地》2011 年第 16 期。

胡玉梅《永樂大典下落成謎》,《國學》2011 年第 9 期。

張昇《〈永樂大典〉乾隆御題詩考》,《文獻》2011 年第 4 期。

陳福季《誰是〈永樂大典〉正本「殉葬說」的創始者？》,《書屋》2011
年第 11 期。

蒲霞《〈永樂大典〉所收方志的特點和價值——以徽州方志爲考察中心》,
《合肥學院學報（社會科學版）》2011 年第 6 期。

張濤《三禮館輯錄〈永樂大典〉經說考》,《故宮博物院院刊》2011 年第
6 期。

王麗敏《〈永樂大典〉徵引小說考略》,碩士學位論文,河南大學,2012
年。指導教師：曹炳建。

閻崇年《〈永樂大典〉總纂修解縉被處死大明第一才子的人生歡愴》,《東
方收藏》2012 年第 4 期。

張昇《梁啓超、葉恭綽與〈永樂大典〉的收藏》,《中國典籍與文化》2012
年第 2 期。

李懿《中華本〈永樂大典〉陳璉詩文輯考》,《古籍整理研究學刊》2012
年第 3 期。

魏紅翎《由永樂大典本〈南北朝詩話〉觀南北朝主流意識形態》,《湖北
成人教育學院學報》2012 年第 3 期。

馬媛媛《〈永樂大典〉戲文二種詞匯研究》,碩士學位論文,河北師範大
學,2012 年。指導教師：武建宇。

羅琳、楊華《〈四庫全書總目〉「永樂大典本」與〈文淵閣四庫全書〉考》,
《中國典籍與文化》2012 年第 3 期。

曲源泉《〈永樂大典〉正本下落何方》,《中國地名》2012 年第 7 期。

李占鵬《〈永樂大典戲文三種〉研究述評》,《黃岡師範學院學報》2012 年
第 4 期。

潘晨靜、余雁舟《〈永樂大典戲文三種校注〉校補》,《浙江外國語學院學
報》2012 年第 5 期。

吳婷《〈四庫全書薈要〉與〈四庫全書〉所採〈永樂大典〉本書目比較分

析》,《文教資料》2012 年第 26 期。

趙龍《四庫館臣輯佚宋人筆記的成就——以輯佚〈永樂大典〉所載宋人筆記爲例》,《圖書館理論與實踐》2012 年第 9 期。

許建中《〈永樂大典戲文三種〉的套曲與套式》,《南京大學學報（哲學・人文科學・社會科學版）》2012 年第 6 期。

張昇《德國漢堡大學所藏兩冊〈永樂大典〉的流傳》,《國家圖書館學刊》2012 年第 6 期。

潘勝強《〈四庫全書〉中的「永樂大典本」史籍卷次編排考》,《淮北師範大學學報（哲學社會科學版）》2012 年第 6 期。

張昇、李廣超《〈永樂大典〉與清代山東的兩部地方志》,《中國地方志》2013 年第 1 期。

尤小平《解縉與〈永樂大典〉》,《福建師大福清分校學報》2013 年第期。

代洪波《1979～2012 年國內〈永樂大典〉研究述略》,《山東圖書館學刊》2013 年第 1 期。

李文潔《〈永樂大典〉卷 2272 至 2274「模」字韻「湖」字一冊》,《光明日報》2013 年 4 月 2 日。

陳雁南《探索〈永樂大典〉正本亡佚之謎》,《河南廣播電視大學學報》2013 年第 2 期。

陳娟娟、張如青《據現存〈永樂大典〉輯校〈肘後備急方〉》,《中醫文獻雜誌》2013 年第 2 期。

趙午鴻《〈永樂大典〉：驚世珍品的曠世磨難》,《東方收藏》2013 年第 7 期。

曾華玲《〈永樂大典〉本與京劇本〈張協狀元〉比較》,《文學教育（上）》2013 年第 8 期。

張昇《〈永樂大典〉失竊案之謎》,《紫禁城》2013 年第 9 期。

杜羽《一冊新發現〈永樂大典〉入藏國家圖書館》,《光明日報》2013 年 10 月 9 日。

史禮心《〈永樂大典索引〉辨誤》,《北方工業大學學報》2013 年第 4 期。

張雪丹、張如青《現存〈永樂大典〉醫藥文化內容初探》,《中醫藥文化》

2013 年第 6 期。

郭萬青《〈永樂大典〉引〈國語〉斠正（上）》，《第三屆古籍數字化國際
學術研討會論文集》，北京：五洲傳播出版社，2013 年。

劉倩《論〈四庫全書〉中「永樂大典本」的誤輯問題》，《宿州學院學報》
2014 年第 1 期。

康保成《〈永樂大典戲文三種〉的再發現與海峽兩岸學術交流》，《文藝研
究》2014 年第 1 期。

崔偉《〈永樂大典〉本〈金陵志〉編修時間及其佚文考》，《江蘇地方志》
2014 年第 1 期。

鍾仕倫《〈永樂大典〉錄〈世說新語〉考辨舉隅》，《文獻》2014 年第 2 期。

趙愛學《國圖藏嘉靖本〈永樂大典〉來源考》，《文獻》2014 年第 3 期。

王繼宗《〈永樂大典〉十九卷內容之失而復得──〔洪武〕〈常州府志〉》
來源考》，《文獻》2014 年第 3 期。

陳豔軍《大連圖書館藏抄本〈永樂大典〉偽書考》，《文獻》2014 年第 3
期。

項旋《〈永樂大典〉副本署名頁之價值考論》，《中國典籍與文化》2014 年
第 2 期。

潘晨靜、余雁舟《〈永樂大典戲文三種校注〉商補》，《常熟理工學院學報》
2014 年第 3 期。

張昇《抄本〈永樂大典目錄〉的文獻價值》，朱傑人主編《歷史文獻研究》
2014 年第 1 期，總第 33 輯，上海：華東師範大學出版社，2014 年。

寧亞平《〈永樂大典・諸家詩目〉（唐詩）研究》，碩士學位論文，雲南師
範大學，2014 年。指導教師：馮小祿。

馬泰來《美國普林斯頓大學東亞圖書館藏〈永樂大典〉影印本前言》，沈乃
文主編《版本目錄學研究》總第 5 輯，北京：北京大學出版社，2014 年。

向定傑《中國書籍史上最大疑案：〈永樂大典〉流失何方》，《文史博覽》
2014 年第 7 期。

薛帥《〈永樂大典〉一冊孤本邂逅民間》，《中國文化報》2014 年 8 月 13
日。

史廣超《三禮館輯〈永樂大典〉佚書考》,《蘭臺世界》2014 年第 29 期。

毛華松《西湖文化的演進歷程及其歷史意義——〈永樂大典・六模湖〉中的西湖文獻統計分析》,《中國園林》2014 年第 11 期。

趙金文《〈永樂大典〉同一種辭書間單字的排列原則》,《內蒙古民族大學學報（社會科學版）》2014 年第 6 期。

張明明《〈永樂大典〉所存〈通鑒源委〉的注釋體例》,《鄭州航空工業管理學院學報（社會科學版）》2014 年第 6 期。

關永禮《〈永樂大典〉足千秋》,《書屋》2015 年第 3 期。

王麗敏《〈永樂大典〉所收小說作品意象群探討》,《九江學院學報（社會科學版）》2015 年第 1 期。

李之勤《校釋〈永樂大典〉中〈天下站名〉之半張》,《中國歷史地理論叢》2015 年第 2 期。

楊琳《新發現的一冊「永樂大典」述略》,《尋根》2015 年第 3 期。

鍾仕倫《〈永樂大典〉所錄〈文選〉考釋》,《銅仁學院學報》2015 年第 5 期。

蘇冬華《論〈永樂大典〉與〈四庫全書〉之異同》,《科技創新導報》2015 年第 23 期。

張忱石《記述國圖新入藏〈永樂大典〉（卷 2272～2274）往昔藏者行蹤》,《光明日報》2015 年 11 月 17 日。

滑紅彬《〈永樂大典〉輯本〈江州志〉的目錄學價值》,《蘭臺世界》2015 年第 36 期。

盧雪燕《吉光片羽》,《光明日報》2016 年 2 月 26 日。

朱添宏《永樂大典戲文三種〉中的吳語浸潤》,碩士學位論文,上海師範大學,2016 年。指導教師：陳勁松。

周方高、宋惠聰《〈全宋文〉拾補十一則——以〈永樂大典〉本〈湖南方志〉為中心》,《信陽師範學院學報（哲學社會科學版）》2016 年第 2 期。

花友萍、丁治民《〈永樂大典〉所錄〈集韻〉版本考》,《浙江師範大學學報（社會科學版）》2016 年第 2 期。

黃夢媛《〈永樂大典戲文三種〉虛詞研究》,碩士學位論文,安徽大學,

2016 年。指導教師：闕緒良。

何大偉、許海燕、邵玉書、劉楠楠《歐洲圖書館所藏〈永樂大典〉綜述》，《文獻》2016 年第 3 期。

白雲飛、黃海順《兩岸攜手重現〈永樂大典〉歷史原貌》，《經濟日報》2016 年 6 月 3 日。

石隱《〈永樂大典〉與「臺閣體」》，《中國美術報》2016 年 6 月 13 日。

關漢亨《〈永樂大典〉古泉一門翁氏抄本考釋》，《中國錢幣》2016 年第 3 期。

葉雋《「典籍旅行」與「知識僑易」——兩冊〈永樂大典〉遷移史表現出的中德學者交誼及其學術興趣》，張西平主編《國際漢學》夏之卷，總第 7 期，北京：外語教學與研究出版社，2016 年。

邢慧玲《胡氏家藏係〈永樂大典〉正本考辨》，《中國礦業大學學報（社會科學版）》2016 年第 4 期。

張雪丹《南圖所藏〈永樂大典〉殘頁文獻考——兼述現存〈永樂大典〉所載已佚金元〈易〉學著作四種》，《古籍整理研究學刊》2016 年第 4 期。

張昇《〈永樂大典〉缺卷數新考》，朱傑人主編《歷史文獻研究》2016 年第 1 期，總第 37 期，上海：華東師範大學出版社，2016 年。

鄭守治《〈武林舊事〉所見元宵「舞隊」名目校訂、考釋——以〈永樂大典〉本爲中心》，《韓山師範學院學報》2016 年第 5 期。

張濤《也談〈永樂大典〉禮學文獻殘闕事》，《中國哲學史》2016 年第 4 期。

李蓉君《揚州畫家巨製入藏國家博物館》，《揚州日報》2016 年 12 月 8 日。

翁敏修《〈永樂大典〉纂修人新考》，《興大中文學報》2017 年第 41 期。

張舒《〈永樂大典〉中的山西人薛景石》，《文史月刊》2018 年第 7 期。

七十六、《經學隊仗》

張祝平《韓國藏本〈經學隊仗〉述略》，《中國典籍與文化》2011 年第 4 期。

張祝平《〈經學隊仗〉的科試背景及其在明代的應用》，《古籍整理研究學刊》2012 年第 6 期。

張祝平《〈經學隊仗〉與明初科舉及八股文的發展》，《南通大學學報（社會科學版）》2013 年第 6 期。

七十七、《圖書編》

安介生、穆俊《略論明代士人的疆域觀——以章潢〈圖書編〉為主要依據》，《中國邊疆史地研究》2011 年第 4 期。

黎宇恒《章潢〈圖書編〉研究——明中晚期的經世著作與西學東漸圖像交流》，碩士學位論文，廣州美術學院，2017 年。指導教師：黃專、邵宏。

七十八、《事物考》

王書輝《明代類書〈事物考〉作者辨正》，《歷史月刊》2008 年第 245 期。

潘虹《〈事物考〉研究》，碩士學位論文，上海師範大學，2017 年。指導教師：儲玲玲。

七十九、《喻林》

伍立楊《讀〈喻林〉》，《瞭望》1996 年第 16 期。

江育豪《徐元太〈喻林〉及其相關問題初探》，《人文集刊》2006 年第 4 期。

江育豪《徐元太〈喻林〉研究》，碩士學位論文，東吳大學，2007 年。指導教師：丁原基。

八十、《原始秘書》

王豔雯《〈原始秘書〉研究》，碩士學位論文，上海師範大學，2015 年。指導教師：儲玲玲。

林桂如《「知我者，其惟是書乎」：論朱權〈原始秘書〉之編纂》，《成大中文學報》2015 年第 51 期。

八十一、《多能鄙事》

董光璧《劉基和他的〈多能鄙事〉》，《中國科技史雜誌》1981 年第 2 期。

南江《〈居家必用事類全集〉及〈多能鄙事〉中的有關部分》,《中國食品》
1984 年第 9 期。

許文洲《〈多能鄙事〉養生及老年病治療探討：兼論八段錦之定型年代》,
《齊魯醫學雜誌》1987 年第 4 期。

趙豐《〈多能鄙事〉染色法初探》,《東南文化》1991 年第 1 期。

鄒新球《從〈多能鄙事〉的釋義論紅茶的起源》,《福建茶葉》2007 年第
2 期。

董裕雯《〈多能鄙事〉研究》,碩士學位論文,上海師範大學,2014 年。
指導教師：儲玲玲。

八十二、《便民圖纂》

石聲漢《介紹「便民圖纂」》,《西北農林科技大學學報（自然科學版）》
1958 年第 1 期。

沈圖參《一部有特色的「通書」——〈便民圖纂〉》,《四川圖書館》1982
年第 2 期。

陳麥青《關於〈便民纂〉》,《中國農史》1985 年第 4 期。

肖克之《〈便民圖纂〉版本說》,《古今農業》2001 年第 2 期。

鄭彩雲《明代農學家鄺璠及其〈便民圖纂〉探略》,《江西廣播電視大學
學報》2014 年第 2 期。

化振紅《試論〈便民圖纂〉中的農業俗語》,《理論月刊》2014 年第 12 期。

杜新豪《〈便民纂〉與〈便民圖纂〉關係考》,《古今農業》2016 年第 3 期。

周慧慧《〈便民圖纂〉研究》,碩士學位論文,上海師範大學,2016 年。
指導教師：儲玲玲。

杜新豪《〈便民圖纂〉撰者新考》,《古今農業》2018 年第 1 期。

徐雪樺《〈便民圖纂〉對太湖地區農業生產影響研究》,《農村經濟與科技》
2019 年第 3 期。

八十三、《問奇類林》《續問奇類林》

王輝《明代郭良翰與類書〈問奇類林〉及〈續問奇類林〉》,《圖書館學研
究》1994 年第 3 期。

八十四、《萬寶全書》

吳蕙芳《清代民間生活知識的掌握——從〈萬寶元龍雜字〉到〈萬寶全書〉》，《政治大學歷史學報》2003 年第 20 期。

吳蕙芳《上海圖書館所藏〈萬寶全書〉諸本——兼論民間日用類書中的拼湊問題》，《書目季刊》2003 年第 4 期。

邵小龍《禽獸之性與蠃蟲之相——明代萬寶全書諸夷門中圖像與觀念的互動》，《民族藝術》2017 年第 6 期。

八十五、《三臺萬用正宗》

吳蕙芳《民間日用類書的內容與運用：以明代〈三臺萬用正宗〉為例》，《明代研究通訊》2000 年第 3 期。

張海英《日用類書中的「商書」：析〈新刻天下四民便覽三臺萬用正宗·商旅門〉》，中國明史學會編《明史研究》總第 9 輯，合肥：黃山書社，2005 年。

吳平平《明代民間日用類書〈三臺萬用正宗〉研究》，碩士學位論文，南京大學，2009 年。指導教師：趙益。

胡一兵《明代日用類書研究：以〈三臺萬用正宗〉為正宗》，碩士學位論文，武漢大學，2011 年。指導教師：于亭。

八十六、《居家必用事類全集》

金良、滿都呼、董傑《〈居家必用事類全集〉中的肉食貯存技藝研究》，《內蒙古師範大學學報（自然科學漢文版）》2015 年第 5 期。

宋洋《〈居家必用事類全集〉詞匯研究》，碩士學位論文，南京師範大學，2016 年。指導教師：趙家棟。

韓軍鎮《〈居家必用事類全集〉研究》，碩士學位論文，暨南大學，2017 年。指導教師：陳廣恩。

八十七、《萬用正宗不求人》

劉天振《從家書活套透視明代後期家庭倫理危機——以萬曆間刊〈萬用正宗不求人〉的「書啓門」為考察中心》，《齊魯學刊》2007 年第 6 期。

毛巧暉、劉莎莎《民俗「鏡象」：由日用類書看明代文化交流——基於〈鼎鋟崇文閣匯纂士民萬用正宗不求人全編〉「外夷門」的考察》，《百色學院學報》2016 年第 1 期。

八十八、《士商類要》

陳學文《從〈士商類要〉來看明代徽商經商之道》，《學術界》1994 年第 6 期。

姜曉萍《〈士商類要〉與明代商業社會》，《西南師範大學學報（哲學社會科學版）》1996 年第 1 期。

李媛媛《從〈士商類要〉看明代徽州商業教育》，《黑龍江史志》2014 年第 23 期。

八十九、《日記故事》

鄭美瑜《傳統蒙書〈日記故事〉探究——以文獻爲主的考察》，碩士學位論文，臺北大學，2010 年。指導教師：王國良。

苑磊《明代故事彙編類通俗日用類書的編輯藝術——以〈日記故事〉爲例》，《山東圖書館學刊》2014 年第 1 期。

張炫《論元代〈日記故事〉中「二十四孝」的流傳及影響》，《綿陽師範學院學報》2015 年第 3 期。

張建利、杜秀萍《熊大木本〈日記故事〉插圖的藝術表現形式》，《吉林藝術學院學報》2015 年第 1 期。

張建利、杜秀萍《古代蒙書〈日記故事〉作者考》，《雞西大學學報》2015 年第 6 期。

張建利《北京師範大學藏清代〈增廣日記故事〉考》，《漢字文化》2017 年第 23 期。

林桂如《明代〈日記故事〉類書籍之刊印及其在日本之傳播——以〈新鍥類解官樣日記故事大全〉爲中心的考察》，《東吳中文學報》2017 年第 34 期。

張建利《〈日記故事〉中的家風家教》，《中國民族博覽》2018 年第 7 期。

九十、《古今圖書集成》

鄭麥《〈永樂大典〉與〈古今圖書集成〉》，《歷史教學問題》1982 年第 1 期。

袁逸《我國古代大百科〈古今圖書集成〉》，《圖書館學刊》1983 年第 1 期。

戚志芬《〈古今圖書集成〉及其編者》，《文獻》1983 年第 3 期。

袁逸《珍貴的〈古今圖書集成〉》，《辭書研究》1983 年第 6 期。

方任《〈古今圖書集成〉的編纂者陳夢雷》，《辭書研究》1983 年第 6 期。

邱紀鳳《〈古今圖書集成〉與陳夢雷——兼談〈醫部全錄〉在祖國醫學上的貢獻》，《雲南中醫學院學報》1983 年第 4 期。

林仲湘、黃世雄、陳大廣《〈古今圖書集成〉及其索引的編寫》，《廣西大學學報（哲學社會科學版）》1985 年第 1 期。

楊玉良《〈古今圖書集成〉考證拾零》，《故宮博物院院刊》1985 年第 1 期。

林仲湘、黃世雄、陳大廣《我們編纂了〈古今圖書集成索引〉》，《大學圖書館通訊》1985 年第 4 期。

徐瑛、任寶禎《〈古今圖書集成〉的分類體系》，《四川圖書館學報》1985 年第 4 期。

袁逸《陳夢雷和〈古今圖書集成〉》，《文史知識》1985 年第 12 期。

吉聯抗《從〈古今圖書集成·樂律典〉說起》，《音樂研究》1986 年第 1 期。

王吟、高文超《陳夢雷與〈古今圖書集成〉》，《出版與發行》1987 年第 1 期。

張松生《〈古今圖書集成·醫部全錄〉簡介》，《中醫函授通訊》1987 年第 4 期。

唐錫倫《古今圖書集成概說》，《四川圖書館學報》1987 年第 6 期。

林仲湘《訓詁與古籍索引——兼談〈古今圖書集成〉索引的編寫》，《廣西大學學報（哲學社會科學版）》1988 年第 2 期。

錢亞新《論〈古今圖書集成〉及其新編索引》，《圖書館界》1989 年第 2 期。

張何清《從〈古今圖書集成〉看中國類書的特點》,《河南師範大學學報
(哲學社會科學版)》1990 年第 1 期。

王伯祥《重購〈古今圖書集成〉記》,《民主》1990 年第 3 期。

裴芹《〈古今圖書集成〉與〈四庫全書〉》,《內蒙古民族師院學報(哲學
社會科學漢文版)》1990 年第 1 期。

高雲《〈古今圖書集成〉與〈四庫全書〉簡介》,《山西檔案》1990 年第 2
期。

王義耀《〈古今圖書集成索引〉陸續編輯出版》,《文獻》1990 年第 3 期。

張毅志《談古代類書〈古今圖書集成〉的使用》,《圖書館學研究》1991
年第 3 期。

丁宏宣《略談〈古今圖書集成〉的產生及其應用》,《圖書館學刊》1991
年第 1 期。

楊軍《〈古今圖書集成〉所見唐文校讀記》,《鐵道師院學報》1991 年第 1
期。

葉桔《〈古今圖書集成〉版本介紹》,《圖書館論壇》1991 年第 3 期。

張毅志《類書〈古今圖書集成〉的使用》,《圖書與情報》1991 年第 3 期。

柳較乾、陳秀英《〈古今圖書集成〉分類及編排體例述評》,《十堰大學學
報》1992 年第 2 期。

姜淑芸《〈古今圖書集成〉及其「索引」》,《成都大學學報(社會科學版)》
1992 年第 3 期。

裴芹《〈古今圖書集成〉同文版小考》,《內蒙古民族師院學報(哲學社會
科學版)》1992 年第 4 期。

馬汝惠《〈古今圖書集成〉的五種印本》,《青島教育學院學報》1993 年第
Z1 期。

段秀芝《〈古今圖書集成〉使用解析》,《圖書館建設》1993 年第 5 期。

馬時高《通州市圖書館〈古今圖書集成〉解禁》,《江蘇圖書館學報》1993
年第 6 期。

裴芹《〈古今圖書集成〉研究論著目錄》,《文教資料》1994 年第 1 期。

林仲湘《編製〈古今圖書集成索引〉的實踐和理論》,《廣西大學學報(哲學社會科學版)》1994 年第 2 期。

李小燕《〈古今圖書集成〉中醫藥文獻檢索法》,《中醫藥學報》1994 年第 3 期。

裴芹《談〈古今圖書集成〉的「參見」》,《內蒙古民族師院學報(哲學社會科學版)》1994 年第 2 期。

趙立勳《〈古今圖書集成〉醫藥衛生內容揭引》,《中醫文獻雜誌》1995 年第 1 期。

張翔《〈古今圖書集成〉在美國的收藏》,《圖書館雜誌》1997 年第 4 期。

宋建昃《描潤本〈古今圖書集成〉述介》,《文獻》1997 年第 3 期。

崔文印《說〈古今圖書集成〉及其編者》,《史學史研究》1998 年第 2 期。

趙桂珠《試論〈古今圖書集成索引〉人物傳記索引中同姓名人物的甄別問題》,《廣西大學學報(哲學社會科學版)》1998 年第 3 期。

彭志雄《論〈古今圖書集成索引〉的編製及其訓詁運用》,《桂林市教育學院學報(綜合版)》1998 年第 3 期。

星華《再現中國古代最大類書〈古今圖書集成〉電子版 3 月推出》,《出版廣角》1999 年第 2 期。

裴芹、李智海《〈古今圖書集成〉與方志》,《內蒙古民族師院學報(哲學社會科學漢文版)》1999 年第 1 期。

劉劼《「古今圖書集成」的四次印本》,《津圖學刊》1999 年第 2 期。

唐建設《古今合璧〈古今圖書集成〉電子版》,《中國電子出版》1999 年第 4 期。

太和《武英殿〈古今圖書集成〉電子版出版問世》,《出版參考》2000 年第 2 期。

古成《廣西大學編出電子版〈古今圖書集成索引〉》,《廣西大學學報(哲學社會科學版)》2000 年第 1 期。

梁文《古籍整理與現代科技的成功結合——電子版〈古今圖書集成〉及其索引》,《出版廣角》2000 年第 5 期。

張琪玉《古籍索引的一個範例——介紹〈古今圖書集成〉電子版的索引數據庫》,《圖書館雜誌》2000 年第 5 期。

桂勤《集古書之大成展科技之新姿——漫話〈古今圖書集成〉及其電子版》,《閱讀與寫作》2000 年第 7 期。

穎峰《電子版〈古今圖書集成〉問世》,《閱讀與寫作》2000 年第 7 期。

張學軍《〈古今圖書集成〉原文電子版及其對圖書館古籍工作的影響》,《聊城師範學院學報（哲學社會科學版）》2000 年第 4 期。

白玉霞、裴芹《〈古今圖書集成〉成書略考》,《內蒙古民族師院學報（哲學社會科學漢文版）》2000 年第 4 期。

曹瑛《〈古今圖書集成〉文獻學價值評析》,《中醫藥學刊》2001 年第 2 期。

子冶《清廷石印〈古今圖書集成〉舊檔》,《出版史料》2003 年第 1 期。

龐月光《康熙皇帝與〈古今圖書集成〉》,《外交學院學報》2003 年第 1 期。

滕黎君《論〈古今圖書集成〉及其索引的應用價值》,碩士學位論文,廣西大學,2003 年。指導教師：林仲湘。

孫金花、張秀玲《古典文獻檢索的一件利器——評光盤版《〈古今圖書集成〉索引》》,《圖書館建設》2003 年第 3 期。

聶家昱《〈古今圖書集成〉及其編纂者陳夢雷》,《圖書與情報》2003 年第 3 期。

魏書菊《清代第一大類書——述評〈古今圖書集成〉》,《中國圖書評論》2003 年第 5 期。

楊貴嬋、王可《古今圖書集成中藝術文獻的分布》,《設計藝術》2003 年第 3 期。

林仲湘、李龍《從油印本、印刷版到電子版——論〈古今圖書集成索引〉的編製》,《中國索引》2003 年第 3 期。

趙長海《〈古今圖書集成〉版本考》,《古籍整理研究學刊》2004 年第 3 期。

楊居讓《銅活字與館藏珍品〈古今圖書集成〉》,《當代圖書館》2004 年第 2 期。

趙榮蔚《〈古今圖書集成〉對我國傳統學術文化的整合》,《圖書館理論與實踐》2004 年第 5 期。

楊勤芳《中國古代的類書——兼及〈永樂大典〉〈古今圖書集成〉述介》，
《歷史教學問題》2004 年第 6 期。

楊居讓《館藏珍品銅活字版〈古今圖書集成〉》，《福建圖書館理論與實踐》
2005 年第 1 期。

周訊《〈古今圖書集成〉數據庫面世》，《圖書館論壇》2005 年第 2 期。

羅威、賀雙非《〈古今圖書集成〉的編纂、刻印及影響》，《高等函授學報
（自然科學版）》2005 年第 3 期。

楊居讓《陝西省圖書館〈古今圖書集成〉收藏始末》，《圖書與情報》2005
年第 4 期。

楊居讓《館藏銅活字本〈古今圖書集成〉》，《圖書館工作與研究》2005 年
第 5 期。

林仲湘《試論大型索引項目的管理工作——談〈古今圖書集成索引〉的
管理工作》，《中國索引》2005 年第 4 期。

馬國倉《〈欽定古今圖書集成〉影印出版原貌再現》，《中國新聞出版報》
2006 年 1 月 11 日。

張振勝《〈欽定古今圖書集成〉首次原樣出版》，《中華讀書報》2006 年 1
月 11 日。

潘衍習《傳承學術巨著，再造中華善本》，《人民日報（海外版）》2006 年
1 月 12 日。

白化文《從〈古今圖書集成〉影印新版說開來》，《人民日報（海外版）》
2006 年 1 月 19 日。

黃權才《〈古今圖書集成〉六論》，《圖書館界》2006 年第 1 期。

苗日新《陳夢雷在熙春園（今清華園）編校〈古今圖書集成〉》，《新清華》
2006 年 10 月 20 日。

張新民《〈古今圖書集成〉之特徵及其編者》，《農業圖書情報學刊》2006
年第 11 期。

趙曉星《陳夢雷與〈古今圖書集成〉》，《劇影月報》2006 年第 6 期。

張雲寬、彭冰清《〈欽定古今圖書集成〉影印版巡展江城》，《湖北日報》
2007 年 5 月 29 日。

曹紅軍《〈古今圖書集成〉版本研究》,《故宮博物院院刊》2007 年第 3 期。

袁慧《天章特獎圖書富世澤長期子孫賢──〈古今圖書集成〉與「天一閣藏書」》,《紫禁城》2007 年第 9 期。

楊居讓《館藏善本探秘之一：〈古今圖書集成〉之用紙》,《當代圖書館》2007 年第 3 期。

黃海波《〈古今圖書集成〉醫學文獻的應用》,《北京中醫藥大學學報〔中醫臨床版〕》2007 年第 5 期。

蘇嘉《〈古今圖書集成〉》,《出版史料》2007 年第 4 期。

潘勇《〈古今圖書集成〉的文獻整理研究》,碩士學位論文,中南民族大學,2007 年。指導教師：余和祥。

吳清輝《古今圖書集成相關問題研究》,博士學位論文,東吳大學,2007 年。指導教師：陳郁夫。

胡程立《〈古今圖書集成〉編輯思想探析》,《出版發行研究》2008 年第 1 期。

周潔《〈古今圖書集成‧方輿彙編‧邊裔典〉中有關東盟十國資料介紹及其研究價值初探》,《語文學刊》2008 年第 10 期。

毛建軍《兩種〈古今圖書集成〉電子版的比較──兼談古籍電子索引的標準與規範》,《圖書館理論與實踐》2008 年第 3 期。

郭猛《中菲歷史文化交融與衝突──按〈古今圖書集成〉索驥》,《廣西警官高等專科學校學報》2009 年第 1 期。

郭韻雯《〈古今圖書集成〉中的竟陵派──清初竟陵觀之個案研究》,碩士學位論文,黑龍江大學,2009 年。指導教師：李先耕。

周春玲、王文風《〈古今圖書集成〉在英美的流佈及其影響》,《圖書情報工作》2009 年第 7 期。

姚玉《〈古今圖書集成‧箏部〉研讀》,學位論文,西安音樂學院,2009 年。指導教師：魏軍。

周潔《〈古今圖書集成‧邊裔典〉東南亞古國資料校勘及研究》,碩士學位論文,廣西大學,2009 年。指導教師：黃南津。

林仲湘《電子版〈古今圖書集成索引〉2.0 版簡介》,《中國索引》2009 年第 2 期。

華典《〈古今圖書集成佛道教文獻彙編〉出版》,《中國民族報》2009 年 10 月 13 日。

馬莎《〈古今圖書集成〉研究思路略論》,《圖書館》2009 年第 6 期。

趙贇《〈古今圖書集成〉土地數據的價值及存在問題》,《中國地方志》2010 年第 3 期。

田甜《〈古今圖書集成·樂律典〉的編纂研究》,碩士學位論文,武漢音樂學院,2010 年。指導教師:孫曉輝。

申紅星《明代婦女生活問題探析——以〈古今圖書集成〉記載爲中心》,《遼寧行政學院學報》2010 年第 6 期。

黃俊霞《〈古今圖書集成〉綜述》,《學理論》2010 年第 30 期。

趙崔莉、毛立平《〈古今圖書集成·閨媛典〉的編纂體例及價值》,《安慶師範學院學報(社會科學版)》2011 年第 1 期。

張軍鵬《〈古今圖書集成〉體育史料研究》,《體育文化導刊》2011 年第 4 期。

寧雯《淺論中國傳統文化中的女性節烈觀——以〈古今圖書集成〉爲據》,《青年作家(中外文藝版)》2011 年第 5 期。

李曉丹、王其亨、金瑩《17～18 世紀西方科學技術對中國建築的影響——從〈古今圖書集成〉與〈四庫全書〉加以考證》,《故宮博物院院刊》2011 年第 3 期。

測海《最大類書與傑出索引的合璧——〈古今圖書集成〉及其索引簡介》,《閱讀與寫作》2011 年第 11 期。

徐麗娟《〈古今圖書集成·樂律典·歌部〉初探》,碩士學位論文,天津音樂學院,2011 年。指導教師:郭樹群。

王濤鍇《淺論清初學者對社會交往的認識——以〈古今圖書集成·明倫彙編·交誼典〉爲例》,《中國城市經濟》2011 年第 3 期。

段偉《〈古今圖書集成〉的檢索方法》,《圖書館學刊》2012 年第 1 期。

陳福季《〈古今圖書集成〉一錯三百年》,《河北科技圖苑》2012 年第 2 期。

吳承學《論〈古今圖書集成〉的文學與文體觀念——以〈文學典〉爲中心》,《文學評論》2012 年第 3 期。

王美美《論中國古代醫者群體及其變遷——以〈古今圖書集成‧醫部全錄〉爲中心》,《平頂山學院學報》2012 年第 3 期。

劉楊《〈古今圖書集成〉「文學典」總部的文學文獻學價值——以魏晉時人品評選文爲例》,《文學界（理論版）》2012 年第 9 期。

項旋《雍和宮三世佛與〈古今圖書集成〉銅活字板》,《北京印刷學院學報》2012 年第 5 期。

曹鐵娃、劉江峰、曹鐵錚《「以類相從」文獻學視角下有關古代陵墓的信息考略——以〈古今圖書集成〉等類書爲例》,《圖書館工作與研究》2013 年第 4 期。

陳長《從文獻學看〈古今圖書集成〉中反映的「重陽節」文化特徵》,《長春教育學院學報》2013 年第 8 期。

李晗《聖人創物與百姓日用——以〈古今圖書集成‧考工典‧考工總部〉爲例》,碩士學位論文,清華大學,2013 年。指導教師：李硯祖。

林易徵《〈古今圖書集成〉自動化內容建構與出處擷取》,碩士學位論文,臺灣大學,2013 年。指導教師：項潔。

楊虎《乾隆朝〈古今圖書集成〉之銅活字銷毀考》,《歷史檔案》2013 年第 4 期。

李善強《〈古今圖書集成〉石印本與銅活字本考異》,《圖書館界》2014 年第 1 期。

呂莎、孫剛、陳貴海《〈古今圖書集成醫部全錄‧咳嗽門方〉的統計分析研究》,《中國民族民間醫藥》2014 年第 8 期。

段偉、趙連朋《〈古今圖書集成‧字學典‧書畫部〉文獻揭引》,《渤海大學學報（哲學社會科學版）》2014 年第 3 期。

李善強《華東師範大學圖書館光緒御賜〈古今圖書集成〉遞藏源流考述》,《科技情報開發與經濟》2014 年第 10 期。

李善強《一部光緒御賜〈古今圖書集成〉的遞藏始末》,《湖北廣播電視大學學報》2014 年第 6 期。

李善強《光緒石印本〈古今圖書集成〉諸說辨誤》,《湖北廣播電視大學學報》2014 年第 7 期。

李開升《〈古今圖書集成〉銅活字校樣本考述》,《中國典籍與文化》2014 年第 4 期。

項旋《古今圖書集成館纂修人員考實》,《文史》2014 年第 4 期。

李智海、楊春曉《〈古今圖書集成〉體例探析》,《赤峰學院學報(漢文哲學社會科學版)》2015 年第 2 期。

歐七斤、張愛華《三部同文版〈古今圖書集成〉的收藏與流傳》,《圖書館理論與實踐》2015 年第 2 期。

唐述壯、魏剛《〈古今圖書集成·妖怪部〉引書考證分析》,《昆明學院學報》2015 年第 1 期。

洪閏華、劉雲《唐山路礦學堂受藏〈古今圖書集成〉考略》,《大學圖書館學報》2015 年第 4 期。

何玲《光緒朝石印〈古今圖書集成〉的流傳與分布》,《中國典籍與文化》2015 年第 4 期。

吳限《印製〈古今圖書集成〉的 100 多萬個銅活字哪去了》,《遼寧日報》2015 年 10 月 23 日。

趙建蘭、任學武《陝西將修復〈古今圖書集成〉》,《中國文化報》2016 年 6 月 20 日。

姜妮《〈古今圖書集成〉修復保護研討論證會暨第四期古籍修復技術與工作管理研修班開班典禮在陝西省圖書館召開和舉行》,《當代圖書館》2016 年第 2 期。

楊威、余丞浩、閻衛紅、于崢《〈古今圖書集成〉版本及其學術影響》,《中國中醫藥圖書情報雜誌》2016 年第 4 期。

楊威、閻衛紅、余丞浩、于崢《〈古今圖書集成〉醫學思想研究》,《中國中醫藥圖書情報雜誌》2016 年第 6 期。

渠紅岩《〈古今圖書集成〉的編排體例——以〈博物彙編·草木典·桃部〉為例》,《出版科學》2016 年第 6 期。

項旋《康雍朝古今圖書集成館考析》,《歷史文獻研究》2016 年第 1 期,總第 36 輯,上海:華東師範大學出版社,2016 年。

于翠玲《西方書籍史視角下中國出版史的差異——以清代官修類書〈古今圖書集成〉爲聚焦點》,《中國出版史研究》2017 年第 2 期。

黃天怡《〈古今圖書集成〉銅活字鑄造說及鐫刻說新論》,《北方文學》2017 年第 23 期。

楊荔雯《布局合理,周密詳盡——評〈古今圖書集成〉的體例》,《河南圖書館學刊》2019 年第 5 期。

葉新《〈古今圖書集成〉入藏大英博物館始末》,《文史知識》2019 年第 7 期。

九十一、《淵鑒類函》

張英、王士禎纂《淵鑒類函》,北京:中國書店,1985 年。

魏仲祐《〈藝文類聚〉與〈淵鑒類函〉二書體制之比較》,《東海中文學報》1988 年第 8 期。

張英、王士禎等撰《淵鑒類函》,上海:上海古籍出版社,1992 年。

張英、王士禎著《淵鑒類函》,上海:上海古籍出版社,2008 年。

戴建國《〈淵鑒類函〉研究》,博士學位論文,華東師範大學,2009 年。指導教師:劉永翔。

鄭超《古代類書中的器物設計史料研究——以〈淵鑒類函〉爲例》,碩士學位論文,湖南工業大學,2012 年。指導教師:朱和平。

戴建國《〈淵鑒類函〉康熙間刻本考》,《圖書館雜誌》2012 年第 12 期。

戴建國《〈淵鑒類函〉研究》,上海:中國出版集團東方出版中心,2014 年。

王曉慧《從〈淵鑒類函〉體例淺析其對〈太平御覽〉的承繼》,《鴨綠江(下半月版)》2016 年第 3 期。

薛蘊、段姝《〈淵鑒類函·巧藝部·繪畫〉史料探微》,《遼寧工業大學學報(社會科學版)》2017 年第 3 期。

王茜《從〈淵鑒類函〉中的「孝行」看中國古代孝文化特點》,《忻州師範學院學報》2018 年第 3 期。

九十二、《佩文韻府》

涂玉書《〈佩文韻府〉及其查找方法》,《湘圖通訊》1980 年第 3 期。

陳宏天《詩文典故的淵藪(〈佩文韻府〉和〈駢字類編〉)》,《文史知識》1981 年第 1 期。

羅夢華《怎樣使用〈佩文韻府〉》,《黃石師院學報(哲學社會科學版)》1981 年第 4 期。

左民安《談談〈佩文韻府〉》,《中學語文教學》1982 年第 1 期。

張玉書編《佩文韻府》,上海:上海古籍書店,1983 年。

高震川、儲祖詒《略談〈佩文韻府〉》,《書林》1983 年第 5 期。

馮剛《〈佩文韻府〉與康熙帝》,《課外學習》1984 年第 7 期。

任遠《古代詞藻成語典故之總集——〈佩文韻府〉》,《辭書研究》1985 年第 6 期。

朱積孝《略談〈佩文韻府〉》,《圖書館工作》1985 年第 2 期。

張廓初《使用〈佩文韻府〉二、三談》,《贛圖通訊》1987 年第 3 期。

徐長江《〈佩文韻府〉辯誤五例》,《圖書館學刊》1989 年第 3 期。

范能船《互為經緯相輔而行——〈佩文韻府〉與〈駢字類編〉》,《古典文學知識》1990 年第 1 期。

俞力新《如何按「平水韻」檢索〈佩文韻府〉》,《江蘇圖書館學報》1991 年第 6 期。

丁宏宣《略談〈佩文韻府〉的產生及其查找方法》,《貴圖學刊》1993 年第 2 期。

彭調鼎《〈佩文韻府〉與〈駢字類編〉評介》,《雲南教育學院學報》1994 年第 3 期。

征安吉《〈佩文韻府〉與〈駢字類編〉編排體例之比較》,《圖書館學刊》1994 年第 5 期。

潘天禎《康熙武英殿刻書的實錄——重讀〈御製佩文韻府序〉》,《北京圖書館館刊》1999 年第 1 期。

曹紅軍《康熙朝〈佩文韻府〉的編撰與刊刻過程考》,《圖書館雜誌》2005 年第 5 期。

黃子房《世界上最大的韻書〈佩文韻府〉》,《海南師範大學學報(社會科學版)》2007 年第 4 期。

唐光榮《從〈佩文韻府〉〈駢字類編〉〈子史精華〉看康雍之際的類書編纂》,《圖書情報工作》2010 年第 5 期。

熊鷹《〈佩文韻府〉研究》,碩士學位論文,江西師範大學,2011 年。指導教師:杜華平。

李柳情《〈佩文韻府〉的編纂、版本及對清代學術的影響》,《圖書館》2011年第 4 期。

黃立元《佩文韻府:中國古典詩韻的集大成者和終結者——再談平水韻兼論詩壇亂象(上)》,《貴陽文史》2013 年第 5 期。

黃立元《佩文韻府:中國古典詩韻的終結者——再談平水韻兼論詩壇亂象(中)》,《貴陽文史》2013 年第 6 期。

黃立元《佩文韻府:中國古典詩韻的終結者——三談平水韻兼論詩壇亂象》,《貴陽文史》2014 年第 1 期。

黃立元《佩文韻府:中國古典詩韻的終結者——四談平水韻兼論詩壇亂象》,《貴陽文史》2014 年第 2 期。

鄭永曉《〈佩文韻府〉的編纂與康熙朝後期的詩壇取向》,《文學遺產》2017年第 3 期。

九十三、《駢字類編》

陳宏天《詩文典故的淵藪(〈佩文韻府〉和〈駢字類編〉)》,《文史知識》1981 年第 1 期。

鄧貴忠《怎樣查閱〈駢字類編〉》,《廣東圖書館學刊》1983 年第 2 期。

張廷玉編《駢字類編》,北京:中國書店,1984 年。

何冠義等編《〈駢字類編〉索引》,北京:中國書店,1988 年。

張履祥《〈駢字類編〉與辭書編纂》,《辭書研究》1988 年第 6 期。

范能船《互為經緯相輔而行——〈佩文韻府〉與〈駢字類編〉》,《古典文學知識》1990 年第 1 期。

彭調鼎《〈佩文韻府〉與〈駢字類編〉評介》,《雲南教育學院學報》1994年第 3 期。

征安吉《〈佩文韻府〉與〈駢字類編〉編排體例之比較》,《圖書館學刊》1994 年第 5 期。

程千帆、陶芸編《〈駢字類編〉音序索引》,武漢:武漢出版社,1995 年。

張利等主編《〈駢字類編〉詞目索引》,呼和浩特:內蒙古大學出版社,1999 年。

胡風蘭《怎樣查閱〈駢字類編〉》,《山東圖書館季刊》1999 年第 2 期。

唐光榮《從〈佩文韻府〉〈駢字類編〉〈子史精華〉看康雍之際的類書編纂》,《圖書情報工作》2010 年第 5 期。

張一凡《〈駢字類編〉研究》,碩士學位論文,河北師範大學,2019 年。指導教師:王京州。

九十四、《子史精華》

張廷玉等《子史精華》,北京:北京古籍出版社,1991 年。

高薇薇《〈子史精華〉第一責任者析》,《天中學刊》1998 年第 4 期。

唐光榮《從〈佩文韻府〉〈駢字類編〉〈子史精華〉看康雍之際的類書編纂》,《圖書情報工作》2010 年第 5 期。

九十五、《格致鏡原》

陳元龍著《格致鏡原》,揚州:廣陵書社,1989 年。

陳元龍著《格致鏡原》,揚州:江蘇廣陵古籍刻印社影印,1989 年。

陳元龍撰《格致鏡原》,《四庫類書叢刊》,上海:上海古籍出版社,1992 年。

錢玉林《陳元龍的〈格致鏡原〉——十八世紀初的科技史小型百科全書》,《辭書研究》1982 年第 5 期。

高振鐸《〈格致鏡原〉及其引書的特點》,《古籍整理研究學刊》1991 年第 5 期。

秦豔燕《西學東漸背景下的中國傳統博物學——以〈康熙几暇格物編〉和〈格致鏡原〉為視角》,碩士學位論文,浙江大學,2009 年。指導教師:李磊。

九十六、《古事比》

方中德編《古事比》，揚州：江蘇廣陵古籍刻印社影印，1988 年。

方中德編《古事比》，揚州：廣陵書社，1990 年。

方中德編，徐學林校點《古事比》，黃山書社，1998 年。

何慶善《〈古事比〉——一部獨具特色的類書》，《古籍研究》1999 年第 4 期。

吳孟復《〈古事比〉前言》，收入吳孟復《吳孟復安徽文獻研究叢稿》，合肥：黃山書社，2006 年。

褚偉奇《一部鮮為人知的類書：〈古事比〉》，《書品》1999 年第 5 期。收入諸偉奇《古籍整理研究叢稿》，合肥：黃山書社，2008 年。

謝政偉、張琳琳《方中德〈古事比〉校勘補正》，《樂山師範學院學報》2012 年第 8 期。

謝政偉《方中德〈古事比〉校勘箚記》，《寧夏大學學報（人文社會科學版）》2014 年第 2 期。

謝政偉《方中德〈古事比〉勘誤箚記》，《淮北師範大學學報（哲學社會科學版）》2015 年第 5 期。

謝政偉《方中德〈古事比〉編纂特點探析》，《阜陽師範學院學報（社會科學版）》2017 年第 1 期。

九十七、《元明事類抄》

郭玲麗《〈元明事類抄〉及其部分元代史料考略》，碩士學位論文，內蒙古師範大學，2013 年。指導教師：閆豔。

九十八、《奩史》

臧健《奩史——古代婦女生活的百科全書》，《中國典籍與文化》1994 年第 3 期。

董青《倡妓貶義稱謂初探：以〈奩史·倡妓門〉為主》，《赤子》2014 年第 10 期。

蘇振富《〈奩史·仙佛門〉整理與研究》，碩士學位論文，陝西師範大學，2015 年。指導教師：郭海文。

蘇振富《〈奩史・仙佛門〉所見女仙研究》，西安碑林博物館編《碑林集刊》總第 22 輯，西安：三秦出版社，2016 年。

李恒、張平《〈奩史・技藝門〉所見婦女運動考》，強躍主編《陝西歷史博物館館刊》總第 23 輯，西安：三秦出版社，2016 年。

方草《〈奩史・花木門〉引書概述》，《濮陽職業技術學院學報》2016 年第 5 期。

張彧《〈奩史・脂粉門〉與中國婦女化妝習俗》，《清遠職業技術學院學報》2017 年第 4 期。

方草《〈奩史・花木門〉整理與研究》，碩士學位論文，陝西師範大學，2017 年。指導教師：郭海文。

郭海文、王霽鈺《形象史學視角下的〈奩史・釵釧門・首飾〉研究》，《吉林大學社會科學學報》2017 年第 4 期。

郭海文、王霽鈺《〈奩史〉所見頭飾考》，《學術交流》2017 年第 11 期。

郭海文、徐家琪《〈奩史・蠶織門〉生產工具考》，陝西歷史博物館編《陝西歷史博物館論叢》總第 25 輯，西安：三秦出版社，2018 年。

王霽鈺《〈奩史・釵釧門〉整理與研究》，碩士學位論文，陝西師範大學，西安：三秦出版社，2018 年。指導教師：郭海文。

九十九、《四書典林》《四書古人典林》

丁之涵《明清〈四書〉專題類書研究：以江永〈四書典林〉〈四書古人典林〉為例》，碩士學位論文，華東師範大學，2011 年。指導教師：嚴佐之。

袁立澤《江永〈四書古人典林〉整理本評介》，安徽大學徽學研究中心編《徽學》總第 8 卷，合肥：黃山書社，2013 年。

一百、《清稗類鈔》

盧正言《徐珂和〈清稗類鈔〉》，《語文學習》1983 年第 1 期。

何英芳《〈清稗類鈔〉陸續出版》，《古籍整理出版情況簡報》1985 年第 143 期。

陳光新《清代飲食生活的畫卷——〈清稗類鈔・飲食類〉介紹》，《中國烹飪》1987 年第 5 期。

錢基《黃漱蘭選拔命題辨正——〈清稗類鈔〉失實一例》,《浙江學刊》
1987 年第 6 期。

蔡貴華《〈清稗類鈔〉所論藏書的幾點訛誤》,《社會科學戰線》1990 年第
1 期。

陳偉華《〈清稗類鈔〉中的清代戲曲史料》,《福建戲劇》1990 年第 3 期。

陳偉華《〈清稗類鈔〉中的音樂史料》,《音樂生活》1991 年第 10 期。

邢平《清稗類鈔〉與「工夫茶」》,《農業考古》1993 年第 2 期。

陳偉華《〈清稗類鈔〉中所載的清代圍棋史略》,《體育文史》1994 年第 1
期。

秦鳳崗《〈清稗類鈔〉中的錢幣學資料》,《西安金融》1995 年第 5 期。

謝蒼霖《〈清稗類鈔〉人名標點摘誤》,《江西教育學院學報》2003 年第 1
期。

呂維新《〈清稗類鈔〉茶香四溢》,《茶苑》2004 年第 3 期。

張翠蘭《〈清稗類鈔〉洋琴史料考源》,《南京藝術學院學報（音樂與表演
版）》2005 年第 4 期。

金振華《〈清稗類鈔〉文學類例析》,《蘇州大學學報（哲學社會科學版）》
2006 年第 4 期。

鍾正和《從〈清稗類鈔〉看西餐》,《四川烹飪》2008 年第 2 期。

劉懂禮《略論清代公訴自訴之特點及差異成因——立足於〈清稗類鈔·獄
訟類〉的考察》,碩士學位論文,河南大學,2008 年。指導教師：陳景良。

鄭世連、張翠蘭《〈清稗類鈔·音樂類·洋琴〉考略》,《交響——西安音
樂學院學報》2009 年第 4 期。

陳旭、任博《〈清稗類鈔〉「瑤人嗜鹽」的探析》,《長江大學學報·社會
科學版》2010 年第 1 期。

臧藝兵《〈清稗類鈔〉中的音樂史料：兼論民族音樂學觀念與音樂歷史文
獻解讀》,《音樂藝術（上海音樂學院學報）》2011 年第 4 期。

關伊湄《從〈清稗類鈔〉看清代獨特的婚姻禮法及特點》,《文學界（理
論版）》2012 年第 6 期。

黃江江《從〈清稗類鈔〉看晚清的娼妓現象》,《長治學院學報》2013 年

第 1 期。

崔姝聲《淺談〈清稗類鈔〉中的聲樂歌唱活動》，《音樂創作》2013 年第 2 期。

張駿傑《淺析〈清稗類鈔·飲食類〉的飲食文獻價值》，《南寧職業技術 學院學報》2013 年第 3 期。

馬元明、蔣至群、韓殿棟《〈清稗類鈔〉中的西藏史料研究》，《西藏大學 學報（社會科學版）》2013 年第 4 期。

陳平民《對〈清稗類鈔〉中三則記載王茂蔭嘉言懿行逸事的解讀》，《徽 州社會科學》2013 年第 9 期。

吳民《從〈清稗類鈔·戲劇類〉看清末戲曲生態及其流變》，《新疆藝術 學院學報》2014 年第 1 期。

馬東《從〈清稗類鈔〉看清代茶文化發展的廣度和深度》，《農業考古》 2014 年第 2 期。

汪慶雲、晏雪平《淺析〈清稗類鈔·技勇類〉體育文獻價值》，《南昌航 空大學學報（社會科學版）》2015 年第 4 期。

梁玄《從犯罪心理觀點解讀〈清稗類鈔·陰陽生批殃榜〉》，《鵝湖月刊》 2015 年第 485 期。

史友寬《〈清稗類鈔〉中的少林武術研究》，《南京體育學院學報（社會科 學版）》2016 年第 1 期。

郭梅《〈清稗類鈔〉中的戲曲史料考論》，《中華戲曲》2016 年第 1 期。

胡雲暉《古籍整理中滿語、蒙古譯語標點錯誤指正——以〈郎潛紀聞三 筆〉及〈清稗類鈔〉為例》，《陰山學刊（社會科學版）》2016 年第 3 期。

何春根《〈清稗類鈔〉的小說文獻價值初探》，《九江學院學報（社會科學 版）》2017 年第 4 期。

白淑霞《〈清稗類鈔·貞烈類〉之貞女現象分析》，碩士學位論文，中興 大學，2017 年。指導教師：韓碧琴。

簡聖宇《新時代語境下本科生「學術性學習」探析——以〈清稗類鈔〉所 涉服飾文獻的「文本研讀」為例》，《湖州師範學院學報》2019 年第 6 期。

鍾正和《從〈清稗類鈔〉看西餐》，《飲食保健》2019 年第 9 期。

附錄：作者已刊論著目錄〔註1〕

一、圖　書

劉全波《類書研究通論》，蘭州：甘肅文化出版社，2018 年 2 月；

劉全波《魏晉南北朝類書編纂研究》，北京：民族出版社，2018 年 6 月；

劉全波《唐代類書編纂研究》，新北：花木蘭文化事業有限公司，2018 年 9 月；

劉全波《織網與鑿井：中西交通史研究論稿》，北京：科學出版社，2019 年 10 月。

二、論　文

劉全波《〈雲笈七籤〉編撰者張君房事蹟考》，《中國道教》2008 年第 4 期，第 39～42 頁；

劉全波《流失海外的敦煌吐魯番文獻》，《尋根》2008 年第 6 期，第 48～58 頁；

李文婷、劉全波《2007 年敦煌學研究論著目錄》，《敦煌學輯刊》2009 年第 1 期，第 153～178 頁；

劉全波《絲綢之路文化國際學術研討會綜述》，《敦煌學輯刊》2009 年第 3 期，第 176～180 頁；

劉全波《送「寒衣」風俗》，《尋根》2009 年第 6 期，第 39～41 頁；

劉全波《近三十年中國大陸敦煌學博碩士學位論文目錄索引》，郝春文主

〔註1〕　此作者已刊論著目錄時間截止到 2019 年 12 月，排列順序是時間升序。

編《2009 年敦煌學國際聯絡委員會通訊》，上海：上海古籍出版社，2009年 12 月，第 202～226 頁；

劉全波《甘州回鶻、涼州吐蕃諸部與党項的戰爭及其影響》，《西夏研究（創刊號）》2010 年第 1 期，第 29～34 頁；收入《中西交通史研究論稿》；

魏迎春、劉全波《敦煌寫本類書 S.7004〈樓觀宮闕篇〉校注考釋》，《敦煌學輯刊》2010 年第 1 期，第 51～57 頁；

劉全波《〈梅子〉考》，《中國典籍與文化》2010 年第 2 期，第 138～140頁；

劉全波《敦煌文書 P.2622V 白畫動物釋讀》，《藝術百家》2010 年第 2 期，第 189～192 頁；

劉全波《唐高宗幸汾陽宮獻疑》，《中國典籍與文化》2010 年第 4 期，第130～131 頁；

劉全波《百年敦煌類書研究述評》，《中國史研究動態》2010 年第 12 期，第 21～27 頁；收入《類書研究通論》；

劉全波《魏晉南北朝時期的抄撮、抄撰之風》，《山西師大學報（社科版）》2011 年第 1 期，第 70～73 頁；收入《魏晉南北朝類書編纂研究》；

劉全波《魏晉南北朝類書發展史論綱》，《天府新論》2011 年第 1 期，第145～149 頁；收入《魏晉南北朝類書編纂研究》；

劉全波《論類書在東亞漢字文化圈的流傳》，《敦煌學輯刊》2011 年第 4期，第 118～125 頁；收入《類書研究通論》；

鄭炳林、劉全波《類書與中國文化》，《北京理工大學學報（社科版）》2011年第 5 期，第 122～126 頁；收入《類書研究通論》；

劉全波《唐〈西域圖志〉及相關問題考》，《中華文化論壇》2011 年第 5期，第 93～98 頁；收入《中西交通史研究論稿》；

劉全波《論類書的目錄學演變》，《圖書情報工作（文獻學）》2011 年第23 期，第 122～125、130 頁；收入《類書研究通論》；

劉全波《百年敦煌類書研究回顧》，鄭炳林主編《2009 年全國博士生學術論壇（傳承與發展——百年敦煌學）論文集》，西安：三秦出版社，2011年 9 月，第 635～658 頁；收入《類書研究通論》；

劉全波《南北朝佛教類書考》,《圖書館理論與實踐（文獻學）》2012 年第
3 期,第 62～66 頁;收入《魏晉南北朝類書編纂研究》;

劉全波《南北朝私纂文學類書考》,《圖書館工作與研究（文獻學）》2012
年第 3 期,第 75～78 頁;收入《魏晉南北朝類書編纂研究》;

劉全波《論類書的知識傳播功能》,《山東圖書館學刊（文獻學）》2012 年
第 5 期,第 14～17、26 頁;收入《類書研究通論》;

劉全波《論魏晉南北朝時期的博學風尚與類書編纂》,張福貴主編《華夏
文化論壇》2012 年第 2 期,總第 8 輯,長春:吉林文史出版社,2012 年
12 月,第 68～77 頁;收入《魏晉南北朝類書編纂研究》;

劉全波《曹魏東海繆襲生平著述輯考》,王志民主編《齊魯文化研究》總
第 12 輯,濟南:泰山出版社,2012 年 12 月,第 160～171 頁;

劉全波《〈華林遍略〉編纂考》,《敦煌學輯刊》2013 年第 1 期,第 85～
94 頁;收入《魏晉南北朝類書編纂研究》;

劉全波《論類書的淵源》,《圖書情報知識（文獻學）》2013 年第 1 期,第
78～84、113 頁;收入《類書研究通論》;

劉全波《論魏晉南北朝時期的類書編纂》,《中國海洋大學學報（社科版）》
2013 年第 3 期,第 122～128 頁;收入《魏晉南北朝類書編纂研究》;

劉全波《論類書的流弊及其學術價值》,《北京理工大學學報（社科版）》
2013 年第 3 期,第 133～139 頁;全文轉載於中國人民大學書報資料中心
複印報刊資料《歷史學》2013 年第 8 期,第 71～78 頁;收入《類書研究
通論》;

劉全波《敦煌絹畫:散落天涯的繽紛飛花》,《文化月刊》2013 年第 4 期
（4 月上旬刊）,第 40～45 頁;

劉全波《敦煌壁畫中的淨齒圖》,《文化月刊》2013 年第 19 期（7 月上旬
刊）,第 78～81 頁;

劉全波《再論類書的目錄學演變》,《圖書館理論與實踐（文獻學）》2013
年第 6 期,第 32～37 頁;收入《類書研究通論》;

劉全波《類書考略》,《山東圖書館學刊（文獻學）》2013 年第 6 期,第
88～92、104 頁;收入《類書研究通論》;

劉全波《〈修文殿御覽〉編纂考》,《敦煌學輯刊》2014 年第 1 期,第 31

～45 頁；收入《魏晉南北朝類書編纂研究》；

劉全波《〈皇覽〉編纂考》，《中國典籍與文化》2014 年第 1 期，第 57～69 頁；收入《魏晉南北朝類書編纂研究》；

劉全波《論明代中後期日用類書的出版》，《山東圖書館學刊（文獻學）》2014 年第 5 期，第 67～71、119 頁；收入《類書研究通論》；

劉全波《從匹馬孤征到團結起來開啓敦煌吐魯番學研究新篇章》，郝春文主編《2014 敦煌學國際聯絡委員會通訊》，上海：上海古籍出版社，2014 年 8 月，第 260～280 頁；收入《中西交通史研究論集》；

劉全波《論敦煌類書的分類》，王三慶、鄭阿財主編《2013 敦煌、吐魯番國際學術研討會論文集》，臺南：成功大學中國文學系出版，2014 年 12 月，第 547～580 頁；收入《類書研究通論》；

劉全波、胡康《〈敦煌三夷教與中古社會〉評介》，《世界宗教研究》2015 年第 5 期，第 191～192 頁；

劉全波《論粟特人何妥及其家族與儒學的關係》，《甘肅廣播電視大學學報》2015 年第 6 期，第 1～7 頁；收入《中西交通史研究論稿》；

劉全波《明代中後期普通民眾的琉球認知——以日用類書爲中心》，中國社會科學院臺灣史研究中心主編《清代臺灣史研究的新進展——紀念康熙統一臺灣 330 週年國際學術討論會論文集》，北京：九州出版社，2015 年 7 月，第 413～424 頁；

劉全波《論類書與史部書的關係》，中國人民大學歷史學院歷史文獻學教研室編《典籍‧社會與文化國際學術研討會暨中國歷史文獻研究會第 34 屆年會論文選集》，上海：華東師範大學出版社，2015 年 9 月，第 34～45 頁；收入《類書研究通論》；

劉全波《論魏晉南北朝時期〈纂要〉的編纂》，《東方論壇》2016 年第 5 期，第 55～59 頁；收入《魏晉南北朝類書編纂研究》；

劉全波、晁芊樺《〈孔子家語〉著錄流傳考——以〈儒家者言〉及歷代目錄爲中心》，王鈞林主編《海岱學刊》2016 年第 1 期，總第 17 輯，濟南：齊魯書社，2016 年 6 月，第 140～154 頁；

劉全波、朱國立《論唐代入華粟特人與儒學及科舉的關係——以墓誌文

獻爲中心》，《甘肅廣播電視大學學報》2016 年第 5 期，第 1〜8 頁；收入
《中西交通史研究論稿》；

劉全波《從墓誌文獻看隋唐時期入華粟特人與儒學及科舉的關係》，甘肅
敦煌學會、酒泉市文物管理局、瓜州縣人民政府編《瓜州鎖陽城遺址與
絲綢之路歷史文化研究》，蘭州：甘肅教育出版社，2016 年，第 590〜597
頁；收入《中西交通史研究論稿》；

劉全波《類書編纂與類書文化（上）》，《尋根》2017 年第 1 期，第 43〜
53 頁；

劉全波《類書編纂與類書文化（下）》，《尋根》2017 年第 2 期，第 32〜
37 頁；

劉全波《河流與石窟寺》，《四川日報》2017 年 3 月 17 日，第 15 版；

劉全波《論中古時期佛教類書的編纂》，《敦煌學輯刊》2017 年第 2 期，
第 139〜148 頁；收入《魏晉南北朝類書編纂研究》；

劉全波《〈經律異相〉編纂考》，《敦煌學輯刊》2017 年第 3 期，第 98〜
105 頁；收入《魏晉南北朝類書編纂研究》；

劉全波、王政良《甘州回鶻朝貢中原王朝史實考略》，《西夏研究》2017
年第 2 期，第 64〜73 頁；收入《中西交通史研究論稿》；

邵強軍、劉全波《莫高窟第 98 窟營建年代再論》，《甘肅廣播電視大學學
報》2017 年第 2 期，第 6〜9、14 頁；

劉全波、朱麗禎《魏晉玄學歷史地位問題研究綜述》，張福貴主編《華夏
文化論壇》2017 年第 1 期，總第 17 輯，長春：吉林文史出版社，2017
年 6 月，第 47〜54 頁；

劉全波《〈敦煌學輯刊〉與當代敦煌學》，郝春文主編《2017 敦煌學國際
聯絡委員會通訊》，上海：上海古籍出版社，2017 年 8 月，第 137〜143
頁；

劉全波《晚清民國〈西北行記〉中的肅州名勝》，王保東主編《絲綢之路：
肅州文化遺產保護與文化旅遊產業發展學術研討會論文集（下）》，蘭州：
甘肅文化出版社，2017 年 10 月，第 36〜53 頁；收入《中西交通史研究
論稿》；

劉全波、何強林《2014 年類書研究綜述》，吳懷東主編《古籍研究》2017 年第 2 期，總第 66 卷，南京：鳳凰出版社，2017 年 12 月，第 300～319 頁；收入《類書研究合集》；

劉全波、何強林《〈文思博要〉編纂考》，張福貴主編《華夏文化論壇》2017 年第 2 期，總第 18 輯，長春：吉林文史出版社，2017 年 12 月，第 97～111 頁；收入《唐代類書編纂研究》；

劉全波、李若愚《懸泉漢簡研究綜述》，《甘肅廣播電視大學學報》2018 年第 4 期，第 6～12 頁；

劉全波《河西走廊：月氏的故鄉與家園》，《甘肅日報》2018 年 11 月 14 日，第 12 版；

劉全波《唐代官修類書〈東殿新書〉編纂考》，乾陵博物館編，丁偉、樊英峰主編《乾陵文化研究》總第 12 輯，西安：三秦出版社，2018 年 5 月，第 225～233 頁；收入《唐代類書編纂研究》；

劉全波《〈初學記〉與〈藝文類聚〉比較研究——以「體例」與「目錄」為中心的考察》，金瀅坤主編《童蒙文化研究》總第 3 卷，北京：人民出版社，2018 年 6 月，第 136～157 頁；收入《唐代類書編纂研究》；

劉全波、吳園《〈敦煌張氏家傳〉小考》，《文津學誌》編委會編，韓永進主編《文津學誌》總第 11 輯，北京：國家圖書館出版社，2018 年 8 月，第 390～400 頁；收入《中西交通史研究論稿》；

劉全波、侯興隆《他者眼中的基督教：晚清民國〈西北行記〉所見西北地區基督教傳播研究》，萬明、杜常順主編《中外關係史視野下的絲綢之路與西北民族（中國中外關係史論叢第 25 輯）》，北京：中國社會科學出版社，2018 年 9 月，第 244～260 頁；

劉全波《〈瑤山玉彩〉編纂考》，四川師範大學中華傳統文化學院、四川省人民政府文史研究館主辦，劉敏主編《國學》總第 6 集，成都：巴蜀書社，2018 年 10 月，第 119～129 頁；收入《唐代類書編纂研究》；

劉全波、吳園《〈記室新書〉編纂考》，柴冰、董邵偉主編《中華歷史與傳統文化論叢》總第 4 輯，北京：中國社會科學出版社，2018 年 10 月，第 77～97 頁；收入《唐代類書編纂研究》；

劉全波《歷史學本科生課程論文質量分析與應對策略——以「中西交通

史」爲中心的考察》，《甘肅廣播電視大學學報》2019 年第 2 期，第 83～86 頁；

劉全波《〈史記〉〈漢書〉所載西域諸國「同俗」問題探析》，《敦煌學輯刊》2019 年第 2 期，第 55～73 頁；收入《中西交通史研究論稿》；

劉全波、何強林《〈編珠〉編纂與流傳考》，《北京理工大學學報（社科版）》2019 年第 3 期，第 183～188 頁；

劉全波、李若愚《敦煌懸泉漢簡研究述評》，《吐魯番學研究》2019 年第 1 期，第 85～109 頁；

劉全波《家富隋珠，人懷荊玉——論唐代類書編纂的特點與價值》，《唐都學刊》2019 年第 5 期，第 12～18 頁；收入《唐代類書編纂研究》；

劉全波《被遺忘的小月氏》，《甘肅日報》2019 年 2 月 13 日，第 8 版；

劉全波、朱琪琪《晚清民國時期的〈西北行記〉》，《團結報》2019 年 8 月 1 日，第 7 版；河南大學《史學月刊》編輯部編《歷史與社會文摘》2019 年第 3 期轉載；

劉全波《月氏史實補說》，天水市博物館編《西戎文化發現與研究論文集》，北京：文物出版社，2019 年 3 月，第 143～152 頁；收入《中西交通史研究論稿》；

劉全波《〈長洲玉鏡〉編纂考——兼論中古時期官修類書的因襲與替代》，羅家祥主編《華中國學》2019 年第 1 期，總第 12 卷，武漢：華中科技大學出版社，2019 年 7 月，第 121～139 頁；收入《唐代類書編纂研究》；

劉全波、楊園甲《法藏敦煌藏文文獻所見漢文學郎雜寫輯考》，金瀅坤主編《童蒙文化研究》總第 4 卷，北京：人民出版社，2019 年 8 月，第 173～186 頁。

後　記

　　《類書研究合集》是筆者關於類書研究的第四本作品，第一本是《類書研究通論》，第二本是《魏晉南北朝類書編纂研究》，第三本是《唐代類書編纂研究》，此第四本作品其實是前三部作品的「餘料」，是不能收入前三部作品的「剩餘產品」，或者是前三本書中沒有說清楚的問題的繼續補充。

　　近年來，諸學術期刊對文稿的要求多是趨同的，多喜歡簡潔明快之理論敘事，而類書研究領域的部分成果卻是繁雜冗長的「獺祭」「漁獵」，故部分文章是找不到發表園地的，而隨著圖書出版業的迅猛發展，匯聚成書就成了比較好的選擇。不是因為寫的好，而是因為現在的圖書出版業給我們提供了肆意文字間的自由，故此等「拙陋」的文字才有機會變成所謂的著作流傳於天下，若在以前，這些是注定要被人遺棄的「下腳料」，所以幸運與否，對某些事情來說，還是很重要的，甚至是起關鍵作用的。

　　類書是文獻學研究的一支，類書文獻學是一個暫時還沒有得到認可的研究方向，但是隨著時間的推移，越來越多的學者已經加入進來，而適時提出一個自以為是的「類書學」，或許還是有必要的。類書研究的理論問題，是需要不斷提升的，有些問題不討論清楚，對類書開展新的研究就是空談，例如以前對類書的定位，多是「述而不作」，這個是大實話，卻是誤導人的話，如果僅僅依據這個定位去研究類書，必然會誤入歧途，類書原則上是「述而不作」，但是後來的類書，多是又述又作，多是夾敘夾議，而如果僅僅是因循前人的說法，認為類書是「述而不作」，非但看不清類書的本質，還會被誤導的無法做研究，所以在某些方面，加深對類書理論的研究是很有必要的。

　　對類書的年度研究綜述，本來是要進行更多的考察的，但是限於時間與

精力，只做了四個，捫心自問，效果一般，爲什麼？因爲按照年來梳理研究史，趨同性太明顯，特殊性不具備，典型性也不具備，但是我們的最初想法就是要觀察某一年的類書研究動態，通過這四年的考察，基本的情況是可以清楚的，只是傚果沒有想像的好，這是對《類書研究通論》的補充，因爲當時只做了逐年目錄，看不清每年的具體發展狀況。其實，專題性的研究史梳理才是最有價值與問題意識的，所以，我們下編就是把逐年目錄改編成了主題目錄，且是以書名爲中心的主題目錄，不求大「全」，只求小「全」。

作爲「餘料」的本書，總是被輕視，總是被敝帚自珍般藏匿起來。類書研究其實很「累」，所以多是淺嘗輒止，逃離苦海，可是我卻不能罷手，因爲我是計劃編纂一部多卷本的《中國類書發展史》的，所以短暫休息之後，又要繼續以前的事業，於是首先將這些「餘料」修整一番，爲繼續前進做好準備。

劉全波

2019 年 8 月 19 日